GERD UNTERBURG

# Die Bedeutung der Patente in der industriellen Entwicklung

SCHRIFTENREIHE ZUR
INDUSTRIE- UND ENTWICKLUNGSPOLITIK

Herausgegeben von Prof. Dr. Dr. Dr. h. c. Fritz Voigt

Band 3

# Die Bedeutung der Patente in der industriellen Entwicklung

Von

Dr. Gerd Unterburg

DUNCKER & HUMBLOT / BERLIN

Redaktion der Schriftenreihe
zur Industrie- und Entwicklungspolitik:
Dr. Gerd Unterburg


Gedruckt 1970 bei Alb. Sayffaerth, Berlin 61
Printed in Germany

# Inhaltsverzeichnis

*Erstes Kapitel*

**Enleitung, Problemstellung und Begriffsbestimmung**



*Zweites Kapitel*

**Patente als Determinanten des Prozesses der industriellen Entwicklung**

*Drittes Kapitel*

**Die Einwirkung der Patente auf die industrielle Investitionstätigkeit über die Beziehung zwischen Unternehmererwartungen und realisiertem technischem Fortschritt**

*Viertes Kapitel*

**Patentbedingte Machtpositionen und Neuerungstätigkeit**



*Fünftes Kapitel*

# Verzeichnis der Tabellen

## Verzeichnis der Schaubilder

# Verzeichnis der Abkürzungen

## I. Bibliographische Abkürzungen

### *a) Zeitschriften und Sammelwerke*

| | | |
|---|---|---|
| AER | = | The American Economic Review. American Economic Association, Menasha (Wisc.) |
| Bl. f. PMZ | = | Blatt für Patent-, Muster- und Zeichenwesen, hrsg. v. Reichs- bzw. Bundespatentamt Berlin bzw. München |
| CanJ | = | Canadian Journal of Economic and Political Science. The Journal of the Canadian Political Science |
| EJ | = | The Economic Journal. The Quarterly Journal of the Royal Economic Society, London |
| GRUR | = | Gewerblicher Rechtsschutz und Urheberrecht, Weinheim (Bergstr.) |
| HdStw | = | Handwörterbuch der Staatswissenschaften, 4. Aufl., Jena |
| HdSw | = | Handwörterbuch der Sozialwissenschaften, Stuttgart-Tübingen-Göttingen |
| JB | = | Journal of Business, Chicago |
| JbfNuSt | = | Jahrbücher für Nationalökonomie und Statistik, Stuttgart |
| JbfSw | = | Jahrbuch für Sozialwissenschaften, Göttingen |
| JEH | = | Journal of Economic History, New York |
| JP | = | The Journal of Political Economy, Chicago |
| ORDO | = | Jahrbuch für die Ordnung von Wirtschaft und Gesellschaft, Düsseldorf und München |
| PTC Journal | = | Patent, Trademark, and Copyright Journal of Education and Research, Washington |
| QJ | = | The Quarterly Journal of Economics, Cambridge (Mass.) |
| REST | = | The Review of Economic Statistics (bis Vol. 29, 1947); The Review of Economics and Statistics (ab Vol. 30, 1948), Cambridge (Mass.) |
| RGZ | = | Entscheidungen des Reichsgerichtshofs in Zivilsachen, zitiert nach Band und Seite |
| SEJ | = | The Southern Economic Journal, Chapel Hill |
| SchrdVfS | = | Schriften des Vereins für Socialpolitik, Gesellschaft für Wirtschafts- und Sozialwissenschaften, Berlin |
| SchmJb | = | Schmollers Jahrbuch für Gesetzgebung, Verwaltung und Volkswirtschaft, Berlin |

| | | |
|---|---|---|
| SchwZfVuSt | = | Schweizerische Zeitschrift für Volkswirtschaft und Statistik; hrsg. von der Schweizerischen Gesellschaft für Statistik und Volkswirtschaft, Basel |
| WA | = | Weltwirtschaftliches Archiv. Zeitschrift des Instituts für Weltwirtschaft an der Universität Kiel, Hamburg |
| WuR | = | Wirtschaft und Recht, Zürich |
| WuW | = | Wirtschaft und Wettbewerb, Düsseldorf |
| ZfdgStw | = | Zeitschrift für die gesamte Staatswissenschaft, Tübingen |
| ZfbF | = | Schmalenbachs Zeitschrift für betriebswirtschaftliche Forschung (bis 1963 Zeitschrift für handelswissenschaftliche Forschung: ZfhF), Köln und Opladen |
| ZfN | = | Zeitschrift für Nationalökonomie, Wien |
| ZfdgWuH | = | Zeitschrift für das gesamte Wirtschaftsrecht und Handelsrecht (bis 1907 unter d. Titel: Zeitschrift für das gesamte Handelsrecht; bis 1960 unter dem Titel: Zeitschrift für das gesamte Handels- und Konkursrecht), Stuttgart |

*b) Weitere bibliographische Abkürzungen*

| | | |
|---|---|---|
| Bd. | = | Band |
| BGBl. | = | Bundesgesetzblatt |
| N. F. | = | Neue Folge |
| N. S. | = | New Series |
| PatG | = | Patentgesetz |
| RG | = | Reichsgericht |
| Vol. | = | Volume |

## II. Sonstige Abkürzungen

| | | |
|---|---|---|
| BRD | = | Bundesrepublik Deutschland |
| DPA | = | Deutsches Patentamt |
| OECD | = | Organization of Economic Cooperation and Development |
| Sup. Ct. | = | Supreme Court |
| UK | = | United Kingdom (Großbritannien) |
| UN | = | Vereinte Nationen |

*Erstes Kapitel*

# Einleitung, Problemstellung und Begriffsbestimmung

## A. Einleitung und Problemstellung

Der Gesamtkomplex der industriellen Entwicklung ist durch eine Vielfalt von gleichzeitig wirksamen Kräften gekennzeichnet, die sich alle in gegenseitigem, dauerndem Wechselspiel bedingen und die durch ihr Zusammenwirken den Entwicklungsprozeß ausmachen. Auf den im Verfolg des Rationalprinzips, des individuellen Strebens einer großen Zahl von Wirtschaftssubjekten nach Gewinn, sich ergebenden eigengesetzlichen Ablauf dieses industriellen Entwicklungsprozesses in der Marktwirtschaft wirken auch die Gesetzgebung des Staates, die Politik der Regierung und der Interessenverbände ein. Ein wesentlicher Einfluß geht von den Rechtsprinzipien und Rechtsinstitutionen aus, wie sie u. a. die Patentgesetzgebung darstellt.

Patentgesetze sind keine Schöpfungen des industriellen Zeitalters. Die Anfänge der Patentgesetzgebung lassen sich vielmehr bereits im vorindustriellen bzw. noch weiter zurückliegenden Stadium nachweisen[1]. Jedoch hat sich mit dem einsetzenden Prozeß der industriellen Entwicklung die der Patentgesetzgebung zugrunde liegende Zielsetzung stärker ökonomisch ausgerichtet. Während Patente in den vorindustriellen Perioden in erster Linie in Theorien der Rechtsphilosophie wie der Naturrechts- und der Belohnungstheorie ihre Rechtfertigung fanden, gewinnen mit Beginn der Industrialisierung die ökonomischen Aspekte der Vertrags- und der Anspornungstheorie Bedeutung auf Grund der immer stärker in das Bewußtsein der Öffentlichkeit tretenden technischen Entwicklungen[2].

---

[1] In der älteren Literatur sieht man die sog. englische Monopolakte (Statute of Monopolies) von 1623/24 als den Ursprung der Patentgesetzgebung an. Jüngere Untersuchungen zeigen aber, daß bereits lange Zeit davor Patente eine wichtige Rolle in Venedig (1474), den Niederlanden, aber auch in Deutschland spielten.

Vgl. dazu insbesondere *Silberstein,* Marcel: Erfindungsschutz und merkantilistische Gewerbeprivilegien, Zürich 1961 und die dort angegebene Literatur.

[2] Mit den einzelnen Theorien auseinandergesetzt hat sich *Machlup,* Fritz: Die wirtschaftlichen Grundlagen des Patentrechts, Weinheim 1962.

Dennoch ist über Jahrzehnte des Industrialisierungsprozesses hinweg das Patentwesen als ein Betätigungsfeld der Juristen angesehen worden, und erst im Laufe der stärker werdenden Beschäftigung der Nationalökonomie mit den Problemen des wirtschaftlichen Wachstums und damit einhergehend mit den Erkenntnissen über die Bedeutung des technischen Fortschritts für das wirtschaftliche Wachstum hat man den mit den Patenten verknüpften Problemen die ihnen vom ökonomischen Standpunkt her gebührende Aufmerksamkeit geschenkt. Seither hat die Frage nach dem Einfluß dieser oder jener Politik auf den Fluß des technischen Fortschritts ein immer größeres Gewicht gewonnen.

Die vorliegende Untersuchung stellt einen Beitrag zur Beantwortung dieser Frage dar. Sie behandelt jedoch das Problem der Beziehungen zwischen Patenten und technischem Fortschritt in dem größeren Zusammenhang des Prozesses der industriellen Entwicklung. Das bedeutet, daß für die Untersuchung die aus dem Verhältnis der Patente zum technischen Fortschritt resultierenden Auswirkungen auf den Prozeß der industriellen Entwicklung wichtig sind.

Die Bedeutung der Auswirkungen ergibt sich zu ihrem ersten Teil unmittelbar aus der Behandlung des Zusammenhangs zwischen Patent und technischem Fortschritt, erklärt durch die Funktion des technischen Fortschritts als Impuls des industriellen Wachstumsprozesses. Zu einem anderen Teil wird sie erst dadurch indirekt ersichtlich, daß die Folgewirkungen aus den Beziehungen zwischen Patenten und technischem Fortschritt, die sich auf den industriellen Differenzierungsprozeß erstrecken[3], betrachtet werden. Gemeint ist hier das Problem, in welcher Art und Weise und in welchem Ausmaße die Patente dazu beitragen, daß zwingend unterschiedliche Begünstigungen für die Wirtschaftssubjekte sowohl räumlicher Art wie auch insbesondere hinsichtlich der Wirtschaftszweige, Unternehmensform und Unternehmens*größen* entstehen.

Der Prozeß der industriellen Entwicklung ist ein Wachstums- und Differenzierungsprozeß, und die Tatsache von Strukturwandlungen (Differenzierungen) im Prozeßablauf gibt zu der Vermutung Anlaß, daß die Bedeutung der Patente im Prozeßablauf nicht unverändert geblieben ist. Daraus ergibt sich die Frage, ob und wie die Rolle der Patente sich im industriellen Wachstums- und Differenzierungsprozeß gewandelt hat. Zum anderen sind in diesem Zusammenhang auch etwaige Sekundärwirkungen wesentlich, die sich aus der Verknüpfung von Differenzierungs- und Wachstumsprozeß ergeben, im hier relevanten

---

[3] Vgl. *Voigt*, Fritz: Industrie- und Gewerbepolitik, unveröffentlichtes Manuskript; derselbe, Die Formung der staatlichen Wirtschaftspolitik; Sonderdruck aus Studium Sociale, Köln und Opladen, o. J., S. 610 ff.

Zusammenhang aus durch Patente beeinflußten Differenzierungen für den industriellen Wachstumsprozeß.

Aus der genannten Reihenfolge der Probleme ergibt sich der Aufbau der Arbeit. Der erste Teil versucht die grundsätzlichen Beziehungen zwischen Patenten und industrieller Entwicklung herauszustellen. Die Patente werden dem Prozeß der industriellen Entwicklung als Prozeßregler[4] zugeordnet, die den Industrialisierungsprozeß über den technischen Fortschritt beeinflussen. Kernproblem dieses Teils ist die Darstellung der möglichen Beeinflussung der Neuerungstätigkeit durch Patente.

Der daran anschließende Teil der Arbeit befaßt sich mit den tatsächlichen Auswirkungen der Patente auf die Neuerungstätigkeit. Ausgangspunkt dieser Ausführungen ist die Überlegung, daß Eignung, substitutive (alternative) und komplementäre Faktoren das Maß der Bedeutsamkeit eines Mittels bzw. einer Institution — hier der Patente — für die Erreichung eines Zieles bestimmen. Die Darstellung dieser Bedingungen für eine große oder geringe Bedeutsamkeit der Patente und die Auseinandersetzung mit der Frage, wie sich diese Bedingungen im Ablauf des industriellen Entwicklungsprozesses ändern und welche Folgen sich daraus für die Stellung der Patente im Prozeß der industriellen Entwicklung ergeben, sind das Untersuchungsobjekt dieses Teils.

Den letzten Abschnitt der Arbeit bildet die Erörterung der mit dem Einfluß der Patente auf den industriellen Differenzierungsprozeß verbundenen Probleme. Relevant sind hier die mit den Patenten verbundenen Sekundärwirkungen, nämlich die Bedeutung der durch Patente geschaffenen wirtschaftlichen Machtpositionen auf die weitere industrielle Entwicklung.

## B. Begriffsbestimmung und Abgrenzungen

### I. Patente — Begriff und Abgrenzungen

#### 1. Zum Begriff der Patente

Jede allgemeine Untersuchung über die Bedeutung der Patente im Wirtschaftsleben hat zu berücksichtigen, daß infolge des in vielen Industrieländern unterschiedlichen Patentrechtes für Patente keine allgemein gültige Standardform und kein allgemein gültiger Standardum-

[4] Siehe zu dem Begriff S. 44.

fang existieren. Wichtige Unterschiede liegen vor allem in den beträchtlich voneinander abweichenden Bewilligungsbedingungen, nach denen in bestimmten Staaten Patente nur für neue und gründlich auf ihre Neuheit geprüfte Erfindungen erteilt werden, in anderen Staaten dagegen gegen entsprechende Gebühren alle Erfindungen ohne Unterschied patentiert werden. Aber auch in jenen Ländern, in denen die Erfindungen einer Neuheitsprüfung unterzogen werden, können die damit betrauten Patentämter zu unterschiedlichen Ergebnissen über die Neuheit und Patentierbarkeit ein und derselben Erfindung gelangen, wenn sie nicht das gleiche Prüfungsmaterial besitzen. Daraus ergibt sich, daß es etwas völlig Verschiedenes ist, wenn man etwa von einem französischen Patent oder aber einem deutschen oder amerikanischen Patent spricht[5].

Die vorliegende Untersuchung bezieht sich ausschließlich auf jene Patente, denen ein Patentrecht mit strenger Neuheitsprüfung der zu patentierenden Erfindungen zugrunde liegt, wie es z. B. beim deutschen, amerikanischen, englischen oder auch schweizerischen Patentrecht der Fall ist. Die durch dieses Kriterium zusammengefaßten Patentrechte weisen jedoch neben dieser ihrer Gemeinsamkeit — die auch, wie bereits angedeutet, unterschiedliche Ergebnisse zeitigen kann — verschiedenste Abweichungen auf, die aber nicht so beträchtlich sind, daß dadurch die Gesamtproblematik der Untersuchung entscheidende Variationen erfährt. Dies gilt insbesondere für das deutsche und amerikanische Patentrecht, auf welches sich die vorliegende Untersuchung hauptsächlich stützt. Es wird in der Begriffsbestimmung das deutsche Patentrecht in der Fassung vom 2. 1. 1968 (BGBl. I, S. 2) zugrundegelegt[6] und in der weiteren Untersuchung an den betreffenden Stellen auf etwaige Abweichungen im amerikanischen oder auch anderen Patentrechten eingegangen werden.

Ohne den Unterschiedlichkeiten der einzelnen Patentrechte Rechnung tragen zu müssen, läßt sich ganz allgemein von den Patenten sagen, daß sie vom Staat für neue technische Erfindungen verliehene zeitlich begrenzte Ausschlußrechte sind. Sie geben dem Patentinhaber das ausschließliche Recht zur Benutzung und zur gewerblichen Verwertung der patentierten Erfindung. Aufgrund seines Patents kann der Patentinhaber allen anderen Wirtschaftssubjekten die gewerbsmäßige Benutzung der patentierten Erfindungen untersagen.

Eine patentfähige Erfindung kann sowohl ein Produkt als auch ein Verfahren sein. Man unterscheidet danach Erzeugnis- und Verfahrens-

---

[5] So auch *Neumeyer,* Frederik: Die Rolle von Patenten in internationalen Kartellen; in: WuR, 5. Jg. (1953), S. 221.

[6] Auf etwaige für unsere Untersuchung relevante, vor der Neufassung vom 4. 9. 1967 gültige Bestimmungen wird an den betreffenden Stellen näher eingegangen werden.

patente. Bei bestimmten Erfindungen von Nahrungs-, Genuß- und Arzneimitteln sowie von Stoffen, die auf chemischem Wege hergestellt werden, wurde in der BRD bis 1968 nicht das Erzeugnis selbst, sondern nur ein bestimmtes Verfahren zur Herstellung dieser Erzeugnisse patentiert. Das Erzeugnis selbst wurde nur insoweit durch den Patentschutz miterfaßt, als es von anderen mit dem gleichen Verfahren hergestellt wurde[7].

Eine zweite Unterscheidung der Patente ergibt sich nach Haupt- und Zusatzpatenten. Zusatzpatente sind an ein bestimmtes Hauptpatent gebunden. Sie werden für Erfindungen, die eine Verbesserung oder weitere Ausbildung einer solchen durch ein Patent geschützten Erfindung — Hauptpatent — darstellen, erteilt. Ihre Laufzeit endet, auch wenn sie erst nach dem Hauptpatent erteilt wurden, mit Ende der Laufzeit des Hauptpatentes. Dem Erfinder ist die Wahl überlassen, ob er für eine Verbesserungserfindung ein Zusatzpatent zu dem Hauptpatent beantragt oder aber ob er ein zweites Hauptpatent für die Verbesserung der Erfindung fordert.

Nach dem deutschen Patentrecht wird das Patent dem jeweiligen Erfinder nur auf Antrag (Anmeldung) hin erteilt. Die für die Patenterteilung notwendigen Erfordernisse der Erfindung sind gewerbliche Anwendbarkeit, Neuheit, Fortschritt und Erfindungshöhe. Durch die drei letzt genannten Merkmale muß sich die Erfindung von dem bisherigen Stand der Technik abheben. Wichtig ist dabei, daß für die Patentfähigkeit einer Erfindung nicht Fortschritt und Neuheit alleine ausreichen, sondern zusätzlich die Voraussetzung der Erfindungshöhe erfüllt sein muß. Die Erfindungshöhe ist das Kennzeichen dafür, daß die Erfindung über der Alltagskunst des durchschnittlichen Fachmanns[8] liegt, daß also ihre Auffindung durch den Durchschnittsfachmann des betreffenden Gebietes nicht zu erwarten war. Das durch das Patent verliehene Ausschlußrecht für die Erfindung erstreckt sich auf alle sogenannten Anwendungsformen dieses Rechts, welche die Benutzung, die gewerbsmäßige Herstellung, Inverkehrsbringung und der Verkauf der geschützten Erfindung sind. Nur in bestimmten Ländern besteht ein Zwang, sein Patentrecht zu benutzen — der sogenannte Ausübungszwang. In der BRD ist dies nicht der Fall[9]. Allerdings vermag durch die

[7] Vgl. dazu § 1 PatG in der Fassung vom 18. 7. 1953, der durch das Gesetz zur Änderung des Patentgesetzes, des Warenzeichengesetzes und weiterer Gesetze vom 4. 9. 1967 (BGBl. I, S. 953) geändert und am 2. 1. 1968 (BGBl. I, S. 1) bekanntgemacht wurde. Siehe weiteres zu diesem Zusammenhang auf S. 71.

[8] *Pietzcker*, Rolf: Patentgesetz und Gebrauchsmusterschutzgesetz (Gewerbe- und Industriekommentar), Berlin und Leipzig 1929. Vgl. dazu aber auch S. 46.

[9] Hier sieht das Gesetz nur einen mittelbaren Ausführungszwang vor. Nach § 6 PatG ist das Patent, „soweit nicht Staatsverträge entgegenstehen, zurück-

Zwangslizenz eine im öffentlichen Interesse liegende Ausführung eines Patents erreicht zu werden[10].

Jeder Patentinhaber kann sein Ausschließungsrecht ganz oder teilweise durch Vertrag — Abtretungs- oder Lizenzvertrag — an andere vergeben. Durch die Lizenz überträgt der Patentinhaber das Benutzungsrecht an dem Patent auf einen anderen. Das Verfügungsrecht über das Patent behält dabei weiterhin der Patentinhaber. Das Benutzungsrecht kann entweder ein ausschließliches oder ein nicht ausschließliches, einfaches Benutzungsrecht sein. Bei Vergabe einer ausschließlichen Lizenz verzichtet der Patentinhaber zu Gunsten des Lizenznehmers mit Wirkung gegen Dritte vollständig auf sein Benutzungsrecht. Er kann auch keine weiteren Lizenzen an Dritte erteilen. Bei der einfachen Lizenz dagegen bleibt der Patentinhaber im vollen Besitz des Benutzungsrechtes, er kann somit auch weitere Lizenzen an Dritte erteilen. Beide Arten von Lizenzen können sowohl zeitlich wie räumlich und sachlich beschränkt oder unbeschränkt vergeben werden[11]. Weigert sich ein Patentinhaber, einem Interessenten gegen eine angemessene Lizenzgebühr eine Lizenz an seinem Patent zu erteilen, so kann er eine Zwangslizenz beantragen. Eine solche Zwangslizenz wird jedoch nur dann erteilt, wenn an ihrer Erteilung ein öffentliches Interesse besteht[12].

Das Patent ist in seiner Geltungsdauer befristet. Diese — die sogenannte Laufzeit des Patents — beträgt nach deutschem Patentrecht 18 Jahre. Während der Laufzeit werden Jahresgebühren erhoben, die nach dem Ausmaß der Geltungsdauer progressiv gestaffelt sind, d. h. am niedrigsten in den ersten Jahren und am höchsten in den letzten Jahren der Laufzeit sind.

---

zunehmen, wenn die Erfindung ausschließlich oder hauptsächlich außerhalb Deutschlands ausgeführt wird. Die Zurücknahme kann erst zwei Jahre nach rechtskräftiger Erteilung einer Zwangslizenz und nur dann verlangt werden, wenn dem öffentlichen Interesse durch Erteilung von Zwangslizenzen nicht genügt werden kann".

Nur wenn die Erfindung ausschließlich oder hauptsächlich außerhalb Deutschlands ausgeführt wird — und dann auch erst, wenn eine Zwangslizenz erteilt worden ist —, ist folglich ein unmittelbarer Ausführungszwang gegeben. Ein Patent, das überhaupt nicht benutzt wird, also auch nicht im Ausland, wird von diesem Ausführungszwang nicht berührt.

[10] Dies kann entweder eine erstmalige oder eine zusätzliche Anwendung der patentierten Erfindung sein. Im ersten Fall z. B. kann ein Antrag auf eine Zwangslizenz bei einem Patentinhaber, der sein Patent bisher nicht ausgeführt hatte, dazu führen, daß dieser mit der Anwendung der Erfindung beginnt, um einer Zwangslizenzerteilung zu entgehen. — Im zweiten Fall wird durch die Zwangslizenz erreicht, daß die Zahl der Unternehmen, welche die bereits angewendete Erfindung produzieren, um einen oder mehrere Lizenznehmer vermehrt wird.

[11] Vgl. S. 112 ff. dieser Arbeit.

[12] Siehe nähere Angaben über die empirische Bedeutung der Zwangslizenz auf S. 83 ff.

Vor dem Ende der Laufzeit kann das Patent durch Erlöschen, Nichtigkeitserklärung oder Zurücknahme endigen. Das Patent erlischt, wenn sein Inhaber darauf verzichtet oder wenn eine Jahresgebühr nicht rechtzeitig gezahlt wird. Das Patent wird auf Antrag für nichtig erklärt, wenn der Gegenstand nicht patentfähig war oder wenn die Erfindung Gegenstand eines Patents eines früheren Anmelders war oder wenn die Erfindung aus fremden Unterlagen widerrechtlich entnommen war. Zurückgenommen werden kann das Patent, wenn die Erfindung ausschließlich im Ausland ausgeführt wird und bestimmte im öffentlichen Interesse liegende Gründe für seine Auswertung sprechen.

## 2. Abgrenzungen

Das Patent gehört zu der Gruppe der gewerblichen Eigentumsrechte, zu der im einzelnen noch das Gebrauchsmuster, das Warenzeichen und das Urheberrecht zählen. Sie sollen im folgenden kurz von den Patenten abgegrenzt werden.

### *a) Das Gebrauchsmuster*

Das Gebrauchsmuster ist ein Exklusivrecht für eine neue Idee von der Form eines gewerblichen Gutes, die sich an das Auge wendet. Es kann nicht getrennt von dem gewerblichen Artikel bestehen und kann nicht dadurch verletzt werden, daß es für Güter verschiedener Klassen verwendet wird.

Der Gebrauchsmusterschutz wird für Erfindungen erteilt, die „neue Raumformen“ zum Gegenstand haben[13]. Insbesondere also ist ein Gebrauchsmusterschutz für Verfahrenserfindungen, z. B. die wichtigen chemischen Herstellungsverfahren, nicht möglich. Inhaltlich entspricht der Gebrauchsmusterschutz demjenigen des Patentes. Wichtig ist jedoch, daß die Voraussetzungen, die für die Erteilung eines Patentes erfüllt sein müssen, für den Gebrauchsmusterschutz keine Geltung haben. Es fällt jede Prüfung auf Neuheit und Erfindungshöhe weg. Auch der Rechtsschutz des Gebrauchsmusters beruht allein auf der Registrierung wie sie z. B. beim noch zu erörternden Warenzeichen notwendig ist.

Oft werden gleichzeitig mit der Anmeldung einer Erfindung zum Patent „Hilfsgebrauchsmuster“ angestrebt. Wird das Patent dann nicht erteilt oder aber verzögert sich das Erteilungsverfahren, dann kann unter Inanspruchnahme der alten Priorität die Hilfsgebrauchsmusteranmeldung weiter verfolgt werden. Oft wird auch gleichzeitig mit dem Patent ein Gebrauchsmuster selbständig angemeldet, da die Gebrauchs-

[13] Vgl. dazu etwa DPA vom 2. 5. 1956; in: Bl. f. PMZ, 58. Jg. (1956), S. 224.

mustereintragung im Gegensatz zur Patenterteilung in der Regel sehr schnell erfolgt. Auf diese Weise erreicht man schon nach kurzer Zeit einen Erfindungsschutz, der allerdings mit den Risiken, die ein ungeprüftes Recht mit sich bringt, belastet ist.

### *b) Das Warenzeichen*

Bei Warenzeichen (Marken) liegt das Eigentum und das Schutzrecht in dem Zeichen oder Sinnbild, das die zu verkaufenden Güter tragen, und nicht in dem Artikel selbst, der produziert oder verkauft wird. Der Artikel ist für jedermann zugänglich, und der Besitzer ist nur berechtigt, einen solchen Gebrauch seiner Marke zu verhindern, der darauf gerichtet ist, Käufer glauben zu machen, daß sie seine — des Markenzeicheninhabers — Güter kaufen, wenn sie in Wahrheit die eines Konkurrenten kaufen.

Unter Warenzeichen werden also Individualzeichen verstanden, welche die Herkunft einer Ware aus dem Betrieb eines bestimmten Herstellers oder Händlers erkenntlich machen, um sie von den Waren anderer Gewerbetreibender zu unterscheiden. Mit dem Besitz des Warenzeichens hat der Inhaber das alleinige Recht, das Zeichen auf Waren der angemeldeten Art, ihrer Verpackung oder Umhüllung anzubringen, die so bezeichneten Waren in Verkehr zu bringen und das Zeichen auf Ankündigungen, Preislisten usw. anzubringen. Der Rechtsschutz des Warenzeichens beruht allein auf der Registrierung. Bei einem Warenzeichen kann es kein Schutzrecht im Abstrakten, d. h. getrennt von Gütern, geben. Das Schutzrecht erstreckt sich lediglich darauf, den Gebrauch von ähnlichen Warenzeichen für ähnliche Warengruppen zu verhindern.

### *c) Das Urheberrecht*

Im Gegensatz zum Patent, das ein absolutes Schutzrecht darstellt, ist das Urheberrecht ein begrenztes Schutzrecht, das die Ergebnisse einer von einem Autor geleisteten Arbeit auf dem Gebiete der Literatur, der Dramaturgie, Kunst und Musik schützt. Dieses Recht ist begrenzt auf den *Schutz des Kopierens*. Wenn ein anderer völlig unabhängig die gleichen Ergebnisse des ersten Autors erreicht, hat dieser als Besitzer des Urheberrechts kein Recht, in diesem Fall den Einbruch in sein „Schutzrecht“ zu verhindern.

Der Unterschied zwischen Patent und Urheberrecht kann also folgendermaßen klar gemacht werden: Werden zwei gänzlich ähnliche Werke hervorgebracht, völlig unabhängig voneinander durch zwei verschiedene Autoren, dann hat bei einem Urheberrecht der Autor, der sein Werk zuerst veröffentlicht, nicht das Recht, die Veröffentlichung des Werkes des zweiten Autors zu verhindern. Was gegeben ist, ist allein das Recht des Schutzes vor Aneignung der Arbeiten eines Autors durch einen anderen. Beim Patentrecht ist dagegen das Schutzrecht ein absolutes. Wenn ein Erfinder ein Patent erhalten hat, kann er die Ausübung dieser Erfindung jedem anderen untersagen, der, ganz im Glauben, daß er etwas völlig Neues erfände, und ohne Wissen des schon bestehenden Patentes, dieselbe Sache erfand, sogar zugleich mit dem Patentinhaber.

## II. Zum Begriff des Prozesses der industriellen Entwicklung

Um den Begriffsinhalt des geschichtlich gebundenen Prozesses der industriellen Entwicklung — synonym auch als Prozeß der Industrialisierung oder nur Industrialisierung gebraucht — zu bestimmen, sind in der Literatur eine Vielzahl von unterschiedlichen Definitionsversuchen[14]

---

[14] Als Beispiel seien hier die Definitionen von Klatt, Voigt, Hoffmann und Giersch genannt. Der von ihnen bestimmte Begriff ist der der Industrialisierung bzw. des Prozesses der Industrialisierung. Sie werden in dieser Arbeit als Synonyma zum Begriff des Prozesses der industriellen Entwicklung gebraucht.

*Klatt,* Sigurd: Zur Theorie der Industrialisierung, Bd. 1 der Reihe „Industrielle Entwicklung, hrsg. v. F. Voigt und K. Specht, S. 20 f., versteht unter dem Prozeß industrieller Entwicklung „einen langfristigen, relativen Wachstumsprozeß, der zurückzuführen ist auf zusätzliche wirtschaftliche Auswertungen und Anwendungen neuer technischer Erkenntnisse (Neuerungen) vorwiegend in einigen Wirtschaftsbereichen und die durch deren steigende Produktivität bewirkten Verschiebungen ihrer Anteile an der Wertschöpfung der gesamten wirtschaftlichen Tätigkeit“. Dieser Prozeß „ist gekennzeichnet durch einen im Verhältnis zum Arbeitskräfte- und Bodeneinsatz zusätzlichen und zunehmend überwiegenden Sachkapitaleinsatz, insbesondere in Form von Maschinen, Motoren, Retorten zuzüglich der komplementären thermischen und mechanischen Energien (an Stelle menschlicher und/oder tierischer Arbeitskraft), ferner Apparaturen und Werkzeugen usw. Das äußere Erscheinungsbild des über mehrere Perioden hinweg (d. h. langfristig) zusätzlichen und zunehmend überwiegenden Sachkapitaleinsatzes sind kapitalintensive, großbetriebliche Einheiten in einzelnen Zweigen der Wirtschaft (Industrie, Verkehr)“.

Nach Hoffmann (*Hoffmann,* W.: Stadien und Typen der Industrialisierung, Jena 1931, S. 11) umfaßt Industrialisierung „einmal die Frage nach dem Wachstum — der quantitativen Veränderung — und die nach der Entwicklung — der qualitativen Veränderung — der Industrie selbst. Zum anderen enthält der Ausdruck die Frage nach dem Wachstum oder der Entwicklung einzelner Teile der Wirtschaft oder der gesamten Wirtschaft, soweit ihre Veränderungen in wirtschaftlicher oder sozialer Hinsicht durch die Industrie bestimmt sind“. . . . „Als Industrie betrachten wir in diesem Zusammenhang den technischen Merkmalen nach die Anwendung eines Systems von Maschinen und Apparaten, in dem der Arbeitsprozeß annähernd automatisch und hinsichtlich der Verbindung der Teilprozesse kontinuierlich verrichtet wird... Der sozialen Organisation nach finden wir bei ihr die Vereinigung aller Produktionsmittel in einer Hand, im typischen Gegensatz zur sozialen Organisation der Produktion in der älteren, technisch teilweise ähnlichen Fabrik.

unternommen worden. Eine genauere Untersuchung dieser Definitionen läßt erkennen, daß sie alle trotz ihrer mehr oder weniger großen Unterschiede in den Aussagen über den Prozeß der industriellen Entwicklung und trotz ihrer weiteren oder engeren Erfassung des Problems zwei für diesen Prozeß charakteristische Merkmale aufzeigen. Diese Merkmale sind einmal quantitativer und zum anderen qualitativer Art. Sie äußern sich in einer Änderung des Niveaus der gesamtwirtschaftlichen Wertschöpfung und bestimmten Änderungen der Wirtschaftsstruktur, auf Grund derer sich der Prozeß der industriellen Entwicklung als relativer Wachstumsprozeß und Differenzierungsprozeß bezeichnen läßt.

### 1. Der relative Wachstumsprozeß

Die Niveauänderung, die charakteristisches Merkmal des Prozesses der industriellen Entwicklung ist, drückt sich in einem wirtschaftlichen Wachstumsprozeß aus. Unter Wachstum wird eine langfristige Veränderung der Wirtschaft verstanden, die durch eine ständige Zunahme des Sozialprodukts gekennzeichnet ist. Sowohl die Gesamtgröße des Sozialprodukts bzw. des Volkseinkommens als auch das Pro-Kopf-Einkommen bzw. Sozialprodukt pro Kopf werden als Maßstab zur Messung des wirtschaftlichen Wachstums verwandt. Welcher Maßstab der geeignetere ist, wird davon abhängig zu machen sein, ob für die jeweilige Betrachtung mehr die Entwicklung der Produktionsmöglichkeiten einer

---

Unter wirtschaftlichen Gesichtspunkten schließlich zeigt sie im Gegensatz zum Handwerk ein verhältnismäßiges Übergewicht des technischen Kapitals gegenüber dem Lohnkapital und — im Vergleich zu Handwerk und Manufaktur — einen größeren Anteil der Kapitalkosten und einen kleineren der Arbeitskosten an den einzelnen Produktionspreisen."

Giersch (*Giersch*, H.: Stufen und Fortschrittsperioden der wirtschaftlichen Entwicklung; in: ZfN, Bd.15 (1955), S. 67) bestimmt den Prozeß der industriellen Entwicklung als „die moderne Form der Expansion und des Fortschritts", die in ihrem weiteren Sinn (a) Mechanisierung, (b) erhöhte Arbeitsteilung und Spezialisierung umfaßt.

Von Voigt schließlich wird der Prozeß der industriellen Entwicklung als eine sich „über eine längere Periode hinweg ergebende Umwandlung einer überkommenen Wirtschaftsstruktur eines Raumes, in der der Anteil des Produktionsfaktors Kapital — vorzugsweise der Maschinen — an der zur Produktion verwandten Kapazität zu Lasten des Anteils der Zahl der Arbeitsplätze zunimmt", angesehen. „In dem Ablauf der Industrialisierung ergibt sich stets auch eine absolute Zunahme der Leistungskraft des Maschinenparks. Bei unveränderter Höhe und Qualität des Outputs zeigt sich die Industrialisierung in einer Abnahme der Gesamtzahl der beschäftigten Arbeitskräfte. Im Verfolg eines Wachstums kann die Menge eingesetzter Arbeitskraft gleichbleiben oder in absoluten Ziffern ansteigen. Stets sinkt ihr Anteil am Gesamtprodukt." Siehe *Voigt*, Fritz: Industrie- und Gewerbepolitik, a.a.O., o. S.

Volkswirtschaft an sich oder mehr die Steigerung des Wohlstandes wichtig ist[15].

Der Wachstumsprozeß wird begleitet von einer Verschiebung der zur Erstellung der gesamten wirtschaftlichen Wertschöpfung notwendigen Produktionsfaktoren zum Sachkapitaleinsatz hin und zur Vergrößerung des Anteils der kapitalintensiven Wirtschaftszweige an der gesamten Wertschöpfung. Im Verlauf des Prozesses der industriellen Entwicklung steigt also der zur Produktion notwendige Einsatz des Produktionsfaktors Kapital immer stärker an im Vergleich zum ebenfalls wachsenden Einsatz der Produktionsfaktoren Arbeit und Boden, und zugleich nimmt der Anteil jener Wirtschaftszweige, die durch überwiegenden Kapitaleinsatz gekennzeichnet sind, an der Wertschöpfung stetig zu.

Faßt man nach Wolfe[16] jene Wirtschaftszweige, in denen der Sachkapitaleinsatz über den Einsatz von Arbeit und Boden stark dominiert, als zum sekundären Sektor gehörig zusammen, jene, in denen der Einsatz des Produktionsfaktors Boden den Einsatz von Arbeit und Kapital überwiegt, als den primären Sektor und jene, in denen der Arbeitseinsatz vorherrschend ist, als den tertiären Sektor umfassend zusammen, dann kann das Merkmal des Prozesses der industriellen Entwicklung, das sich im Zunehmen des Anteils der kapitalintensiven Wirtschaftszweige an der gesamten Wertschöpfung zeigt, auch durch das relative Wachstum des Anteils des sekundären Sektors an der gesamten Wertschöpfung der Wirtschaft aufgezeigt werden.

Sowohl die Niveau- als auch die Strukturänderung der angeführten Art sind als kennzeichnendes Merkmal des Prozesses der industriellen Entwicklung aufzufassen. Der Prozeß der industriellen Entwicklung ist somit seinem Wesen nach als ein Wachstumsprozeß mit relativem Wachstum des Beitrages des sekundären Sektors zum Sozialprodukt bei zunehmendem Sachkapitaleinsatz zu bestimmen. Bezeichnen wir den mit relativer Zunahme des Beitrages des sekundären Sektors zum Sozialprodukt verbundenen Wachstumsprozeß als *relativen* Wachstumsprozeß[17], dann ist der Prozeß der industriellen Entwicklung als relativer

---

[15] Vgl. zu diesem Problem *Hoffmann,* W.: Vollbeschäftigung als Problem der wachsenden Wirtschaft; in: SchrdVfS, N.F., Bd. 3, Berlin 1951, S. 34; siehe auch *Kuznets,* Simon: Bevölkerung, Einkommen und Kapital; in: ZfN, Bd. 15 (1955), S. 12, oder *Meier,* G. M. und *Baldwin,* R. E.: Economic Development. Theory, History, Policy, New York und London 1957, S. 4 ff., und *Lewis,* W. Arthur: Die Theorie des wirtschaftlichen Wachstums. Hand- und Lehrbücher aus dem Gebiet der Sozialwissenschaften, hrsg. von E. Salin und A. Spiethoff, Tübingen und Zürich 1956, S. 1.

[16] Vgl. dazu *Wolfe,* M.: The Concept of Economic Sectors; in: QJ, Vol. 69 (1955), S. 402 ff. Ähnlich auch *Clark,* Colin: The Conditions of Economic Progress, 3. Aufl., London und New York 1957.

[17] Vgl. *Klatt,* Sigurd: Zur Theorie der Industrialisierung, a.a.O., S. 20.

Wachstumsprozeß, in dessen Verlauf der zur Produktion notwendige Einsatz des Produktionsfaktors Kapital immer stärker ansteigt als der ebenfalls wachsende Einsatz der Produktionsfaktoren Arbeit und Boden, zu definieren.

### 2. Der marktwirtschaftliche Differenzierungsprozeß

Der industrielle Wachstumsprozeß ist zugleich ein Differenzierungsprozeß. Eine immer erneut sich herausbildende Differenzierung der Entwicklungschancen ist charakteristisch für den marktwirtschaftlichen Prozeß der industriellen Entwicklung. Als Differenzierungsprozeß ist jener Ablauf innerhalb der marktwirtschaftlichen Industrialisierung zu verstehen, der zwingend unterschiedliche Begünstigungen und Benachteiligungen für die Unternehmen sowohl in räumlicher als auch branchen- und größenmäßiger Hinsicht entstehen läßt[18]. Diese Tatsache, die den einzelnen Unternehmen und Räumen ungleiche Entwicklungschancen vorgibt, führt dazu, daß einmal geschaffene unterschiedliche Ausgangslagen weitere, die Unterschiede verschärfende Entwicklungen nach sich ziehen. Sie ist die Ursache für den „sich-selbst-nährenden" Industrialisierungsprozeß.

---

[18] Vgl. dazu *Voigt*, Fritz: Die volkswirtschaftliche Bedeutung des Verkehrssystems, Verkehrswissenschaftliche Forschungen, Bd. 1, Berlin 1960, S. 101 ff.; ebenso ders., Industrie- und Gewerbepolitik, a.a.O.; ders., Die Formung der staatlichen Wirtschaftspolitik, a.a.O., S. 610.

*Zweites Kapitel*

# Patente als Determinanten des Prozesses der industriellen Entwicklung

Die Frage danach, wo die Patente innerhalb des Gesamtkomplexes der industriellen Entwicklung einzuordnen sind, erfordert zu ihrer Beantwortung eine nähere Analyse jener Kräfte, die mit dem Prozeß der industriellen Entwicklung verbunden sind und zugleich ein tieferes Eingehen auf das Wesen des Prozesses der industriellen Entwicklung selbst, weil nur von daher auch das Verständnis der auf ihn einwirkenden Kräfte möglich ist.

## A. Träger und Determinanten des Prozesses der industriellen Entwicklung

### I. Die tragende Rolle der Investitionen im Prozeßablauf

Der Prozeß der industriellen Entwicklung, wie er in der Begriffsbestimmung abgegrenzt wurde, wird in entscheidendem Maße von Kapitalakkumulation und Investitionstätigkeit getragen. Unter Investition ist der Einsatz von Produktionsfaktoren zur Erhaltung, Erweiterung und Verbesserung des Produktionsmittelbestandes zu verstehen[1]. Diese Definition umfaßt sowohl die Re- als auch die Netto- und Bruttoinvestition. Sowohl die den Prozeß kennzeichnende Niveauänderung — das Wachstum des Sozialprodukts — als auch die Strukturänderungen werden von der Höhe der Investitionen bestimmt.

#### 1. Der Wachstumseffekt der Investitionen

Zwar kann auch ein gewisses wirtschaftliches Wachstum allein durch das Bevölkerungswachstum bewirkt werden; jedoch ist dieses Wachstum nur sehr gering. Auch der technische Fortschritt ist als Wachstums-

---

[1] Vgl. dazu *Meinhold,* Helmut: Investitionen; in: HdSw, Bd. 5, Stuttgart—Tübingen—Göttingen 1956, S. 333.

faktor vorwiegend über die Investitionen[2] wirksam, und zwar vor allem über die Nettoinvestitionen. Zu einem gewissen Teil kommt der technische Fortschritt allerdings auch über die Reinvestitionen zur Auswirkung. Denn in der Regel werden die für auslaufende Maschinen neu installierten Anlagen jeweils einen höheren Stand der Technik verkörpern[3]. Auf keinen Fall läßt sich der Wachstumsprozeß der industriellen Entwicklung in der Wirklichkeit unabhängig von der Höhe der Investitionen überhaupt erklären, wie z. B. die Wachstumsprozesse in einer Reihe der neoklassischen Wachstumsmodelle[4]. Die gegebene Verknüpfung des technischen Fortschritts mit der Kapitalausstattung pro Arbeiter führt zur unmittelbaren Abhängigkeit der Wachstumsrate von der Investitionsquote[5]. Unter diesem Aspekt ist die Bedeutung von Bevölkerungswachstum und technischem Fortschritt vielmehr in einer Anreizfunktion für die Investitionstätigkeit[6] zu sehen. Auf diese besondere

---

[2] Im Angelsächsischen als „embodied technical progress" bezeichnet.

[3] Vgl. *Bombach*, Gottfried: Wirtschaftswachstum; in: HdSW, Bd. 12, Stuttgart—Tübingen—Göttingen 1965, S. 791, und *Sauermann*, H.: Kapitalbildung und Kapitalverwendung im volkswirtschaftlichen Wachstumsprozeß; in: *Albrecht*, Gerhard und *Arndt*, Helmut (Hrsg.): Kapitalbildung und Kapitalverwendung, SchrdVfS, N.F., Bd. 5, Berlin 1953, S. 43, der auf Erfahrungen in den Vereinigten Staaten von Amerika hinweist, wo der Reinvestitionsbedarf, der für die Aufrechterhaltung der bestehenden Kapazitäten notwendig war, auf nur 60 v.H. der tatsächlich zu den Reinvestitionsausgaben gerechneten Beträge geschätzt wurde. Gemessen an der Kapazität stellen die restlichen 40 v.H. eine Nettoinvestition dar, die auch aus den Statistiken zu ersehen wäre, wenn man die Kapitalgüter mit ihrem Ertragswert in die Rechnung einstellte.

[4] Vgl. dazu die Arbeiten von *Phelps*, Edmund S.: The Golden Rule of Accumulation; in: AER, Bd. 51 (1961), S. 638—643; *Bombach*, Gottfried: Optimales Wachstum und Gleichgewichtswachstum; in: *Henn*, Rudolf, *Bombach*, Gottfried und *v. Böventer*, Edwin (Hrsg.): Optimales Wachstum und Standortverteilung, SchrdVfS, N.F., Bd. 27, Berlin 1962, S. 47—60, und auch *Meade*, J. E.: A Neo-Classical Theory of Economic Growth, London 1962.

Nach dem Wachstumsmodell von Phelps ist im Gegensatz zur Aussage des Harrod'schen Modells (s. dazu *Harrod*, Roy F.: Towards a Dynamic Economics. London und New York 1948, Neudr. 1956, dt. Übersetzung: Dynamische Wirtschaft, Stuttgart und Wien 1949) und der überwiegenden Zahl der darauf aufbauenden Weiterentwicklungen die Wachstumsrate unabhängig von der Investitionsquote. Die Wachstumsrate wird hier allein durch Bevölkerungswachstum und technischen Fortschritt bestimmt.

[5] Siehe in diesem Zusammenhang die Bemerkungen von Krelle zu den Ausführungen von Phelps, daß nämlich die Verknüpfung von technischem Fortschritt — der bei Phelps als ständige exogen wirkende Kraft angenommen wird und dem sich der Kapitalkoeffizient anpaßt im Gegensatz zum Harrodmodell, wo der Kapitalkoeffizient als Konstante fungiert und der technische Fortschritt sich angleicht — mit der Änderung der Kapitalausstattung pro Arbeiter sich eine Annäherung an die Harrod'schen Gesetzmäßigkeiten ergibt, daß nämlich eine höhere Wachstumsrate mit einer höheren Investitionsquote verbunden ist. Es ist hierzu insbesondere auf die Seiten 17—21 des Aufsatzes von *Krelle*, Wilhelm: Investition und Wachstum; in: ZfNuSt, Bd. 176 (1964), S. 1—22, zu verweisen.

[6] Siehe dazu *Klatt*, Sigurd: Zur Theorie der industriellen Entwicklung a.a.O., S. 92 ff. und S. 143 ff.; ebenso auch *Fleck*, F.: Untersuchungen zur öko-

Stellung von Bevölkerungswachstum und technischem Fortschritt wird noch einzugehen sein.

Die Bedeutung der Nettoinvestitionen für den wirtschaftlichen Wachstumsprozeß liegt in ihren Einkommens- und Kapazitätswirkungen begründet. Jede Nettoinvestitionstätigkeit schafft zusätzliches Einkommen in Form von Löhnen und Gewinnen (Einkommenseffekt). Eine Nettoinvestition — sei es nun eine Rationalisierungsinvestition (capital deepening) oder eine Erweiterungsinvestition (capital widening)[7] — erzeugt aber nach ihrer Fertigstellung auch zusätzliche Kapazitäten, d. h., sie erhöht das reale Sozialprodukt (Kapazitätseffekt) und das Nationaleinkommen.

Multiplikatorwirkung und marginaler Kapitalkoeffizient bestimmen die Höhe des auf Grund einer vorgenommenen Nettoinvestition anfallenden Einkommensstroms und das Ausmaß des Kapazitätseffektes. Bei einer gegebenen Investitionshöhe wird dabei die Multiplikatorwirkung von dem reziproken Wert der marginalen Sparquote bestimmt. Je höher der Grenzhang zum Sparen ist, desto geringer der Multiplikatoreffekt. Der Kapazitätseffekt ist um so niedriger, je höher der zur Erzeugung einer bestimmten Ausbringungseinheit notwendige Kapitalstock ist.

Entsprechen sich Kapazitätseffekt und Einkommenseffekt einer Investition in jeder Periode, spricht man von ungestörtem, gleichgewichtigem Wachstum, wie es etwa in den Modellen von Harrod und Domar[8]

---

nomischen Theorie vom technischen Fortschritt, Fribourg 1957, S. 17 f.; derselbe, Die Messung des technischen Fortschritts im Rahmen des gesamtwirtschaftlichen Wachstumsprozesses, New York und Wien 1966, S. 1.

[7] Diese Unterscheidung geht auf die entsprechende Definition von Hansen und Hawtrey zurück. Vgl. dazu *Hansen,* A. H.: Business Cycles and National Income, New York 1951, und *Hawtrey,* R. G.: Capital and Employment, 2. Aufl., London—New York—Toronto 1952, S. 31: „The process by which the capital equipment of a community is increased may take two forms, a widening and a deepening. The widening of the capital equipment means the extension of productive capacity by the flowtation of new enterprises, or the expansion of existing enterprises, without any change in the amount of capital employed for each unit of labour. The deepening means an increase in the amount of capital employed for each unit of labour."

Davon abweichend werden die Begriffe in der neueren Literatur auch im Zusammenhang mit den Veränderungen des Kapitalkoeffizienten verwendet und bedeuten dann im Gegensatz zu der Definition von Hawtrey und Hansen größeren oder gleichbleibenden Kapitalverbrauch pro Einheit des Nettosozialprodukts. Vgl. dazu *Bombach,* G.: Zur Theorie des wirtschaftlichen Wachstums; in: WA, Bd. 70 (1953, I), S. 110-165, oder auch *Helmstädter,* Ernst: Harrod und die neoklassische Wachstumstheorie; in: ZfdgStW, Bd. 121 (1965), S. 433-451.

[8] Vgl. dazu *Harrod,* Roy F.: Toward a Dynamic Economics, a.a.O., S. 81 ff. Danach ist also ein ungestörtes oder gleichgewichtiges Wachstum (the equilibrium of a steady advance) ein solches, bei dem die Unternehmer zufrieden sind mit dem, was sie tun, d. h. auf die Investition bezogen: daß der zusätzliche Output auch von einer genügend großen kaufkräftigen Nachfrage abgenommen wird.

*Tabelle 1*

**Die Entwicklung von Kapitalbestand[a], Beschäftigen und Kapitalintensität in den Vereinigten Staaten von Amerika**
(Indexzahlen)

| Jahr | Kapitalbestand (1) | Beschäftigte (2) | Kapitalintensität (1) : (2) · 100 |
|---|---|---|---|
| 1879 | 100 | 100 | 100 |
| 1944 | 894 | 339 | 246 |
| 1899 | 100 | 100 | 100 |
| 1944 | 344 | 176 | 160 |

a) Gesamtkapital ohne Land.

*Quelle:* Berechnung nach Angaben von Kuznets, Simon, Long Term Changes in the National Income of the United States of America; in: Income and Wealth of the United States, Cambridge (Mass.), 1952, S. 72 u. 78.

*Tabelle 2*

**Die Entwicklung von Kapitalbestand[a], Beschäftigten und Kapitalintensität im Deutschen Reich bzw. in der Bundesrepublik Deutschland**
(Indexzahlen)

| Jahr | Kapitalbestand (1) | Beschäftigte (2) | Kapitalintensität (1) : (2) · 100 |
|---|---|---|---|
| 1880 | 100 | 100 | 100 |
| 1938[b] | 389,3 | 202 | 192 |
| 1936 | 100 | 100 | 100 |
| 1955 | 195 | 168 | 116 |
| 1950 | 100 | 100 | 100 |
| 1955 | 160 | 138 | 130,5 |
| 1955 | 100 | 100 | 100 |
| 1960 | 141,4 | 116 | 121,5 |
| 1958 | 100 | 100 | 100 |
| 1965 | 157,8 | 109,4 | 144,3 |

a) Die Angaben für die Jahre von 1936—1965 umfassen nur das industrielle Anlagevermögen (Bauten und Ausrüstung).

b) Der Wert für die Beschäftigtenzahl konnte nur für das Jahr 1939 ermittelt werden.

*Quelle:* Für den Zeitraum 1880—1938 eigene Berechnungen nach Angaben von Hoffmann, W. G., Das Wachstum der deutschen Wirtschaft seit der Mitte des 19. Jahrhunderts, Berlin—Heidelberg— New York 1965, S. 251 und 204; die Werte für den Kapitalstock wurden zu Anschaffungspreisen gerechnet.
Für die Jahre 1936—1955 eigene Berechnungen nach Angaben von Krengel, R., Die Entwicklung des Anlagevermögens der westdt. Industrie von 1924—1955 (Berechnung auf Preisbasis von 1950); in: Deutsches Institut für Wirtschaftsforschung und Wirtschaftsführung, Festgabe für Ferdinand Friedensburg, Berlin 1956, S. 129 ff.; für die Jahre 1955—1965 eigene Berechnungen nach Angaben von Krengel, R., Produktionsvolumen und Produktionsfaktoren der Industrie im Gebiet der BRD, Statistische Kennziffern 1950—1960, sowie Statistische Kennziffern, 6. Folge, 1958—1965 (beide Neuberechnung auf der Basis 1958), hrsg. v. Deutschen Institut für Wirtschaftsforschung, Berlin 1964, S. 9, 28 und 105, sowie 1966, S. 10, 28 und 105.

zum Ausdruck kommt. Für den realen Industrialisierungsprozeß ist gleichgewichtiges Wachstum nicht kennzeichnend. Das beruht insbesondere auf der Ungleichheit von Sparen und Investieren. Die geplanten Investitionen müssen dem freiwilligen Sparen immer etwas voraneilen, „um Anlaß zur Finanzierung durch zusätzlichen Bankkredit und damit zur Entstehung der zur Aufrechterhaltung des Preisniveaus nötigen Geldmenge zu geben“ [9]. Zum anderen zeigt die Charakterisierung des industriellen Wachstumsprozesses, daß dieser anders als das Domar' und Harrod'sche ungestörte, gleichgewichtige Wachstum, bei dem Sozialprodukt und Investitionen — und *zwangsläufig aus dem Modell folgend auch die Arbeitsbevölkerung* — immer um den gleichen Prozentsatz wachsen müssen, um ein störungsfreies Wachstum zu gewährleisten, gerade durch einen pro Beschäftigten ständig zunehmenden Kapitalstock gekennzeichnet ist. Als Beispiel sei auf die Entwicklung der Kapitalintensität in den historischen Industrialisierungsprozessen der USA und dem DR bzw. der BRD hingewiesen.

### 2. Der Struktureffekt der Investitionen

Unter Struktureffekt der Investitionen soll einmal jene oben aufgezeigte Entwicklung verstanden werden, die in dem ständig zunehmenden Kapitalstock pro Beschäftigten sichtbar wird, durch welche der Prozeß der industriellen Entwicklung charakterisiert ist. Zum anderen soll mit diesem Effekt jene Tatsache beschrieben werden, daß es sowohl der stärkere Umfang der Nettoinvestitionen als auch ihre höhere Produktivität[10] — wobei der erste unmittelbar abhängig ist von der letzten, wie in den Darlegungen über die Determinanten des Prozesses noch offenbar wird — im sekundären Sektor sind, die dazu führen, daß der Anteil des sekundären Sektors an der gesamtwirtschaftlichen Wertschöpfung stetig zunimmt, der Grad der Industrialisierung also fortwährend steigt.

Der Struktureffekt der Investitionen umfaßt daneben aber auch jenen ungleichen Umfang und jene unterschiedliche Verteilung der Investitionen hinsichtlich der Unternehmensgröße, Wirtschaftszweige (Branchen) und des Raumes, die oben als Differenzierungseffekt bezeichnet wurden. Denn Ursache für den Differenzierungsprozeß ist die unterschiedlich hohe Investitionstätigkeit. Der Prozeß lebt davon, daß immer wieder erneut entstehende hohe Gewinnaussichten zu Investitionen mit steigendem Maschineneinsatz anreizen. Dabei steigt der Anteil am Sozial-

---

[9] *Lutz*, Friedrich A.: Die Bedeutung der Investition für das Wachstum der Wirtschaft, Berlin und München 1957, S. 13.

[10] Es wird darauf noch im Zusammenhang mit dem technischen Fortschritt näher einzugehen sein.

produkt der Wirtschaftszweige, Unternehmensformen und der Räume, die jeweils die günstigste Chance der Investition zu bieten vermögen, überdurchschnittlich. Hieraus ergeben sich differenzierende Wirkungen wiederum für die Ausgangslage der nächsten Folgeprozesse. Die Differenzierung führt nicht zum Ausgleich, sondern ist Grundlage immer weiterer Investitionstätigkeit im schon vorher begünstigten Bereich. Die progressiv wachsende Investitionstätigkeit führt infolge der Einseitigkeit der Streuung in sich verschärfender Differenzierung wieder zu neuen Einkommens- und Kapazitätseffekten[11].

Den Investitionen fällt nach den oben festgestellten Ergebnissen die zentrale Bedeutung für den Ablauf des Industrialisierungsprozesses zu. Die Investitionstätigkeit ist jedoch nichts Automatisches. Ihr Umfang und ihre Verteilung — nicht nur ihre sektorale, sondern auch ihre branchenmäßige und räumliche — unterliegen bestimmten Einflußfaktoren, die je nach Wirtschaftssystem voneinander verschieden sind. Mit ihnen muß sich die weitere Untersuchung auseinandersetzen, um die Position der Patente im Gesamtkomplex der industriellen Entwicklung bestimmen zu können.

## II. Determinanten des Prozesses

Im vorausgegangenen Abschnitt war festgestellt worden, daß die Investitionen der entscheidende Träger des Prozesses der industriellen Entwicklung sind[12]. Damit konzentriert sich die Analyse der Determinanten des Prozesses der industriellen Entwicklung auf die Untersuchung der Bestimmungsgründe der marktwirtschaftlichen industriellen Investitionstätigkeit.

### 1. Die Unternehmererwartungen in bezug auf die Investitionstätigkeit als primäre Bestimmungsfaktoren

In der Marktwirtschaft bestimmen die Entscheidungen der Unternehmer[13] über die Investitionstätigkeit. Grundsätzlich sind diese Ent-

---

[11] Siehe *Voigt*, Fritz: Die Formung der staatlichen Wirtschaftspolitik, a.a.O., S. 610 f.

[12] Siehe später die Einführung des technischen Fortschritts.

[13] In den jeweiligen Unternehmen unterschiedlich — ob Einzelunternehmen, Personengesellschaft oder AG — durch ein mehr oder weniger vielstimmiges Entscheidungszentrum in Form der Geschäftsführer bzw. mit der Geschäftsführung beauftragter Gesellschafter, der leitenden Organe — oft des Vorstandes — oder auch besonderer Stabsabteilungen. Sie alle werden in unserem Sinne dann als Unternehmer bezeichnet, wenn sie in oberster Position der Unternehmensführung stehen und daher die grundlegenden Ent-

scheidungen an der unternehmerischen Leitmaxime[14] ausgerichtet. In der Marktwirtschaft ist diese im erwerbswirtschaftlichen Prinzip zu sehen.

Die traditionelle Theorie der Unternehmung beruht auf der sehr speziellen Zielfunktion des erwerbswirtschaftlichen Prinzips in seiner ausgeprägtesten Form, nämlich der kurzfristigen Gewinn- oder Rentabilitätsmaximierung. Diese Zielfunktion ermöglicht in theoretischen Ableitungen eine exakte Beschreibung des Unternehmerverhaltens; gerade die eindeutige und exakte Aussage über die unternehmerische Zielfunktion wird aber der Realität nicht gerecht. Psychologische und soziologische Aspekte bleiben bei Unterstellung der Gewinnmaximierungsfunktion in der Regel unberücksichtigt. Sie spielen jedoch bei den tatsächlichen Verhaltensweisen der Unternehmung eine bedeutende Rolle. Vor allem bei zunehmender Bedeutung von Großunternehmen für die wirtschaftliche Entwicklung werden zusehends auch „non-financial-attractions" [15] für die unternehmerischen Zielsetzungen wichtiger. Aus diesem Grunde kann das erwerbswirtschaftliche Prinzip in seiner Form der Gewinn- oder Rentabilitätsmaximierung nicht als alleinige und allgemeingültige Maxime des Unternehmerverhaltens angesehen werden. Vielmehr müssen die vielen Fälle und Möglichkeiten, in denen das erwerbswirtschaftliche Prinzip nur näherungsweise oder in bestimmten Abwandlungen gilt, berücksichtigt werden[16].

Darüber hinaus wirft die Zielfunktion einer absoluten Gewinn- oder Rentabilitätsmaximierung bei Berücksichtigung des Bestehens von die

---

scheidungen zur Realisierung der Unternehmungsaufgaben treffen, und dies immer vom Standpunkt der Unternehmung aus. Diese Definition berücksichtigt die Wandlung des Unternehmerbegriffs und seiner Funktionen im Prozeß der industriellen Entwicklung und vermag sowohl den typischen kapitalistischen Einzelunternehmer (Schumpeter) wie auch das top-management der Großunternehmen und Konzerne zu umfassen. Vgl. dazu auch *Scheuchzer,* R: Der Faktor Mensch in der Betriebswirtschaftslehre, Bern 1957, S. 80; oder auch *Turin,* G.: Der Begriff des Unternehmers, Zürich 1947.

[14] Diese unternehmerische Leitmaxime ist — wie noch später auszuführen sein wird — stets durch die Entwicklungsstufe, das Weltbild und Denken der führenden Menschen und Institutionen bedingt. Voraussetzung für eine industrielle Investitionstätigkeit überhaupt ist eine gewisse Wagnisbereitschaft, die Fähigkeit zur kühlen Rechenhaftigkeit und das Suchen nach ökonomischen Chancen der Masse der das Wirtschaftsgeschehen bestimmenden Wirtschaftssubjekte. Siehe hierzu die Ausführungen von *Voigt,* Fritz: Industrie- und Gewerbepolitik, a.a.O., und insbesondere auch *Lewis,* W. Arthur, a.a.O., S. 17 ff. Vgl. die Einordnung dieser Kräfte als Regler des Industrialisierungsprozesses auf S. 44 dieser Arbeit.

[15] Vgl. *Gordon,* Robert A.: Business Leadership in the Large Corporation, Washington 1945, S. 305 ff.

[16] Vgl. *Gutenberg,* Erich: Grundlagen der Betriebswirtschaftslehre, zweiter Band: Der Absatz, 7. Aufl., Berlin—Göttingen—Heidelberg 1964, S. 179; s. auch *Heinen,* Edmund: Die Zielfunktion der Unternehmung; in: *Koch,* Helmut (Hrsg.): Zur Theorie der Unternehmung. Festschrift zum 65. Geburtstag von Erich Gutenberg, Wiesbaden 1962, S. 14.

Unternehmenssphäre durchdringenden und umgebenden Unsicherheitsbereichen besondere Probleme auf. Gerade das Bestehen von unsicheren Erwartungen, das für die Entscheidungssituationen der Realität kennzeichnend ist, läßt die Verfolgung des Ziels der Gewinn- oder Rentabilitätsmaximierung in vielen Fällen nicht zu[17]. „Was kristallklar, aber so oft von a posteriori-Beurteilungen übersehen wird, ist die Tatsache, daß fehlende Kontrolle über einen Prozeß grundsätzlich die Garantie auf einen maximalen Gewinn verhindert“ [18].

Dennoch kann das Gewinnmotiv als solches nicht als wirklichkeitsfremd angesehen werden. Die Unternehmer trachten selbstverständlich bei ihren geschäftspolitischen Überlegungen nach der Erzielung von Gewinnen. Das Gewinnmotiv ist nach wie vor die wichtigste Antriebskraft unternehmerischen Handelns[19]. Jedoch ist die Bedeutung des Gewinns für die Großunternehmung nicht in seiner Form als Einkommen des Unternehmensleiters zu sehen, als vielmehr als reine Notwendigkeit für die Unternehmung. Daraus ergibt sich, daß es gilt, die langfristige Sicherung und Erhaltung der Unternehmung zu berücksichtigen. So könnte die langfristige Gewinnmaximierung, genauer die Maximierung des Kapitalwertes der Unternehmung, oder auch die Erzielung angemessener oder befriedigender Gewinne[20] als Zielsetzung gelten[21], wobei

---

[17] Vgl. *Heinen,* Edmund: Die Zielfunktion der Unternehmung, a.a.O., S. 28.

[18] *Bellmann,* R.: Dynamic Programming, Princeton (N. J.) 1957, S. 38; vgl. hierzu auch *Albach,* Horst: Wirtschaftlichkeitsrechnung bei unsicheren Erwartungen. Beiträge zur betriebswirtschaftlichen Forschung, hrsg. von Erich Gutenberg, W. Hasenack, Karl Hax, Erich Schäfer, Bd. 7, Köln und Opladen 1959, S. 129.

Die Einwände der Nichtberücksichtigung von non-financial incentives und Unsicherheit ließen sich jedoch durch Einführung der allgemeineren Zielfunktion „Maximierung einer Präferenzfunktion“ abweisen (vgl. dazu *Papandreou,* Andreas G.: Some Basic Problems in the Theory of the Firm; in: *Haley,* Bernhard F. (Hrsg.): A Survey of Contemporary Economics, Vol. II, Homewood (Ill.) 1952, S. 205 ff.), allerdings wäre diese Zielfunktion nicht praktikabel, da die in die Funktion eingehenden Größen zum großen Teil unbekannt sind.

[19] Vgl. dazu auch *Scitovsky,* Tibor: A Note on Profit Maximation and Its Implications; in: The Review of Economic Studies, Vol. 11 (1943), S. 57-60; wieder abgedruckt in: *American Economic Association* (Hrsg.), Readings in Price Theory, London 1953, S. 352-358.

[20] Es ist bisher nicht ersichtlich, welcher Zielsetzung allgemeinerer Erklärungswert zukommt. Zu der These der Zielsetzung „Anstreben angemessener oder befriedigender Gewinne“ vgl. *Boulding,* K. E.: Implications for General Economics of More Realistic Theories of the Firm; in: AER: Papers and Proceedings, Vol. 42 (1952), S. 196-220; *Simon,* Herbert A.: Theories of Decision-Making in Economics and Behavioral Science; in: AER, Vol. 49 (1959), S. 253—283; *Gordon,* Robert A.: Short Period Price Determination in Theory and Practice; in: AER, Vol. 38 (1948), S. 265—288.

[21] Siehe hierzu auch *Arbeitskreis Hax* der Schmalenbach-Gesellschaft, Wesen und Arten unternehmerischer Entscheidungen; in: ZfbF, N.F., 16. Jg. (1964), S. 685 ff.

allerdings einzuräumen ist, daß die Intensität des Gewinnstrebens vom persönlichen Temperament, den persönlichen Anschauungen der Unternehmer, wie auch der jeweiligen Marktform, dem Alter und der Art des Industriezweiges, den Unternehmungsformen und der Art der Willensbildung abhängig ist[22].

Unter dieser Leitmaxime stehen insbesondere auch die im hier behandelten Zusammenhang relevanten Entscheidungen der Unternehmer über die Investitionstätigkeit. Darauf soll im folgenden noch näher eingegangen werden.

Grundsätzlich pflegt man die Beziehungen zwischen Investitionseinflußgrößen und der Höhe der Investitionsausgaben als Investitionsfunktion zu bezeichnen. Bereits im Jahre 1917 wurde von J. M. Clark[23] mit dem Akzelerationsprinzip eine solche makroökonomische Investitionsfunktion entwickelt, die später von Harrod zur Dynamisierung der Keynes'schen Theorie verwandt wurde. Es soll hier nicht weiter auf diese makroökonomische Investitionsfunktion eingegangen werden, gegen die sich eine große Anzahl von Vorbehalten anführen läßt, zusammengefaßt in der Kritik, daß diese Investitionsfunktion zu wenig Variable enthält[24]. Das Akzelerationsprinzip vermag nur einen Teil der Investitionen zu erfassen, und man hat diese später in der ökonomischen Theorie generell als induzierte Investitionen bezeichnet und sie den autonomen Investitionen gegenübergestellt. Diese Disaggregation der Nettoinvestitionen in induzierte und autonome kann jedoch nicht befriedigen, da beide Arten nicht genau zu trennen und abzugrenzen sind.

Zum anderen erhebt sich die Frage, ob tatsächlich Investitionen vorgenommen werden, weil die Nachfrage in der Vergangenheit gestiegen ist oder in der Gegenwart steigt (Akzelerationsprinzip). Investitionen werden getätigt, weil man bestimmte Erwartungen hat, und zwar Erwartungen hinsichtlich der Realisierung der Leitmaxime. Daten der Vergangenheit haben nur insofern einen Einfluß auf die Investi-

---

[22] Ausführlich hat sich *Schätzle*, Gerhard: Forschung und Entwicklung als unternehmerische Aufgabe, Köln und Opladen 1965, S. 81 ff., mit diesem Problem auseinandergesetzt. Vgl. auch die von ihm angegebene Literatur.

[23] Vgl. *Clark*, J. M.: Business Acceleration and the Law of Demand. A Technical Factor in Economic Cycles; in: JP, Vol. 25 (1917), S. 217-236.

[24] Die Tatsache der mehr oder weniger großen Monokausalität in dieser wie auch anderen Investitionsfunktionen ist Ausgangspunkt für zahlreiche Weiterentwicklungen gewesen, deren bedeutendste im Hinblick auf ihren Erklärungswert die makroökonomischen Investitionsfunktionen von Tinbergen (*Tinbergen*, J.: Business Cycles in the United States of America 1919-1932, Genf 1939), Goldberger und Klein (*Klein*, L. R. und *Goldberger*, A. S.: An Econometric Model of the United States 1929-1955, Amsterdam 1955) sowie Meyer und Kuh (*Meyer*, R. J. und *Kuh*, E.: The Investment Decision, Cambridge [Mass.] 1957), sind.

tionsentscheidungen, als die Erfahrungen die Erwartungen der Zukunft mitgestalten. Diese Aussage bestätigen auch Untersuchungen und Befragungen von Eisner[25], die das Resultat ergaben, daß der Erklärungswert von Erwartungsvariablen für Investitionen im allgemeinen größer als derjenige von Vergangenheitswerten ist. Insbesondere führt bei Großunternehmen eine Investitionsfunktion, die nur Erwartungsvariable enthält, zu guten Ergebnissen. Diese Tatsache wird auch durch eine empirische Untersuchung über das Investitionsverhalten industrieller Unternehmen von Gutenberg gefestigt. Danach sind es also vorwiegend die Erwartungen der Unternehmer, die die Investitionstätigkeit bewirken, und zwar die Absatzerwartungen, die — wie sich in der Untersuchung ergab — in der Regel als mit Gewinnerwartungen identisch angesehen werden[26].

Diese Erklärung der Investitionsentscheidung durch die Unternehmererwartungen löst auch die Probleme der Disaggregation der Nettoinvestitionen in autonome und induzierte Investitionen. Denn diese in der ökonomischen Theorie übliche Aufgliederung der Gesamtheit der Investitionen verliert ihre Bedeutung mit der Feststellung, daß alle Investitionen im Prinzip auf Erwartungen beruhen (mit Ausnahme der unfreiwilligen Lagerveränderungen[27]. „Der Unterschied zwischen den induzierten und den autonomen Investitionen kann also höchstens ein gradueller sein. An dem einen Extrem stehen kleine Investitionen wie die Anschaffung einer neuen Maschine mit einer relativ kurzen Lebensdauer, für deren Vornahme die Nachfragebewegung in der letzten Vergangenheit mit einigem Recht eine erhebliche Rolle spielen darf. Am anderen Extrem stehen Investitionen zum Zwecke der Produktion eines ganz neuen Produktes, für deren Beurteilung die Vergangenheit überhaupt keinen Anhaltspunkt bietet"[28].

Eine gegebene Einkommensänderung kann umfangreiche Investitionen auslösen, sie kann aber auch dazu führen, daß nur wenige oder gar keine Investitionen getätigt werden. Ob viele und wieviele Investitio-

---

[25] Vgl. dazu auch *Eisner,* R.: Expectations, Plans and Capital Expenditures, A Synthesis of Ex Post and Ex Ante Data; in: *Bowmann,* M. J. (Hrsg.): Expectations, Uncertainty and Business Behavior, Social Science Research Council, New York 1958. Eisner stellt in seiner Untersuchung u. a. folgende Fragen: „Können Vergangenheitswerte das Investitionsvolumen besser erklären als Erwartungsgrößen" und „kann der Wert von Erwartungsgrößen durch zusätzliche Gegenwarts- oder Vergangenheitswerte verbessert werden?"

[26] Vgl. *Gutenberg,* Erich: Untersuchungen über die Investitionsentscheidungen industrieller Unternehmen, Köln und Opladen 1959, S. 117 und S. 157 f.

[27] So auch *Ulmer,* M. J.: Autonomous and Induced Investment; in: AER, Vol. 42 (1952), S. 587; ähnlich *Lutz,* Friedrich: Die Bedeutung der Investition für das Wachstum der Wirtschaft, a.a.O., S. 11 f.

[28] *Lutz,* Friedrich: Die Bedeutung der Investition für das Wachstum der Wirtschaft, a.a.O., S. 12.

nen vorgenommen werden, hängt von den Erwartungen ab, die die Unternehmer bilden. Unter diesem Aspekt wären alle Investitionen als autonom zu bezeichnen. Auf der anderen Seite ist jedoch zu berücksichtigen, daß sich die Unternehmererwartungen hinsichtlich einer geplanten Investition auf objektive Erfahrungen wie Preis-, Einkommens-, Kostenänderungen gründen. Unter diesem Gesichtspunkt erscheinen alle Investitionen als induziert. Die Erklärung der Investitionsentscheidungen durch die Unternehmererwartungen läßt sowohl die Einordnung der Investitionen als induzierte wie auch als autonome zu[29].

Wenn auch aufgrund unserer früheren Feststellung im Zusammenhang mit der unternehmerischen Leitmaxime und der genannten empirischen Untersuchungen den Gewinnerwartungen eine vorrangige Bedeutung für die Investitionsentscheidungen eingeräumt werden muß, so ist doch darauf hinzuweisen, daß die konkrete Gestalt der Investitionsfunktion im Einzelfall je nach Art der Investition und den betriebsindividuellen und konjunkturellen Situationen unterschiedlich sein kann und andere Determinanten ein mehr oder weniger starkes Gewicht erlangen können[30].

### *a) Komponenten der Unternehmererwartungen*

Die vorwiegend rentabilitätsorientierten Unternehmererwartungen in bezug auf die Investitionstätigkeit lassen sich in wenige bestimmende Komponenten zerlegen. Es sind dies die Kosten der Investition, ihre Erträge, der Marktzinssatz und der Kalkulationszinsfuß.

Die Kosten und Ertragskomponenten kann man in dem Keynes'schen[31] Begriff der Grenzleistungsfähigkeit des Kapitals zusammen erfassen, welche die Rate des über die Kosten hinaus gehenden Ertrages darstellt, die man von einer Investition erwarten kann, die Cr kostet und eine durch $R_1 + R_2 + R_3 + \ldots + R_n$ repräsentierte Reihe von Erträgen abwirft. Sowohl Kosten als auch Erträge der vorzunehmenden Investition sind subjektive Erwartungsgrößen, die auf objektiven Kosten- und Ertragsgrößen — nämlich den Kosten und Erträgen vergangener oder

---

[29] Siehe *Ulmer,* M. J.: Autonomous and Induced Investment, a.a.O., S. 587 f.

[30] Vgl. dazu die Untersuchungen von J. R. Meyer und E. Kuh, bei denen für den Zeitraum von 1946—1950 etwa 750 amerikanische Unternehmungen aus zwölf verschiedenen Industriegruppen erfaßt wurden (*Meyer,* R. J. und *Kuh,* E.: The Investment Decision, a.a.O.) oder auch die Ergebnisse von Gutenberg (*Gutenberg,* E.: Untersuchungen über die Investitionsentscheidungen industrieller Unternehmen, a.a.O.) und Lange (*Ismar,* H., *Lange,* G., *v. Schweinitz,* Hildur: Die Konsum- und Investitionsfunktion. Untersuchungen für die BRD, Köln und Opladen 1962).

[31] *Keynes,* John M.: Allgemeine Theorie der Beschäftigung, des Zinses und des Geldes, 2. Aufl., Berlin 1955, S. 114 f.

gegenwärtiger Investitionen — beruhen. Damit ist auch die Grenzleistungsfähigkeit des Kapitals eine subjektive Größe.

Die tatsächliche Investitionsentscheidung der Unternehmer zieht neben der Grenzleistungsfähigkeit des Kapitals, die auch als Verzinsung der für die Investition aufzuwendenden Kosten aufgefaßt werden kann, den Marktzins (für Wertpapiere), der eine objektive, vom Markt her gegebene Größe darstellt, und den Kalkulationszinsfuß, der — wiederum subjektiv bestimmt — die Höhe des von jeder Investition eingeschlossenen Risikos widerspiegelt, heran.

### *b) Das Verhältnis der Komponenten zueinander*

Nach Keynes ist die Investitionsentscheidung der Unternehmer das Ergebnis des Vergleichs zwischen Grenzleistungsfähigkeit des Kapitals und Marktzinsfuß. Nur wenn die Grenzleistungsfähigkeit des Kapitals höher als der Marktzinsfuß ausfällt, kommt es zur Vornahme von Investitionen.

Dem Marktzinsfuß wird in diesem Zusammenhang eine sehr starke Bedeutung zugemessen. Preiser und auch Lutz[32] haben darauf hingewiesen, daß der Marktzins für die Investitionsentscheidungen nur begrenzt ausschlaggebend ist. Nur solche Investitionen, bei denen der Anteil der Zinskosten an den Gesamtkosten relativ hoch ist, werden das Ergebnis eines Vergleichs von Grenzleistungsfähigkeit des Kapitals und Marktzins sein. Diese zinsempfindlichen Investitionen — wie sie etwa die langfristigen Wohnungsbauinvestitionen darstellen — machen aber nur einen geringen Teil der Gesamtinvestitionen aus. Der Preiser'sche Ansatz weist dem Marktzins eine nur begrenzte Funktion zu, stellt dagegen den Kalkulationszinsfuß als die entscheidende Komponente der Unternehmererwartungen neben der Grenzleistungsfähigkeit des Kapitals heraus. Für unsere weiteren späteren Betrachtungen ist dieser theoretische Ansatz von Preiser bedeutungsvoll.

Preiser unterscheidet zwischen der Investitionseignung der Unternehmer und der finanziellen Investitionsmöglichkeit. Der Marktzins hat bei jenem größeren Teil der Investitionen, die zinsunempfindlich sind, nur Einfluß auf die Investitionsmöglichkeit. Für die Investitionsneigung wird neben der Grenzleistungsfähigkeit des Kapitals die vom Investor subjektiv bestimmte „Prämie für die Überwindung der Risikofurcht“[33] — der Kalkulationszinsfuß[34] — zur bestimmenden Komponente. In der

---

[32] *Preiser,* Erich: Investition und Zins; in: ZfNuSt, Bd. 170 (1958), S. 100 ff. *Lutz,* Friedrich A.: Zinstheorie, Zürich und Tübingen 1956, S. 176 ff.

[33] *Preiser,* Erich: Investition und Zins, a.a.O., S. 176.

[34] Siehe *Schneider,* Erich: Einführung in die Wirtschaftstheorie, II. Teil: Wirtschaftspläne und wirtschaftliches Gleichgewicht in der Verkehrswirtschaft, 8. Aufl., Tübingen 1963, S. 233.

Höhe des Kalkulationszinsfußes kommt die Gewinnrate zum Ausdruck, die eine Investition aufgrund ihres besonderen Risikos erbringen muß. Diese Gewinnrate ist je nach Wirtschaftszweig und nach Art der vorzunehmenden Investition verschieden hoch. Sie wird z. B. bei Einführung neuer Güter oder Anwendung eines neuen Produktionsverfahrens wegen der spezifischen Risiken besonders hoch sein[35]. Die subjektive Größe des Kalkulationszinsfußes bestimmt im Vergleich mit der Grenzleistungsfähigkeit des Kapitals die Investitionsneigung des Unternehmers. Dieser Vergleich kann so ausfallen, daß trotz höherer Grenzleistungsfähigkeit einer Investition A im Vergleich zu einer Investition B, die Investition B wegen der für sie geringer eingeschätzten Risiken vorgenommen wird.

Der Marktzinsfuß hat nach der Preiser'schen Darstellung die u. E. realistischer als die Annahme von Keynes ist, auf die Investitionsneigung keine Einwirkung. Erst das Finanzierungsproblem der Investition räumt ihm einen Einfluß auf die tatsächliche Investitionsdurchführung ein. Und zwar wird ein Vergleich von Marktzinsfuß — dem Faktor, der das bestehende Knappheitsverhältnis an Finanzierungsmitteln ausdrückt — und Kalkulationszinsfuß — der die Investitionsrisiken berücksichtigenden minimalen Profitrate der gewünschten Investition — in dem Falle zur Nichtvornahme einer Investition führen, in dem der Kalkulationszinsfuß unter dem Marktzinsfuß liegt[36].

Kosten und Erträge einer Investition, zusammengefaßt in der Grenzleistungsfähigkeit des Kapitals, Kalkulationszinsfuß und Marktzins sind als die bestimmenden Komponenten der Unternehmererwartungen anzusehen. Von ihrer Größe und ihrem Verhältnis zueinander hängt die Investitionsentscheidung der Unternehmer ab.

Sowohl die absolute und relative Höhe wie auch die sektoralen Unterschiede in der Höhe dieser Komponenten und damit auch die Gestaltung der Unternehmererwartungen sind bestimmten zusätzlichen Einflüssen aus dem ökonomischen und außerökonomischen Bereich unterworfen, deren Gesamtheit man — ausschließlich unter Berücksichtigung der *industriellen Investitionstätigkeit* — in zwei Gruppen systematisch erfassen kann. Es sind dies zum einen Faktoren, die von „Impulsen“ ausgehen, zum anderen Faktoren, die in den „Prozeßreglern“ ihre Ursache haben. „Impulse“ sind jene Faktoren, die durch ihre langfristigen Veränderungen in den Wirtschaftsbereich hineinwirken und die Prozesse des zusätzlichen und überwiegend zunehmenden Sachkapitalein-

---

[35] Die Auseinandersetzung mit dieser Tatsache wird in den späteren Ausführungen eines unserer Hauptprobleme darstellen (vgl. S. 49 ff.).

[36] Vgl. *Preiser*, Erich: Investition und Zins, a.a.O., S. 187.

satzes auslösen[37]. Als „Prozeßregler" werden die den industriellen Entwicklungsprozeß umgebenden gesellschaftlichen Kräfte bezeichnet, wobei zu unterscheiden ist zwischen „aktiven Prozeßreglern" — soziale Gruppen, Staat, Recht etc. —, „passiven Prozeßreglern" — natürliche Gegebenheiten — und „Antezedenzien" — Ergebnisse vorindustrieller Regelungen und Wirtschaftstätigkeiten[38].

### 2. Sekundäre Bestimmungsfaktoren aus Impulsen und Prozeßreglern

Sowohl Impulse als auch Prozeßregler können die Erwartungen, die Ex-ante-Pläne der Unternehmer beeinflussen. Sie üben dann eine Reizwirkung[39] aus. Diese aus Impulsen und Reglern resultierenden Reizwirkungen sind als sekundäre Determinanten der Investitionstätigkeit zu bezeichnen, da sie erst über die Unternehmererwartungen wirksam werden. Sie umfassen alle jene ökonomischen und außerökonomischen Größen, die die Ex-ante-Pläne der Unternehmer verändern und so die Investitionstätigkeit lenken. Dabei ist es für die Zuordnung zu den sekundären Determinanten gleichgültig, ob die Beeinflussung der Unternehmererwartungen eine direkte oder indirekte ist.

#### *a) Die Reizwirkung des Impulses technischer Fortschritt*

Unter den Anreizen zur Vornahme industrieller Investitionen, zu denen auch das Wachstum der Bevölkerung und die Erhöhung des durchschnittlichen Lebensstandards[40] gehören, ist der technische Fortschritt als wichtigster Bestimmungsgrund der Investitionsverteilung auf die drei Sektoren anzusehen[41]. Technischer Fortschritt in diesem Sinne umfaßt die Veränderungen des technischen Wissens und Könnens und

---

[37] Siehe dazu *Klatt*, Sigurd: Zur Theorie der Industrialisierung, a.a.O., S. 59. Nach Klatt stellen die Impulse *außer*-ökonomische Faktoren dar. Abweichend von Klatt fassen wir unter Impuls sowohl außerökonomische als auch ökonomische Faktoren. Diese Ausweitung des Klatt'schen Begriffs erscheint uns durch die Einbeziehung des technischen Fortschritts als Impuls gerechtfertigt. Vgl. dazu unsere Ausführungen über den technischen Fortschritt auf den folgenden Seiten.

[38] *Klatt*, Sigurd: Zur Theorie der Industrialisierung, a.a.O., S. 90 ff.

[39] Vgl. *Klatt*, Sigurd: Zur Theorie der Industrialisierung, a.a.O., S. 143 ff.

[40] Siehe dazu die Ausführungen von *Klatt*, Sigurd: Zur Theorie der Industrialisierung, a.a.O., S. 94 ff.

[41] Bei Leontief ist die Gleichartigkeit der Produktionsfunktionen eine Bedingung für die Zusammenfassung mehrerer Industrien zu einem Sektor. Hier wird die gleiche Reaktionsfähigkeit der Produktionsfunktion auf den technischen Fortschritt artbildendes Merkmal der Sektorenabgrenzung, die gleichzeitig eine Lenkung der Investitionsverteilung darstellt und ihren Niederschlag in den Kostenverläufen findet; vgl. dazu *Leontief*, W.: The Structure of American Economy 1919-1929, New York 1941.

die von diesen Veränderungen ausgehenden Impulse auf das Wirtschaftsleben[42].

Jeder technische Fortschritt schließt einen zeitlichen Prozeß ein. In Anlehnung an Maclaurin[43] und Niehans[44] läßt sich dieser Prozeß in vier Fortschrittsstufen unterteilen, und zwar in die Phase der Grundlagenforschung, der angewandten Forschung, der Entwicklung und der Verwertung des technischen Wissens. Die Ergebnisse der einzelnen Stufen bezeichnen wir mit Grundlagenwissen, Erfindung, „know-how" und Neuerung bzw. Nachahmung. Dabei stellt die Neuerung die erstmalige Verwertung des neuen technischen Wissens überhaupt dar, während die Nachahmung alle darauffolgenden Anwendungen umfaßt[45].

Die Grundlagenforschung sucht nach Kenntnissen allgemeiner Art, die nicht unmittelbar praktisch verwertbar sind. Im Gegensatz zu den Phasen der angewandten Forschung der Entwicklung und der Verwertung ist die Grundlagenforschung dadurch gekennzeichnet, daß ihre Ergebnisse in der Regel so grundsätzlicher Natur sind, daß sie nicht patentiert werden können. Auch wenn der Forschungsphase keine unmittelbaren Impulse für die industrielle Investitionstätigkeit entspringen, ist diese Phase für die vorliegende Untersuchung aber dennoch von Bedeutung, weil sie der Erfindung und Neuerung den Boden bereiten kann[46]. Sobald die Grundlagenforschung zu Ergebnissen gelangt, deren kommerzielle Verwendung vorausgeschätzt werden kann — das ist mit zunehmender Reife des Industrialisierungsprozesses der Fall —, wird ihre Beziehung zur Phase der angewandten Forschung und zur Verwertung immer enger[47].

Der eigentliche Tatbestand des technischen Fortschritts wird erst durch die Phasen der angewandten Forschung einschließlich Entwicklung und der Verwertung erfüllt. Sie stellen Vorgänge dar, die unmittelbar die technischen Bedingungen der Produktion in den Unternehmungen betreffen und somit Impulscharakter tragen, der sich in bestimmten Anreizen für die industrielle Investitionstätigkeit niederschlägt. Die Erfindungsphase läßt sich durch Fortschritte im Stand eines bestimmten technischen Wissens, jenes Wissens, das zu Verbesserungen

---

42 Vgl. *Brandt*, K.: Struktur der Wirtschaftsdynamik, Frankfurt a. M. 1952, S. 110.

43 *Maclaurin*, W. R.: The Sequence from Invention to Innovation and Its Relation to Economic Growth; in: QJ, Vol. 67 (1953), S. 97 ff.

44 *Niehans*, Jürg: Der technische Fortschritt als ökonomisches Problem; in: SchwZfVuSt, 90. Jg. (1954), S. 150.

45 Vgl. dazu später S. 47 f.

46 Siehe unsere Ausführungen auf S. 52 ff. und 145 ff.

47 Vgl. dazu auch *Klatt*, Sigurd: Zur Theorie der industriellen Entwicklung, a.a.O., S. 120 f.

der Produktionstechnik und/oder zur Herstellung neuartiger Güter führen kann, kennzeichnen, während die Neuerungsphase bestimmt ist durch die Realisierung dieser neuen technischen Möglichkeiten, also durch die konkrete Verbesserung der Produktionstechnik und/oder die Einführung eines neuartigen Gutes.

Erfindung und Neuerung können unter diesem Aspekt als die Kenntnis bzw. Realisierung neuer Produktionsverfahren interpretiert werden, wobei unter einem neuen Produktionsverfahren sowohl eine verbesserte Technik bei der Herstellung eines neuartigen bzw. wesentlich verbesserten Gutes zu verstehen sind[48].

Die Gesamtheit aller Phasen läßt sich mit der Zweiteilung in potentiellen und realisierten technischen Fortschritt erfassen, wobei der potentielle technische Fortschritt die Phasen der Grundlagenforschung, der Erfindung und der Entwicklung umfaßt, der realisierte mit der Verwertungsphase identisch ist[49].

Der potentielle technische Fortschritt in seiner Form als Erfindung, d. h. als jene Änderung im Stand des technischen Wissens, die direkt zu einer Verbesserung der in den Unternehmen angewandten Produktionstechnik und/oder zur Produktion eines technologisch neuartigen Gutes führen kann, bringt jene Kräfte hervor, die oben als Impulse bezeichnet wurden. Ihre Anreizfunktion[50] gründet sich auf die mit der wirtschaftlichen Verwertung der Erfindung — dem realisierten technischen Fortschritt also — einhergehenden Wirkungen. Diese Wirkungen sind wie schon angedeutet — zweifacher Natur, sie sind produktvermehrend und/oder produktivitätserhöhend.

Die produktvermehrende Wirkung des technischen Fortschritts drückt sich in der Herstellung neuartiger oder verbesserter Produkte aus, während die produktivitätserhöhende Wirkung in einer verbesserten Relation zwischen Produktionsergebnis (Output) und Faktoreinsatz (Input) besteht. Beide Wirkungen des technischen Fortschritts werden in der Realität mehr oder weniger eng verwoben sein und seltener isoliert auftreten[51]. Die untenstehenden Schaubilder 1a — c mögen diesen Sachverhalt verdeutlichen.

---

[48] Vgl. dazu auch *Krieghoff*, Hans: Technischer Fortschritt und Produktivitätssteigerung. Frankfurter Wirtschafts- und Sozialwissenschaftliche Studien, Heft 4, Berlin 1958, S. 20 f.

[49] Hier ist jedoch darauf hinzuweisen, daß in der Realität die Entwicklungsphase nicht immer von der Verwertungsphase abzugrenzen ist.

[50] Die sich in der Gestaltung der Unternehmererwartungen ausdrückt.

[51] Vgl. dazu auch *Noll*, Werner: Volkswirtschaftliche Auswirkungen eines kostensparenden technischen Fortschritts, Berlin 1967, S. 127 f. Aus diesem Grunde ist es u. E. auch richtiger, von den Wirkungen und nicht von Arten des technischen Fortschritts zu sprechen. Vgl. in diesem Sinne auch *Eder*, Rudolf: Volkswirtschaftliche Theorie des technischen Fortschritts, Berlin 1967, S. 32.

*Schaubild 1*

**Die Wirkungen des technischen Fortschritts im Einsatz-Ausstoß-Diagramm**

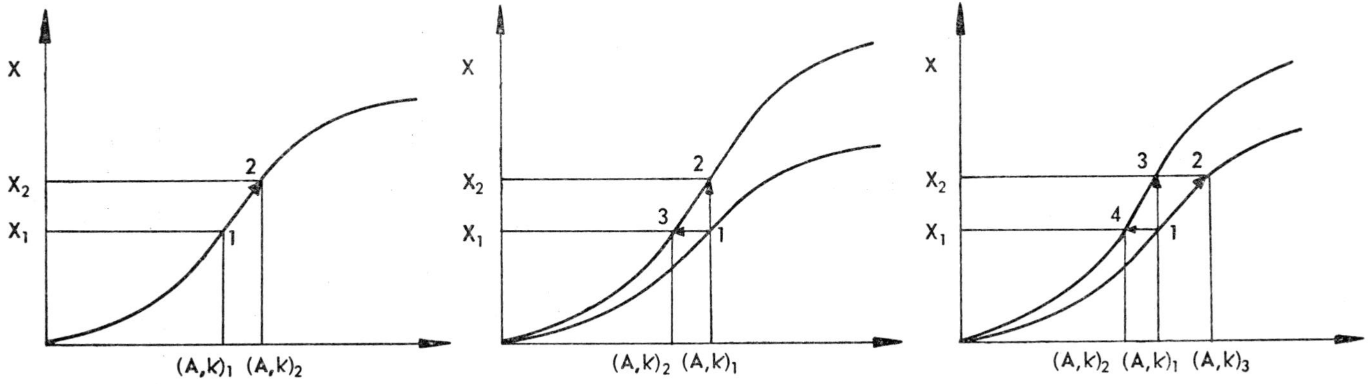


a

Die Verlagerung des Produktionspunktes von 1 nach 2 entspricht der gütervermehrenden Wirkung.

b

Die alternative Verlagerung des Produktionspunktes von 1 nach 2 oder 3 entspricht der produktivitätserhöhenden Wirkung.

c

Aus beiden Wirkungen resultiert die Verlagerung des Produktionspunktes von 1 nach 3.

Schaubild 1 a zeigt, daß die produktvermehrende Wirkung (Erhöhung des Gesamtproduktes von $x_1$ auf $x_2$ des technischen Fortschritts zur Verlagerung des Produktionspunktes von 1 nach 2 führt. Damit ist eine Erhöhung des Faktoreinsatzes von $(A,K)_1$ auf $(A,K)_2$ verbunden. Vorausgesetzt wird dabei, daß die Produktion der bisher produzierten Güter nicht eingeschränkt wird.

Aus Schaubild 1b ist ersichtlich, daß die produktivitätssteigernde Wirkung die Verlagerung des Produktionspunktes von 1 nach einem zwischen 2 und 3 auf einer neuen Kurve liegenden Punkt bewirkt. Dadurch können das Gesamtprodukt und der Faktoreinsatz gleichzeitig verändert werden. Und zwar wird das Gesamtprodukt entweder steigen oder gleichbleiben und der Faktoreinsatz entweder gleichbleiben oder sinken.

Nach Schaubild 1c ist die Gesamtwirkung des technischen Fortschritts (Bewegung des Produktionspunktes von 1 nach 3) das Ergebnis der beiden Wirkungen (produktvermehrende Wirkung: Bewegung von 1 nach 2; produktivitätserhöhende Wirkung: Bewegung von 1 nach 4)[52].

Die dargestellten Wirkungen des technischen Fortschritts haben für die unternehmerische Investitionstätigkeit insofern eine Anreizfunktion als sie dem Streben der Unternehmer nach Verwirklichung des erwerbswirtschaftlichen Prinzips entgegenkommen. Beide Wirkungen des technischen Fortschritts bieten grundsätzlich neue Gewinnchancen[53] wie auch die Aussicht auf Behauptung und Erhaltung der schon gewonnenen Marktposition hinsichtlich Umsatz und Kostenstruktur[54].

So bietet die produktvermehrende Wirkung neue Verkaufsmöglichkeiten an Konsumenten oder im Falle von Investitionsgütern neue Verkaufsmöglichkeiten an andere Unternehmen und erhöht damit die Absatzchancen.

Die produktivitätserhöhende Wirkung wird sich ceteris paribus in einer Gewinnsteigerung ausdrücken. Berücksichtigt man die Nachfrageseite, so ist sie für das betreffende Unternehmen auch mit geringeren Risiken verbunden, da auf der Nachfrageseite keinerlei Umstellung notwendig ist.

In einer Untersuchung für 17 Chemie-Unternehmen hat Minasian festgestellt, daß jede für Forschung und Entwicklung ausgegebene Geld-

---

52 Vgl. dazu auch *Eder,* Rudolf: Volkswirtschaftliche Theorie des technischen Fortschritts, a.a.O., S. 29 ff.

53 Siehe dazu die näheren Ausführungen auf S. 49 ff.

54 Wir vernachlässigen mögliche Einschränkungen von der Nachfrageseite her, nehmen vielmehr an, daß die aus dem technischen Fortschritt resultierenden zusätzlichen Ausstoßmengen der einzelnen Produkte auch abgesetzt werden können.

einheit die Wertschöpfung um durchschnittlich 11% steigert[55]. Auch Mansfield kommt in einer anderen Untersuchung zu dem Ergebnis, daß erfolgreiche Innovatoren in einer fünf- bis zehnjährigen Zeitspanne oft zweimal schneller als ihre Konkurrenten wachsen und daß je nach Industrie und Zeitintervall die durchschnittliche Innovation die Wachstumsrate der Unternehmung um 4—13% anhob[56]. Zu einem ähnlichen Ergebnis kommt Mansfield in einer anderen Untersuchung[57]. Scherer kann die These, daß eine kausale Beziehung von Forschungs- und Entwicklungsausgaben zu steigenden Gewinnen besteht, mit einer weiteren Studie bestätigen, allerdings scheint die gewinnsteigernde Wirkung der Forschungs- und Entwicklungsausgaben weniger in einer direkten Ausweitung der Gewinnmargen als vielmehr in einer Absatzsteigerung bei konstanten Gewinnmargen zu liegen[58].

Auf die für die vorliegende Betrachtung relevanten Probleme, die sich aus den aufgezeigten Wirkungen des technischen Fortschritts für die Unternehmererwartungen ergeben, wird an späterer Stelle noch genauer einzugehen sein. An dieser Stelle sei abschließend noch darauf hingewiesen, daß unter gesamtwirtschaftlichem Aspekt die produktivitätssteigernde Wirkung des technischen Fortschritts als der entscheidendste Bestimmungsgrund dafür anzusehen ist, daß trotz der mit dem Prozeß der industriellen Entwicklung einhergehenden stetigen Zunahme der Kapitalintensität immer wieder neu die Grenzproduktivität des Kapitals angehoben wurde[59] und so ständig neue für das wirtschaftliche Wachstum notwendige Investitionen vorgenommen wurden.

---

[55] Vgl. *Minasian*, J.: Technical Change and Production Functions, Vortrag auf dem Treffen der Econometric Society, Stillwater (Oklahoma) 1961, zitiert bei: *Horowitz*, I.: Evaluation of the Results of Research and Development: Where we stand; in: IEEE-Trans. Engin. Managm., Vol. EM-10 (1963), S. 42-51.

[56] *Mansfield*, Edwin: Entry, Gibrat's Law, Innovation, and the Growth of the Firms; in: AER, Vol. 52 (1962), S. 1023-1051.

[57] *Mansfield*, Edwin: Rates of Return from Industrial Research and Development; in: AER, Papers and Proceedings, Vol. 55 (1965), S. 310-312.

[58] *Scherer*, F. M.: Firm Size, Market Structure, Opportunity, and the Output of Patented Inventions; in: AER, Vol. 55 (1965), S. 1097-1125.
Siehe hierzu auch *Kaufer*, Erich: Die Ökonomie von Forschung und Entwicklung; in: Wettbewerb als Aufgabe — Nach zehn Jahren Gesetz gegen Wettbewerbsbeschränkungen, hrsg. von E. J. Mestmäcker, Bad Homburg v.d.H.—Berlin—Zürich 1968, S. 466 ff.

[59] Wächst die Wirtschaft in der Art, daß stetig der Kapitaleinsatz im Vergleich zu den beiden anderen Produktionsfaktoren Arbeit und Boden größer wird, so wird bei Vernachlässigung des technischen Fortschritts langfristig — nach zwischenzeitlichem Übergang zu immer kapitalintensiveren Produktionsweisen — der Grenzertrag des Kapitals bei Wirksamkeit des Gesetzes vom abnehmenden Grenzertrag abnehmen. Er wird schließlich soweit sinken, daß eine zusätzliche Investitionstätigkeit unter den angenommenen Voraussetzungen nicht mehr rentabel ist. Das Ergebnis dieser Entwicklung wäre eine wirtschaftliche Stagnation. Siehe zur Auseinandersetzung mit dem Ertragsgesetz z. B. *Gutenberg*, Erich: Grundlagen der Betriebswirtschaftslehre,

Für den Prozeß der industriellen Entwicklung ist wichtig, daß sich die Reizwirkung des technischen Fortschritts weder räumlich noch sektoral neutral verteilt. Bei einem Vergleich der Möglichkeiten, die der Einführung technischer Fortschritte im primären, sekundären und tertiären Sektor offen stehen, ergibt sich, daß die damit verbundenen (zusätzlichen) Investitionen im *sekundären Sektor*, und hier — unterteilt man diesen Sektor in Konsum- und Investitionsgüterindustrie — besonders in der Investitionsgüterindustrie am größten sein müssen. Die Kapitalbildung des technischen Fortschritts, die zum überwiegenden Teil in produktivitätserhöhenden Investitionen in das Produktionskapital[60] zum Ausdruck kommt, führt dazu, daß sowohl über die Nettoinvestitionen als auch über die Reinvestitionen[61] der größte Teil des technischen Fortschritts sich auf den sekundären Sektor verteilt[62].

### *b) Die Funktion der Prozeßregler*

Zu den sekundären Anreizen für die industrielle Investitionstätigkeit sind auch jene außerökonomischen sozialen, politischen und gesellschaftlichen Kräfte zu zählen, von denen wir Andeutungen schon im Zusammenhang mit der Art der unternehmerischen Leitmaxime gemacht haben. Der Prozeß der marktwirtschaftlichen industriellen Entwicklung und die ihm eigene Art der Investitionstätigkeit werden durch die politische Organisation der Gesellschaft, durch einzelne soziale Gruppen und deren Wesensmerkmale bestimmt, andererseits sind auch diese wiederum nicht unabhängig vom Prozeß der Industrialisierung. Religion, Erziehung und Recht spielen hier eine bedeutende Rolle. Eine wesentliche Prozeßregelung geht von den Rechtsnormen aus, die den Rahmen für bestimmte wirtschaftliche Verhaltensweisen setzen.

Alle Prozeßregler zusammen ergeben das Kräftefeld, durch das der Prozeß der industriellen Entwicklung gelenkt und bestimmt wird. In-

---

erster Band: Die Produktion, 8./9. Auflage, Berlin—Göttingen—Heidelberg 1963, S. 228 ff.

[60] Im Angelsächsischen als „direct productive capital“ bezeichnet.

[61] Vgl. S. 26.

[62] Vgl. dazu z. B. die Untersuchungen von Fourastié, der für den Zeitraum von 1869—1940 in der verarbeitenden Industrie der USA eine Zunahme der Arbeitsproduktivität von 34,1 auf 115,8 (1929 = 100) berechnete. In der Landwirtschaft betrug dagegen der Zuwachs in der Periode von 1909—1951 nicht ganz das zweifache, die Arbeitsproduktivität stieg dort von 66,3 auf 125,0 (1939 = 100).

Für Frankreich ließ sich eine ähnliche Entwicklung feststellen. Im Zeitraum von 1900—1952 stieg dort in der verarbeitenden Industrie die Produktivität pro Arbeitsstunde von 100 auf 180, in der Landwirtschaft dagegen (in Francs von 1934—1938 gerechnet) im Zeitraum 1898—1946 von 1,55 auf 2,00.

Vgl. dazu *Fourastié*, Jean: Die große Hoffnung des zwanzigsten Jahrhunderts, Köln-Deutz 1954, S. 48, 50, 51 und 52.

nerhalb dieses Kräftefeldes wirken aber auch jene Faktoren, die wir als Impulse bezeichneten, teilweise in Abhängigkeit von den Prozeßreglern. Denn die Reizwirkungen der Impulse verändern zwar die Ex-ante-Kategorien der Wirtschaftspläne der Impulsempfänger (Unternehmer). Die Entscheidung über die Verwirklichung der dadurch eröffneten Gestaltungsmöglichkeiten durch die Vornahme von Investitionen unterliegt jedoch den Einflüssen der Prozeßregler[63].

## B. Patente als Bestimmungsfaktoren des technischen Fortschritts

Es war bereits herausgestellt worden, daß der technische Fortschritt für die Unternehmer bestimmte Anreize zur Investitionstätigkeit bietet, die in seinen produktmehrenden und produktivitätserhöhenden Wirkungen liegen. Beide Wirkungen des technischen Fortschritts bieten grundsätzlich neue Gewinnchancen wie auch die Aussicht auf Behauptung und Verbesserung der gewonnenen Marktposition hinsichtlich Umsatz und Kostenstruktur[64]. Ob diese Anreize tatsächlich zur Investitionstätigkeit führen, hängt jedoch von etlichen anderen Komponenten ab[65], u. a. auch von dem Ausmaß der Unsicherheit. Derartige Komponenten können von Prozeßreglern vermindert bzw. ausgeschaltet werden, die somit bewirken, daß die von den Impulsen ausgehenden Anreize tatsächlich zu Investitionsentscheidungen führen. Eine solche Bedeutung haben auch die Patente. Patente sind als Prozeßregler sekundäre Determinanten der industriellen Entwicklung, die nicht direkt auf die Unternehmererwartungen, sondern über einen Impuls, den technischen Fortschritt, und die damit verbundenen Anreize den Prozeß des zunehmenden Sachkapitaleinsatzes determinieren.

Die Patente können über den mit der Verwertung des technischen Fortschritts in Form von Neuerungen verbundenen Sachkapitaleinsatz von der Gesamtheit dessen, was oben als technischer Fortschritt bezeichnet wurde, alle jene Teile in den einzelnen Phasen beeinflussen, die mit der patentierten Erfindung zusammenhängen, d. h. sowohl die für die Hervorbringung der Erfindung notwendigen Fortschritte in der Phase der Grundlagenforschung wie der angewandten Forschung als auch die mit der Erfindung verbundenen Bereiche der Entwicklungs- und Verwertungsphase.

---

63 Siehe *Klatt*, Sigurd: Zur Theorie der Industrialisierung, a.a.O., S. 161.

64 Siehe S. 40.

65 Wir hatten bereits früher eine dieser Komponenten, ungenügende Nachfrage, aus unserer Betrachtung ausgeschaltet. Vgl. S. 42 Anm. 54.

Als Erfindung hatten wir oben bereits die Ergebnisse der angewandten Forschung bezeichnet, d. h. Fortschritte im Stand jenes Wissens, das zu Verbesserungen der Produktionstechnik und/oder zur Herstellung neuartiger Güter führen kann. Nicht alle diese Ergebnisse sind jedoch patentierbar. Patentierbar sind nur jene Erfindungen, die eine bestimmte Erfindungshöhe aufweisen[66]. So sind z. B. kleine Schritte vorwärts, die ohne große Mühe und Kosten von fast jedem fachlich ausgebildeten oder erfahrenen Praktiker gemacht werden können, keine Erfindungen[67]. Jedoch erfordert die Erfüllung der Erfindungshöhe auch keinen genialen Einfall oder eine schöpferische Leistung[68]. In der Realität werden diese Anforderungen an die Erfindungshöhe noch sehr viel weiter herabgesetzt, so daß bereits relativ geringe Weiterentwicklungen zu Patentansprüchen führen. Man gibt sich bei der praktischen Handhabung des Patentrechts in den meisten Fällen bereits mit der Neuheit zufrieden[69], so daß der überwiegende Teil der Ergebnisse der angewandten Forschung auch als patentierbare Erfindung angesehen werden kann.

---

[66] Vgl. zum Begriff der Erfindungshöhe bereits S. 17.

[67] Vgl. *Machlup,* Fritz: Erfindung und technische Forschung; in: HdSW, Bd. 3, Stuttgart-Tübingen-Göttingen 1961, S. 281.

[68] Siehe dazu auch *Kuznets,* Simon: Inventive Activity: Problems of Definition and Measurement; in: National Bureau of Economic Research, The Rate and Direction of Inventive Activity: Economic and Social Factors, Princeton (N.J.) 1962, S. 21; *Machlup,* Fritz: Erfindung und technische Forschung, a.a.O., S. 281; *Reimer,* Eduard, Kommentar zum Patentgesetz und Gebrauchsmustergesetz, 2. Aufl., München-Köln-Berlin 1958, S. 32.

[69] Siehe dazu *Trüstedt, W.:* Zum Thema „Erfindungshöhe" beim Patent und Gebrauchsmuster; in: GRUR, 60. Jg. (1958), S. 309 ff.; *Winkler,* Heinz: Zur Definition der Erfindungshöhe; in: GRUR, 60. Jg. (1958), S. 153 ff.; *Kumm,* Alfred W.: Zur Beurteilung der erfinderischen Leistung; in: GRUR, 67. Jg. (1965), S. 1 ff.; derselbe, Die Erfindungen und ihre Kriterien; in: GRUR, Auslands- und Internationaler Teil, Jg. 1963, S. 289 ff.

*Drittes Kapitel*

# Die Einwirkung der Patente auf die industrielle Investitionstätigkeit über die Beziehung zwischen Unternehmererwartungen und realisiertem technischen Fortschritt

Die bisherige mehr einführende Analyse hat versucht, die bestehende Beziehung der Patente zur industriellen Entwicklung herauszukristallisieren. Dabei war festgestellt worden, daß die Patente eine unter den vielen Kräften sind, die auf den Prozeß der industriellen Entwicklung einwirken. Mit der Feststellung, daß die Patente keine direkte Beziehung zum Prozeß der industriellen Entwicklung aufweisen, war notwendigerweise eine Beschreibung jener für die Beziehung erforderlichen ökonomischen Zwischengrößen und ihrer Bedeutung für den Prozeß der industriellen Entwicklung verbunden. Damit sind nun zugleich auch alle Voraussetzungen erfüllt, um in der weiteren Analyse die Patente — die zwar als sekundäre Determinanten der industriellen Investitionstätigkeit herausgestellt, in dieser ihrer Bedeutung aber noch nicht geprüft worden sind — in ihrer Einflußnahme auf den Prozeß der industriellen Entwicklung zu untersuchen.

## A. Unternehmererwartungen bei Realisierung des technischen Fortschritts

Die Realisierung des technischen Fortschritts, d. h. die Verwertung der bis zur kommerziellen Reife gelangten Erfindungen im Produktionsprozeß, ist nur durch Investitionen möglich. Somit stellt diese Stufe des technischen Fortschritts eine besondere Investitionsart dar. Bei der Verwertung des technischen Fortschritts unterscheidet man zwischen der erstmaligen Anwendung eines technischen Fortschritts überhaupt und der daran anschließenden Nachahmung. Solche Investitionen, die vorgenommen werden, um zum ersten Mal die Produktion eines neuen Gutes aufzunehmen, dessen Herstellbarkeit prinzipiell feststeht, oder um ein neues Produktionsverfahren einzuführen, werden auch als Neuerungen bezeichnet[1]. Die Besonderheit der Neuerungen liegt in der spezifischen Beschaffenheit der mit ihnen verbundenen Komponenten der Unternehmererwartungen, die aus der Möglichkeit der Nachahmung resultiert.

Die mit der Neuerung verbundenen Unternehmererwartungen lassen sich — wie bereits aufgezeigt — auf zwei Bestandteile eingrenzen, die Hoffnung auf Zunahme der Gewinne und auf Festigung oder Verbesserung der Marktposition[2]. Vor allem bei monopolistischen und oligopolitischen Marktverhältnissen spielt oft die Gewinnerwartung nur eine sehr geringe Rolle im Verhälnis zu dem Bestreben nach einer Festigung oder Verbesserung der Marktposition durch absatzpolitische Maßnahmen. Hier ist insbesondere die Produktinnovation von Bedeutung. Zu erklären ist diese Tatsache aus den Gründen, die bei oligopolistischen Märkten für die Verlagerung des Preiswettbewerbs auf den Produktionswettbewerb ausschlaggebend sind[3].

Bei den Ausführungen über die Reizwirkung des technischen Fortschritts war festgestellt worden, daß dieser entweder die Produktion ergiebiger gestaltet — wir hatten diesen Tatbestand an der Darstellung der Produktionsfunktion aufzuzeigen versucht; er läßt sich ebenso dadurch beschreiben, daß man sagt, durch die Neuerung wird ein Sinken der (langfristigen) Produktionskosten (Stück- und Grenzkosten) der die Neuerung durchführenden Unternehmer verursacht[4] — und/oder zur Herstellung eines neuartigen oder verbesserten Produktes führt. Für die Unternehmererwartungen ist der davon ausgehende Anreiz zur Investition umso stärker, je größer das Maß an Sicherheit hinsichtlich der Zielerreichung ist. Je geringer die Sicherheit der Erwartungen, desto höher die Unsicherheit und das Risiko. Als Risiko kann man ganz allgemein jede Möglichkeit „der Distanz von Plandaten und faktischen

---

[1] Siehe S. 39.

[2] Vgl. S. 42. So auch *Keirstead*, B. S.: The Theory of Economic Change, Toronto 1948, insbes. S. 133; oder auch *Fellner*, William: The Influence of Market Structure on Technological Progress; in: QJ, Vol. 65 (1951), S. 557-577. *Jewkes*, John, *Sawers*, David, *Stillermann*, Richard: The Sources of Invention, 3. Aufl., London und New York 1960, sprechen in diesem Zusammenhang von den Motiven der „Hoffnung auf Expansion“ und der „Furcht vor dem Zurückbleiben“ (S. 175), führen die Unternehmererwartungen also auf ein aktives und ein passives Element zurück. Wir werden auf diese Tatsache an späterer Stelle noch zurückkommen müssen (vgl. S. 130 ff.).

[3] Vgl. dazu die Darstellung von *Borchardt*, Knut: Die Veränderlichkeit der Konsumgüterstruktur in der wachsenden Wirtschaft; in: *Albach*, Horst, *Beckmann*, Martin, *Borchardt*, Knut und *Krelle*, Wilhelm (Hrsg.): Theorien des einzelwirtschaftlichen und des gesamtwirtschaftlichen Wachstums, SchrdVfS, N.F., Bd. 34, Berlin 1965, S. 124 ff. Siehe weiterhin unsere Bemerkungen auf S. 130 ff.

[4] Vgl. auch *Voigt*, Fritz: Die volkswirtschaftliche Bedeutung des Verkehrssystems, a.a.O., S. 45 ff. und S. 101 ff.

Daten"[5] bezeichnen. Seinen wertmäßigen Ausdruck findet die Höhe des Risikos und der Unsicherheit in der Investitionstheorie in der unternehmerischen „Risikoprämie", die auch als Kalkulationszinsfuß[6] bezeichnet wird.

Grundsätzlich ist jede Investition risikobehaftet, da sie sich primär auf Erwartungen der Investoren gründet, diese aber wiederum abhängig sind vom unbestimmten Verhalten der Konsumenten und konkurrierenden Produzenten. Bei Neuerungen ist dieses Investitionsrisiko besonders groß, da hier die Erwartungen der Unternehmer oftmals keine Erfahrungswerte als Maßstab haben. Das gilt für völlig neue Produkte noch mehr als für Produktionsverbesserungen. Neue Produkte bringen dazu oft zusätzliche Kosten durch verstärkte Werbung und völlig neuen Ausbau von Absatzorganisationen mit sich. Dabei ist das Risiko der Neuerung für einen neu zu gründenden Betrieb größer als für einen bereits bestehenden, der schon vorhandene Absatzwege oder auch einen ihn auszeichnenden good will in Anspruch nehmen kann[7].

Für die Neuerung ist ein besonderer Risikofaktor im Zusammenhang mit dem Verhalten der Konkurrenten relevant, der den Patenten ihre Bedeutung für den Fluß des technischen Fortschritts gibt.

## I. Das „Enteignungsrisiko" bei Neuerungen

### 1. Neuerung und Schumpeter'sche Vorsprungsgewinne

Jede Neuerung eröffnet in der Regel die Möglichkeit zur Offenbarung der in ihr gegebenen Neukombination der Produktionsfaktoren[8, 9]. Das bedeutet, daß mit der Durchführung der Neuerung viele weitere Unternehmer diese grundsätzlich nachahmen können. Mit der Zahl der Nachahmer aber sinkt der aus der Neuerung zu erwartende Ertrag bzw. Absatz des Neuerers. Dies wird umso schneller der Fall sein, je eher und je mehr die potentiellen Nachahmer auf die Neuerung reagieren.

---

[5] *Eucken,* Walter: Die Grundlagen der Nationalökonomie, 7. Aufl., Berlin-Göttingen-Heidelberg 1959, S. 141.

[6] *Preiser,* Erich: Investition und Zins, a.a.O., S. 100 ff., *Lutz,* Friedrich, A.: Zinstheorie, a.a.O., S. 176 ff. Danach stellt der Kalkulationszinsfuß jene Gewinnrate dar, die eine Investition aufgrund ihres besonderen Risikos erbringen muß. Sie ist je nach Wirtschaftszweig und Art der Investition unterschiedlich hoch. Siehe bereits S. 36.

[7] Siehe dazu später S. 166 ff.

[8] Siehe die Ausnahmen dazu auf S. 57 f. und 128 f.

[9] Im Gegensatz zu Produktneuerungen kann bei Verfahrensneuerungen die Konkurrenz längere Zeit in Unkenntnis der neuen Kombination der Produktionsfaktoren bleiben.

*Schaubild 2*

**Wirkung der Nachahmungskonkurrenz auf Preis und Absatzmenge des Neuerers**

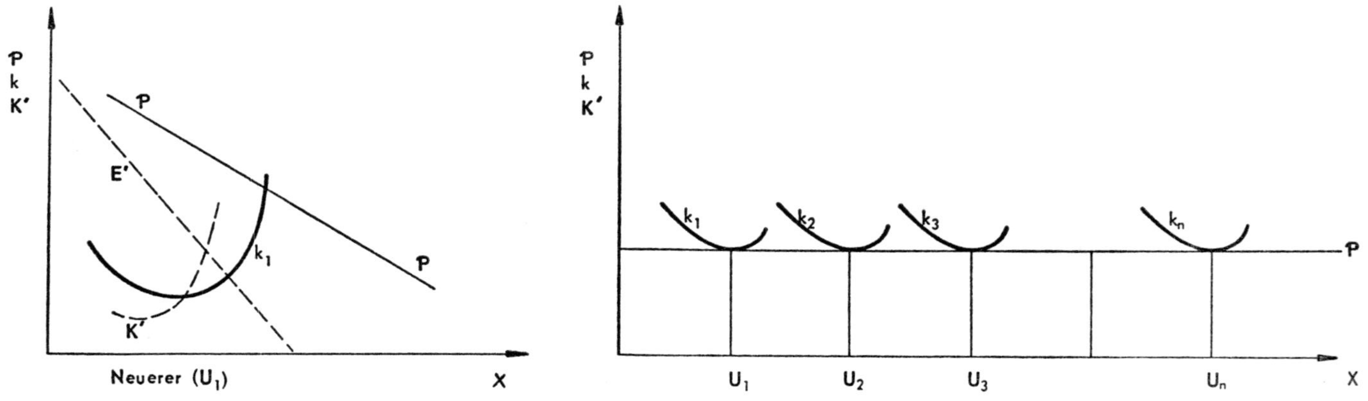


a b

Unter den Annahmen der polypolistischen Konkurrenz[10] und freiem Zugang zum Markt läßt sich die Wirkung der Nachahmungskonkurrenz auf Preis und Menge des Neuerers graphisch einfach darstellen. Auf der Abszisse ist die Menge der mit Hilfe des technischen Fortschritts produzierten Güter (x) abgetragen. PP stellt die Preisabsatzfunktion dar, $k_1$, $k_2$ ... $k_n$ die jeweiligen Kurven der gesamten Stückkosten, K' die Grenzkostenkurve und E' die Grenzerlöskurve. Die Abbildung 2a) zeigt die Situation des Neuerers (Unternehmung 1) direkt nach Einführung des technischen Fortschritts.

Der Neuerer kann eine Preispolitik nach dem Cournot'schen Monopolfall betreiben, da er zunächst einmal der einzige Anbieter des neuen Produktes ist. Erst im Laufe der Zeit wird sich zusätzlicher Wettbewerb dadurch einstellen, daß immer mehr Unternehmen die Produktion des neuen Gutes aufnehmen, der zu einer Senkung der Preise und einem elastischeren Verlauf der individuellen Preisabsatzfunktion führt. Der Preis wird schließlich für alle Unternehmen zum Datum und sich im Minimum der Durchschnittskosten einspielen[11] (Abb. 2b).

Die Gewinne der Unternehmung 1 aus den ersten Perioden sind die bekannten Schumpeter'schen Unternehmergewinne, die im Zusammenhang mit der Durchsetzung von Neuerungen auftreten und „im Strudel der nachströmenden Konkurrenz zugrunde" gehen[12]. Für den Schumpeter'schen Unternehmer genügen sie als Anreiz zur Vornahme von Neuerungen. Es ist geradezu die ausschließliche Funktion der Unternehmer, die mit der Neuerung verbundenen Risiken auf sich zu nehmen und jene gegen den Widerstand der Umwelt durchzusetzen[13].

Als Erklärungsgrund für die Vornahme von Neuerungen können die Vorsprungsgewinne nur unter der Schumpeter'schen Annahme genügen, daß Neuerungen das Ergebnis spontaner unternehmerischer Handlungen sind, daß sie auf genialen Einfällen eines bestimmten Personenkreises, nämlich der Unternehmer, beruhen und daß sie in keinerlei Zusammenhang zu einer anderen Einflußgröße stehen, also ein eigener innerer Faktor sind[14].

---

[10] Zum Begriff des Polypols siehe näher S. 59.

[11] Vgl. *Triffin,* Robert: Monopolistic Competition and General Equilibrium Theory, 4. Aufl., Cambridge (Mass.) 1949, S. 174.
Denselben Sachverhalt unter Zuhilfenahme von Grenzkostenüberlegungen beschreibt *Machlup,* Fritz: Die wirtschaftlichen Grundlagen des Patentrechts, a.a.O., S. 96 f. Auch *Fellner,* William: The Influence of Market Structure on Technological Progress, a.a.O., S. 557, geht auf diesen Zusammenhang ein unter Zugrundelegung einer kostensenkenden Neuerung.

[12] *Schumpeter,* Joseph A.: Theorie der wirtschaftlichen Entwicklung, 5.Aufl., Berlin 1952, S. 213.

[13] Vgl. *Schumpeter,* Joseph A.: Unternehmer; in: HdStw, 4. Aufl., Bd. 8, Jena 1928, S. 483.

Berücksichtigt man jedoch, daß in den wenigsten Fällen neue Kenntnisse, wie sie in den Neuerungen zur Verwertung gelangen, „auf Büschen wachsen“, die von den Unternehmungen nur abgeerntet werden müssen[15], und daß die spontane und schöpferische Tat nicht genügt, um Neuerungen vornehmen zu können, sondern daß den Neuerungen in der Regel langwierige Anstrengungen vorhergehen müssen, um die neuen Kenntnisse zu erlangen, und daß damit meist hohe Kosten für den Neuerer verbunden sind[16], dann kann der Schumpeter'sche Unternehmergewinn nicht ohne weiteres als ausreichender Anreiz für die Neuerungstätigkeit angesehen werden.

### 2. Der Einfluß von Forschung und Entwicklung

#### *a) Das Verhältnis von Erfindungs- zu Neuerungstätigkeit*

Nach Schumpeter sind Neuerungen völlig unabhängig von Erfindungen. Erfindungen bilden in der Schumpeter'schen Theorie nicht einmal eine exogene Variable; sie sind überhaupt kein Einflußfaktor. Erfindung und Neuerung sind danach zwei ökonomisch und soziologisch ganz verschiedene Dinge; die persönlichen Fähigkeiten des Erfinders sind vorwiegend intellektueller Art, die des Neuerers hauptsächlich wollensmäßiger Natur. Erfindung und Neuerung können zwar von der gleichen Person getätigt werden; „aber das ist nur ein zufälliges Zusammentreffen, das die Gültigkeit der Unterscheidung nicht beeinträchtigt“[17].

Für den Prozeß der industriellen Entwicklung kann diese Aussage jedoch keine allgemeine Gültigkeit beanspruchen. Vielmehr ist zu berücksichtigen, daß Neuerung und Erfindung mit zunehmender Industrialisierung immer enger miteinander verkoppelt sind. Neuerungen werden in diesem Fall durch planmäßige und systematische Arbeit innerhalb der Unternehmen, nämlich durch Forschung und Entwicklung, gewonnen, die somit als endogene Variable[18] anzusehen sind[19]. Schumpeters Meinung, wonach Erfindung und Neuerung als wirtschaftlich und soziologisch völlig verschiedene Dinge zu gelten haben und die Vereinigung von Erfinder und Neuerer in einer Person oder Institu-

---

[14] *Schumpeter,* Joseph A.: Konjunkturzyklen, Bd. I. Aus dem Amerikanischen übersetzt, Göttingen 1961, S. 93.

[15] Siehe dazu *Bain,* Joe S.: Price Theory, New York 1953, S. 228.

[16] Vgl. hierzu unsere Ausführungen auf S. 54 ff., insbesondere S. 147 f.

[17] *Schumpeter,* Joseph A.: Konjunkturzyklen, Bd. I, a.a.O., S. 93.

[18] Vgl. unsere Einschränkungen zum Begriff des „Impulses“ bei Klatt (*Klatt,* Sigurd: Zur Theorie der Industrialisierung a.a.O.) auf S. 38. Wir werden später noch ausführlicher auf dieses Problem zurückkommen.

[19] Vgl. auch *Schätzle,* Gerhard: Forschung und Entwicklung als unternehmerische Aufgabe, a.a.O., S. 121.

tion „lediglich ein zufälliges Zusammentreffen" ist, entspricht nicht überwiegend den industriellen Verhältnissen[20]. Auch abgesehen von dieser Annahme der Vereinigung von Forschungs-, Entwicklungs- und Verwertungstätigkeit in einer Hand ist festzuhalten, daß im industriellen Entwicklungsprozeß Neuerungen in der Regel das Ergebnis sorgfältigen, systematischen Suchens einer Gruppe fachkundiger Wissenschaftler geworden sind[21]. Unterstellt man, daß die Aufwendungen der „Erfinder" — derjenigen Personen oder Institutionen, die Forschung und/oder Entwicklung treiben — für die Gewinnung neuer technischer Kenntnisse nicht um des Wissens willen, sondern wegen der mit ihrer Verwertung — sei es der Verkauf der Erfindung oder direkt die Neuerung — verbundenen Gewinne erfolgt[22], so ergibt sich daraus zugleich, daß die aus der Neuerung resultierenden Erlöse neben den direkten Neuerungskosten (Produktionskosten) auch die Kosten für Forschung und Entwicklung[23, 24] zumindest decken müssen.

---

[20] Vgl. hierzu auch *Strebel,* Heinz: Die Bedeutung von Forschung und Entwicklung für das Wachstum industrieller Unternehmungen, Betriebswirtschaftliche Studien Bd. 3, Berlin 1968, S. 30. Eine umfassende Kritik zu Schumpeters Trennung von Erfindung und Neuerung siehe bei *Solo,* C. S.: Innovation in the Capitalist Process: A Critique of the Schumpeterian Theory; in: QJ, Vol. 65 (1951), S. 417 ff.

[21] Siehe hierzu *Galbraith,* John Kenneth: American Capitalism, The Concept of Countervailing Power, 2. Aufl., Cambridge (Mass.) 1956, S. 86; ebenso auch *Bush,* Vannevar: Proposals for Improving the Patent System, Study No. 1 des Subcommittee on Patents, Trademarks, and Copyrights des amerikanischen Senats, Washington 1956, S. 5. Siehe aber auch die Untersuchungen von *Jewkes,* John u. a.: The Sources of Invention, a.a.O., und die Beispiele von *Hamberg,* D.: The Effects of Monopolistic and Quasi-Monopolistic Practices; in: Hearings before the Joint Economic Committee, Congress of the United States, 86th Congress, First Session, Part 7, Washington 1959, S. 2354 f. Vgl. auch unsere Anmerkungen auf S. 146 f. und S. 167 ff.

[22] Siehe dazu die Untersuchung von *Minasian,* J. R.: The Economics of Research and Development; in: National Bureau of Economic Research, The Rate and Direction of Inventive Activity: Economic and Social Factors, Princeton (N.J.) 1962, S. 93-141.

[23] Für den Neuerer, der nicht selbst Forschung und Entwicklung betrieben, sondern die neuen Kenntnisse durch Kauf erworben hat, müssen die Neuerungsgewinne dementsprechend den Kaufpreis für die Erfindung wiederhereinbringen.

[24] Es sollen an dieser Stelle einige Beispiele für das Ausmaß derartiger Forschungskosten gegeben werden. An anderer Stelle (S. 146 f. und S. 167 ff.) wird über diesen Problemkreis noch ausführlicher zu schreiben sein: Für die Schaffung der Produktionsreife des Indigo gaben die Badischen Anilin- und Sodafabriken Hoechst den Betrag von 20—25 Mio Goldmark aus, für Buna die IG Farben-Industrie AG 80 Mio Mark, für Kohlefilterung und den synthetischen Treibstoff allein in den Jahren 1926 bis 1930 den Betrag von 300 Mio Reichsmark aus. Bis zur Produktionsreife des Volkswagens war der Betrag von 30 Mio Reichsmark erforderlich. Für die Entwicklung von Orlon mußte Dupont 7 Mio $ aufwenden, die Imperial Chemical Industries für die Terylene-Faser 80 Mio DM. Die Kosten der Fernsehentwicklung für die ganze Branche hatten ein Ausmaß von 50 Mio DM in der Bundesrepublik (vgl. *Winnacker,* Karl: Forschungsausgaben und Forschungsaufwand; in: Der Volkswirt, Beilage zu Nr. 14 vom 3. 4. 1954, S. 7 ff.).

### *b) Nachahmung und Neuerungsgewinne*

Für den Schumpeter'schen Unternehmer, der lediglich „Wille und Tat“ für die Neuerung einsetzt, stellen die Überschüsse der Erlöse über die Kosten, die sich infolge des zeitlichen Vorsprungs vor potentiellen Konkurrenten erzielen lassen, in jedem Fall Gewinne dar. Wille und Tat allein reichen jedoch nicht aus, um Neuerungen tätigen zu können. Berücksichtigt man, daß Forschung und Entwicklung der Neuerung vorhergehen, dann entstehen für den Neuerer erst dann Gewinne, wenn die kapitalisierten Periodenüberschüsse die Kosten für Forschung und Entwicklung übersteigen. Unter diesem Aspekt werden Neuerungen also erst dann getätigt, wenn die kapitalisierten Periodenüberschüsse die Kosten für Forschung und Entwicklung zumindest decken[25].

Besteht für Konkurrenten des Neuerers die Möglichkeit zur Nachahmung, so wird die Deckung der Kosten für Forschung und Entwicklung oder gar die Erzielung eines Gewinnes verhindert. Denn die Nachahmer können eine allgemein bekannte und zugängliche Erfindung benutzen, ohne daß ihnen für die Erfindung selbst, d. h. das damit geschaffene neue technische Wissen, Kosten entstehen[26].

Der sofortige Gebrauch der Erfindung durch Nachahmer wäre unter gesamtwirtschaftlicher Sicht wünschenswert, da ohne zusätzliche Kosten den Konsumenten ein zusätzlicher Nutzen angeboten würde. Gesamtwirtschaftlich ist dieser Nutzen maximal, wenn der Grenznutzen des neuen Wissens den Wert Null erreicht hat[27]. Für den potentiellen Neuerer jedoch beseitigt eine optimale Ausnutzung des neuen technischen Wissens durch die Tätigkeit der Nachahmer jeglichen Anreiz, durch Forschung und Entwicklung Neuerungen hervorzubringen. Je größer die Nachahmungstätigkeit bei einer Neuerung ist, desto geringer ist der Anreiz, überhaupt Neuerungen vorzunehmen und die dafür notwendigen Forschungs- und Entwicklungsarbeiten auf sich zu nehmen. Die Möglichkeit der Nachahmung einer Neuerung vermindert für den potentiellen Neuerer das Maß an Sicherheit hinsichtlich des erwarteten Nutzens. Das daraus resultierende Risiko des potentiellen Neuerers kann als „Enteignungsrisiko“ bei Neuerungen bezeichnet werden. Das Enteignungsrisiko entsteht also aus dem für den potentiellen

---

[25] Vgl. *Schätzle,* Gerhard: Forschung und Entwicklung als unternehmerische Aufgabe, a.a.O., S. 89.

[26] Für den Neuerer stellen also die Kosten für Forschung und Entwicklung fixe Kosten dar, d. h. Kosten, die unabhängig von jeder Bezugsgröße sind, die irgendwie die Intensität oder Quantität der Nutzung zum Ausdruck bringt. Das bedeutet, daß diese Kosten für die Preisbildung der Neuerung irrelevant sind. Vgl. dazu auch *Schätzle,* Gerhard: Forschung und Entwicklung als unternehmerische Aufgabe, a.a.O., S. 86.

[27] Siehe *Machlup,* Fritz: Die wirtschaftlichen Grundlagen des Patentrechts, a.a.O., S. 101.

Neuerer nicht vorhersehbaren Ausmaß von Nachahmungstätigkeit. Es stellt einen zusätzlichen Risikofaktor zu den sonstigen mit Neuerungen verbundenen Risiken dar und erhöht damit das Gesamtrisiko bei Neuerungen für den potentiellen Neuerer.

## II. Enteignungsrisiko und Marktverhältnisse

In die Entscheidung des Unternehmers zur Vornahme einer Neuerung kann der tatsächliche Umfang der Nachahmungstätigkeit auf diese Neuerung nicht miteinbezogen werden, da dieser eine Ex-post-Größe darstellt. Jedoch werden jene Gegebenheiten, die eine tatsächliche Nachahmung begünstigen bzw. verhindern, zum Teil in der Neuerungsentscheidung ihre Berücksichtigung finden.

Mansfield[28] hat eine interessante Untersuchung über diesen Problemkreis durchgeführt. Für verschiedene Neuerungen aus den Wirtschaftszweigen Eisen und Stahl, Pechkohle, Eisenbahnen und Brauereien hat er die Reaktionsgeschwindigkeit der Nachahmer gemessen. Schaubild 3 zeigt seine Ergebnisse aus dieser Untersuchung.

Danach wird deutlich, daß in der Realität die Rate der Nachahmung für die einzelnen Neuerungen sehr unterschiedlich ist. Die Zahl der Jahre, die vergingen, bevor die Hälfte der betrachteten Firmen eine der Neuerungen nachgeahmt hatte, differierte zwischen 0,9 und 15. Nur 3 Jahre etwa dauerte es, bis die Hälfte der größeren Pechkohleproduzenten den Bohrschrämmlader (CM) nachgeahmt hatten.

In seinem Modell zur Erklärung der unterschiedlichen Rate der Nachahmung bei Neuerungen testet Mansfield die realitätsnahe Hypothese, daß die Wahrscheinlichkeit, mit der ein Unternehmen eine Neuerung nachahmen wird, zum einen eine zunehmende Funktion des zahlenmäßigen Anteils jener Unternehmen, die die Neuerung bereits angewendet haben, zum anderen der aus der Anwendung resultierenden Rentabilität ist, aber eine abnehmende Funktion der Höhe der erforderlichen Investitionsausgaben darstellt. Er kommt dabei zu den erwarteten positiven Ergebnissen[29].

Die Untersuchung bestätigt, daß die tatsächliche Nachahmung einer Neuerung nicht allein aus der Möglichkeit zur Offenbarung des ihr zugrundeliegenden Erfindungsgedankens abgeleitet werden kann. Für

---

[28] *Mansfield,* Edwin: Technical Change and the Rate of Imitation; in: Econometrica, Vol. 29 (1961), S. 741—766. Ausführlicher derselbe, Industrial Research and Technological Innovation: An Econometric Analysis, New York 1968, S. 134 f.

[29] Vgl. *Mansfield,* Edwin: Technical Change and the Rate of Imitation, a.a.O., S. 745.

*Schaubild 3*

**Zunahme der Nachahmer von zwölf Neuerungen[a) ] innerhalb der größeren Firmen in den Jahren von 1890—1958 (ausgedrückt jeweils im prozentualen Anteil[b)] an der Gesamtheit der größeren[c)] Firmen)**

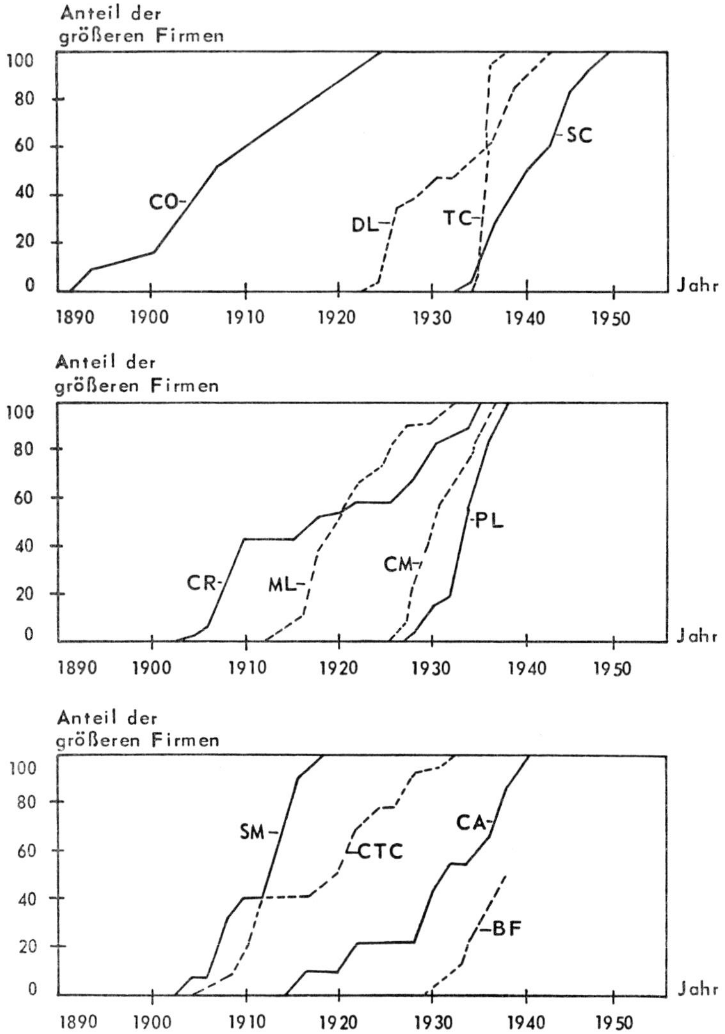


a) Die Neuerungen sind auf drei getrennte Darstellungen (A, B, C) verteilt worden, um die einzelnen Wachstumskurven leicht überschaubar zu machen. Es bedeutet in den einzelnen Darstellungen:

Unter A: CO = by-product coke oven (d. i. ein Koksofen, bei dem die Nebenprodukte der Verkokung — vor allem Teer und Gas — aufgefangen und verwertet werden); DL = diesel locomotive; TC = tin container (Bierdosenabfüllmaschine); SC = shuttle car (d. i. ein Untertagetransportfahrzeug auf Gummirädern, das mit einem Förderer für die schnelle Entladung des Gutes ausgerüstet ist).

Unter B: CR = car retarder (Gleisbremse); ML = trackless mobile loader (Selbstfahrlader); CM = continuous mining machine (Bohrschrämmlader); PL = palletloading machine (Palletiermaschine).

Unter C: SM = continuous wide strip mill (kontinuierliche Breitbandstraße); CTC = centralized traffic control (zentrale Zugüberwachung); CA = continuous annealing of tin plate (d. i. das kontinuierliche Glühen von Feinblech in Durchlauföfen, bevor es mit Zinn überzogen wird); BF = high speed bottle filler (schnell laufende Flaschenfüllanlagen)*.

b) Für alle Neuerungen — außer Nebenprodukt-Koksofen (CO) und Bierdosenabfüllmaschine (TC) — gelten die angegebenen prozentualen Anteile für alle zwei Jahre von der Ersteinführung an. Der Wert Null ist in den Zeichnungen willkürlich festgesetzt auf zwei Jahre vor der ersten Einführung. Die Länge der Intervalle beim Nebenprodukt-Koks-Ofen beträgt sechs Jahre und bei der Bierdosenfüllmaschine sechs Monate.

c) Es werden nur Firmen von einer gewissen Größe ab in die Untersuchung mit einbezogen, da kleinere Firmen kaum in der Lage sind, die hohen Investitionskosten der einzelnen Neuerungen zu tragen (die ausgesuchten Neuerungen der kontinuierlichen Breitbandstraße, des Nebenprodukt-Koks-Ofens und der Gleisbremse z. B. sind Projekte von mehreren Millionen $). Zu den Auswahlkriterien für die Firmengröße in den einzelnen Industriezweigen wird auf die Angaben von Mansfield verwiesen (a. a. O., S. 763 ff).

* Die deutschen Übersetzungen der englischen Fachausdrücke für die einzelnen Neuerungen erhielten wir durch die Wirtschaftsvereinigung Eisen- und Stahlindustrie, Düsseldorf, den Deutschen Brauer-Bund e. V., Bad Godesberg und den Bayerischen Berg- und Hüttenmännischen Verein e.V., München.

---

die tatsächliche Nachahmung sind neben dem Wissen der in der Neuerung liegenden Neukombination der Produktionsfaktoren einige weitere Faktoren Voraussetzung. Allerdings enthält das Modell von Mansfield zu wenige Erklärungsvariable. Für die tatsächliche Nachahmung sind sowohl finanzielle als auch produktionstechnische Erfordernisse wie auch Marktverhältnisse von Bedeutung, wobei diese untereinander abhängig sein können.

Eine Reihe von Autoren widerspricht der Ansicht, daß die Neuerungen in der Regel eine Offenbarung des in ihnen liegenden Erfindungsgedankens bedeuten[30]. Als Beispiele nennen sie dabei vor allem Neuerungen in der Chemie. Tatsächlich können zwar die modernen analytischen Untersuchungen meist die Zusammensetzung neuer chemischer Erzeugnisse offenbar machen[31], jedoch vermag die tatsächliche Nachahmung solcher Erzeugnisse wegen der Unkenntnis der Arbeitsbedingungen (z. B. Temperatur), unter denen diese hervorgebracht werden, dennoch verhindert werden. Das Ausmaß solcher Neuerungen, die den ihnen zugrundeliegenden Erfindungsgedanken nicht offenbaren,

---

[30] Vgl. *Fox*, H. G.: Monopolies and Patents. A Study of the History and the Future of the Patent Monopoly, Toronto 1947, insbes. S. 207 u. S. 263; *Penrose*, E. T.: The Economics of the International Patent System, Baltimore 1951, S. 34, 105, 197; *Davis*, W. H.: Our National Patent Policy; in AER, Vol. 38 (1948), S. 239.

[31] Als Ausnahme wird von *Drew*, G.: The Patent Right in the National Economy of the United States, New York 1952, S. 114, auf das Getränk „Coca Cola" hingewiesen, das seit seiner Einführung am Markt im Jahre 1880 in seiner chemischen Zusammensetzung immer noch nicht erkannt sein soll. Siehe aber auch *Leontief*, W.: Das wirtschaftliche Problem der organisierten Forschung; in: Hamburger Jahrbuch für Wirtschafts- und Gesellschaftspolitik, 6. Jg. (1961), nach dessen Ansicht es oft schon genügt, die wesentlichen Abschnitte chemischer Prozesse geheimzuhalten (S. 77).

läßt sich allerdings schwer abschätzen. Man kann lediglich vermuten, daß bei solchen Neuerungen, die auf wissenschaftlichen Erfindungen beruhen, der Anteil derer, die geheimgehalten werden können, größer sein wird, als bei solchen, denen nicht-wissenschaftliche Erfindungen zugrundeliegen[32].

### 1. Die Abhängigkeit des Enteignungsrisikos von der erwarteten Marktform

Marktform ist sowohl eine subjektive als auch eine objektive Gegebenheit. Subjektiv insofern, als es die Vorstellungen der Unternehmer über ihre Konkurrenzverhältnisse sind, die die Marktform bestimmen. In diesem Sinne ist Markt der Markt einer Branche, die alle jene Unternehmen umfaßt, von denen ein Anbieter glaubt, daß ihre Produkte mit den seinen konkurrieren.

Dieser subjektiv bestimmte Marktbegriff wird bei Einbeziehung jener tatsächlichen (objektiven) Gegebenheiten, an denen sich die subjektiven Vorstellungen des Anbieters orientieren, objektiviert. Der Arndt'sche *Bedarfsmarkt*[33] ist ein auf diese Weise objektivierter Marktbegriff. Er soll bei unseren weiteren Ausführungen zugrundegelegt werden. Zu einem Markt gehörig werden danach alle jene Unternehmen gerechnet, welche mit ihren Produkten der Deckung eines bestimmten gesellschaftlichen Bedarfs dienen. Alle Güterarten, die der Deckung dieses gesellschaftlichen Bedarfs dienen, kann man hiernach zum Begriff des Bedarfsgutes zusammenfassen. Ein solches Bedarfsgut kann ein einziges homogenes Gut sein, wird aber in der Regel aus mehr oder weniger zahlreichen heterogenen Gütern bestehen[34]. Die dadurch bestimmten Märkte sind dann entweder homogene Märkte, d. h. Märkte auf denen homogene Güter getauscht werden, oder heterogene Märkte.

Auf Grund der Vorstellungen der Unternehmen über die Konkurrenzverhältnisse lassen sich die Marktformen grundsätzlich in zwei Gruppen unterscheiden, und zwar in solche, in denen der einzelne Anbieter sich nicht um die Reaktionen der Konkurrenten — seien es aus dem eigenen Markt oder von außen kommende Konkurrenten — kümmert, und andere, in denen er die Reaktionen der Konkurrenten in

---

[32] Vgl. dazu unsere Folgerungen für die Bedeutung der Patente auf S. 128 ff.

[33] Vgl. *Arndt*, Horst: Anpassung und Gleichgewicht am Markt; in JbfNuSt, Bd. 170 (1958), S. 218 ff. Siehe auch die auf Arndt aufbauenden Darstellungen von *Sanmann*, Horst: Marktform, Verhalten, Preisbildung bei heterogener Konkurrenz; in: JbfSw, Bd. 14 (1963), S. 57 ff.

[34] Vgl. *Sanmann*, Horst: Marktform, Verhalten, Preisbildung bei heterogener Konkurrenz, a.a.O., S. 64 ff. Wir verweisen auf die dortigen Ausführungen über die Problematik des Marktbegriffs. Im anderen Zusammenhang werden wir darauf noch näher eingehen müssen. Siehe S. 69.

seine eigenen Entscheidungen miteinbeziehen muß[35]. Die erste Gruppe umfaßt die Marktformen des (vollkommenen und unvollkommenen homogenen und heterogenen) Polypols und des vollkommenen Monopols[36].

Der Polypolist ist ein Unternehmer, der sich nicht um die Reaktionen der Konkurrenten kümmert, weil er zu viele Konkurrenten hat, um einen bestimmten als Konkurrenten betrachten zu können. Der Polypolist weiß, daß er nur einen kleinen Marktanteil hat. Er ist davon überzeugt, daß keiner seiner Konkurrenten — weder solche aus dem bestehenden Markt noch solche, die von außen neu in den Markt eintreten könnten — greifbare Auswirkungen seiner Handlungen spüren wird. Er wird deshalb auch nicht mit Reaktionen der anderen rechnen[37].

Der vollkommene Monopolist wird ebenfalls die Möglichkeit außer acht lassen, daß Konkurrenz neu auftauchen kann. Monopolistisches Verhalten schließt von vornherein die Möglichkeit von Konkurrenten aus dem Markt aus. Dagegen ist nur der vollkommene Monopolist — im Gegensatz zum unvollkommenen Monopolisten — dadurch charakterisiert, daß er zusätzlich die Reaktionen von Konkurrenten aus anderen Märkten nicht beachtet. Monopolist und Polypolist haben in ihren Marktformen gemeinsam, daß sie ihrer Überzeugung nach sich nicht um Reaktionen anderer Anbieter zu kümmern brauchen. Jedoch sind die Gründe für ihr gleiches Verhalten verschieden; denn der vollkommene Monopolist kümmert sich nicht um seine Konkurrenten, weil er — nach seiner Meinung[38] — keine hat, und der Polypolist beachtet seine Konkurrenten nicht, weil er zu viele hat.

Die zweite Marktformengruppe ist dadurch gekennzeichnet, daß der einzelne Anbieter die Reaktionen der Konkurrenten in seine Entscheidungen miteinkalkulieren muß. Dieses Verhalten ist sowohl für das Oligopol als auch für das unvollkommene Monopol bestimmend. Die Tatsache, daß im Oligopol die Anbieter einige wenige Konkurrenten neben sich sehen, macht sie konkurrenzbewußt. Sie können nicht mehr darauf zählen, daß ihr Verhalten — sowohl hinsichtlich der Absatzmenge oder des Preises wie auch von Produktneuerungen — von den Konkurrenten unbeachtet bleibt. Sie müssen mit Reaktionen der Kon-

---

[35] Die Bezugspunkte, die die „Denkart des Anbieters“ (Machlup) bestimmen, liegen im Bedarfsmarkt.

[36] Das Kriterium der Vollkommenheit des Marktes kennzeichnet seine Geschlossenheit.

[37] Vgl. *Machlup,* Fritz: Wettbewerb im Verkauf; Modellanalyse des Anbieterverhaltens, Göttingen 1966, S. 82 ff.

[38] Diese subjektive Meinung kann aufgrund objektiver Gegebenheiten, d. h. bestehender Eintrittsschwierigkeiten in einen Markt, verursacht sein. Vgl. dazu die folgenden Ausführungen auf S. 62 ff. und S. 128 ff.

kurrenten aus dem eigenen Markt rechnen[39]. Die Möglichkeit des Auftretens von Konkurrenten aus anderen Branchen ist für die Überlegungen der Oligopolisten von sekundärer Bedeutung.

Im Gegensatz zum vollkommenen Monopolisten muß auch der unvollkommene Monopolist mit Reaktionen von Konkurrenten rechnen. Allerdings können diese Konkurrenten nicht aus dem eigenen Markt kommen. Das Verhalten des unvollkommenen Monopolisten ist dadurch bestimmt, daß er damit rechnen muß, daß irgendwelche Konkurrenten irgendwoher auf seine Entscheidungen reagieren[40].

Kommen wir nun auf unsere Ausgangsfrage zurück, wie die mit der Neuerung gegebene Möglichkeit zur Nachahmung die Unternehmererwartungen beeinflußt. Wir sind jetzt in der Lage zu sagen, daß bei Unternehmern, die sich nach vorgenommener Neuerung als Polypolist oder als vollkommener Monopolist ansehen, die Entscheidung zur Vornahme einer Neuerung keine speziellen Probleme aufwirft, da die im Wesen der Neuerung liegende Möglichkeit zur Nachahmung für diese Unternehmer kein Gewicht hat. Sie berücksichtigen die Reaktionen von Konkurrenten — u. a. Nachahmern — bei ihren Entscheidungen — hier zur Neuerung — nicht.

An dieser Stelle ist jedoch die Frage angebracht, ob die Annahme eines polypolistischen Verhaltens bei der Entscheidung über eine Neuerung realistisch ist. Es ist anzunehmen, daß bei bedeutenderen Neuerungen — d. h. sowohl bei mit hohen Kosten verbundenen Neuerungen (s. S. 53)[41] als auch bei Neuerungen mit großem ökonomischen Effekt[42] — aus polypolistischem oligopolistisches Verhalten[43] oder das eines unvollkommenen Monopolisten wird.

---

[39] Im Gegensatz zu anderen Ansichten, nach denen zwischen Preiswettbewerb und Produktionswettbewerb ganz entscheidende Unterschiede hinsichtlich der Reaktionsweisen konkurrierender Unternehmen bestehen (vgl. dazu *Baumol*, W. J.: Business Behavior, Value, and Growth, New York 1959, und insbesondere auch *Borchardt*, Knut: Die Veränderlichkeit der Konsumgüterstruktur in der wachsenden Wirtschaft, a.a.O., S. 125 ff.), bezieht sich u. E. die unserer Einteilung in Marktformen zugrundeliegende Vorstellung des betrachteten Unternehmens von den Reaktionen anderer Unternehmen sowohl auf Preisreaktionen wie auch auf Produktreaktionen dieser. Vgl. dazu auch *Brems*, H.: Product Equilibrium under Monopolistic Competition, Cambridge (Mass.) 1951, wie auch *Jewkes*, John u. a.: The Sources of Invention, a.a.O., S. 177 f.

[40] Vgl. unsere Ausführungen über den Marktzugang auf S. 62 ff.

[41] Die Kosten für eine Neuerung können allerdings von einer bestimmten Höhe ab auch zur Vernachlässigung jeder Nachahmungsmöglichkeit durch den potentiellen Neuerer führen. Vgl. dazu näher S. 129.

[42] Siehe dazu näher S. 75 ff.

[43] Vgl. dazu auch *Markham*, Jesse W.: Economic Analysis and the Research and Development Decision; in: *Tybout*, Richard A. (Hrsg), Economics of Research and Development, Ohio State University 1965, S. 67—80.

Auch die Verhaltensweise des vollkommenen Monopolisten, d. h. also jenes Verhalten, bei dem nicht damit gerechnet wird, daß aus anderen nicht zu bestimmenden Branchen zusätzliche unbekannte Konkurrenten auftreten, wird nur bei bestimmten bestehenden und dem Monopolisten in ihrer Wirkung bewußten Marktzugangsbeschränkungen zu vermuten sein. Wir werden darauf noch im Zusammenhang mit den Patenten zurückkommen.

Lassen wir das Problem des Marktzugangs an dieser Stelle noch unbetrachtet[44] und weisen wir darauf hin, daß Neuerungen in der überwiegenden Zahl mit beträchtlichen Kosten verbunden sind[45], dann läßt sich zusammenfassend die Beziehung zwischen Nachahmungsmöglichkeit der Neuerung, Marktform, Enteignungsrisiko und Unternehmererwartungen so ausdrücken, daß der Neuerer generell damit rechnen muß, durch Nachahmung der von ihm auf den Markt gebrachten Neukombination um einen mehr oder weniger großen Teil seiner Erträge aus der Neuerung geschmälert oder auch in seiner daraus resultierenden Marktstellung geschwächt zu werden[46].

Gerade bei einer Neuerung jedoch wird der Unternehmer daran interessiert sein — mehr als bei anderen Investitionsprojekten —, überdurchschnittlich hohe Erträge auch längerfristig zu erhalten[47]. Unter Berücksichtigung der aufgeführten Gesichtspunkte gibt die mit dem Wesen der Neuerung verbundene Möglichkeit des Auftretens von Nachahmern den Neuerungsinvestitionen ihr spezifisches Risiko[48], das zusätzlich zu dem mit jeder Investition verbundenen Risikofaktor hinzutritt. Der Gesamtrisikofaktor, d. h. der Kalkulationszinsfuß[49], ist bei Neuerungen demnach als besonders hoch anzusehen.

---

[44] Es wird auf den folgenden Seiten noch darauf einzugehen sein.

[45] Siehe dazu S. 53, aber auch S. 146 ff. und S. 167 ff.

[46] Diese Feststellung sagt nichts darüber aus, ob eine Nachahmung auch tatsächlich stattfindet. Es geht hier um rein subjektive Überlegungen eines Unternehmers, der vor die Entscheidung gestellt ist, eine Neuerung vorzunehmen oder zu unterlassen. In diese Überlegungen wird die Möglichkeit der Nachahmung der Neuerung mit einbezogen werden. Wird die Neuerung durchgeführt, ist es ohne weiteres möglich, daß der Neuerer in späteren Perioden mit Überraschung feststellt, daß sehr viel weniger Nachahmer, als er befürchtete, oder sogar keine Nachahmer auftreten. Die gleichen Überlegungen, die den Neuerer bei der Neuerung zögern ließen — die Möglichkeit des Auftretens von Nachahmern und dadurch verringerte Gewinne aus der Neuerung —, mögen die potentiellen Nachahmer gehindert haben, tatsächliche Nachahmer zu werden; aber auch bestehende Marktzugangsbeschränkungen könnten Ursache für das Ausbleiben oder erst späte — s. die Untersuchungen von Mansfild auf S. 55 f. dieser Arbeit — Auftauchen von Nachahmern sein. Siehe auch die Ausführungen auf S. 62 ff. und S. 128 ff.

[47] Siehe auch *Preiser,* E.: Multiplikatorprozeß und dynamischer Unternehmergewinn; in: JbfNuSt, Bd. 167 (1955), S. 123.

[48] Vgl. *Frost,* George E.: Patent Rights and the Stimulation of Technical Chance; in: *Alderson,* W. und *Terpstra,* V. (Hrsg.): Patents and Progress. The Sources and Impact of Advancing Technology, Homewood (Ill.) 1965, S. 72 f.

[49] Vgl. unsere Ausführungen auf S. 37.

### 2. Risikofaktor der Neuerung und Marktzugang

Es war schon angedeutet worden, daß das Bestehen des hohen Risikos der Neuerung als subjektive Vorstellung der potentiellen Neuerer nicht unabhängig vom Grad des Zugangs zum Markt der Neuerung zu sehen ist. Durch die Möglichkeit des Zugangs zu seinem Markt ist für den unvollkommenen Monopolisten etwa das Risiko der Neuerung überhaupt erst vorhanden. Erst durch bestehende und offenbare Marktzugangsbeschränkungen erscheint das Verhalten eines vollkommenen Monopolisten realitätsbezogen. Auch Oligopolisten vermögen zwar durch Absprachen die Konkurrenz aus dem eigenen Markt auszuschalten[50], das Auftauchen von potentiellen Konkurrenten aus anderen Märkten kann aber nur durch mehr oder weniger starke Marktzugangsbeschränkungen verhindert werden.

Nach Bain[51] können folgende Marktzugangsbeschränkungen unterschieden werden:

1. absolute gesetzliche Eintrittssperren,
2. Gegebenheiten, die infolge technischer Vorteile für Großbetriebe von potentiellen Neueintretenden einen erheblichen Produktionsumfang verlangen und damit verbunden zusätzlich die potentiellen Neueintretenden zwingen, mit Reaktionen der in ihrem Absatzvolumen merklich geschädigten, bereits vorhandenen Unternehmen zu rechnen,
3. Gegebenheiten, die einigen oder allen bereits vorhandenen Unternehmen einen Vorteil aus der Produktionsdifferenzierung ermöglichen,
4. Gegebenheiten, infolge derer einigen oder allen Unternehmen ein absoluter Kostenvorteil erwächst.

Das Bestehen einer oder meherer der unter den Punkten 1 bis 4 genannten Gegebenheiten vermag zu einer mehr oder weniger großen Erschwerung des Marktzutritts zu führen. Ist keiner der aufgeführten Tatbestände gegeben, hat jeder potentielle Neueintretende völlig freien Zugang zum Markt. Für den Neuerer ist dies die Konstellation, die es wahrscheinlich macht, daß Konkurrenten, insbesondere Nachahmer, auftreten. Macklup erfaßt diesen Zustand mit dem Begriff des „vollkommenen Pleiopols"[52]. Der Wettbewerb durch das Auftreten zusätzlicher

[50] In diesem Falle dringen also monopolistische Elemente in die Entscheidungen der Oligopolisten ein.

[51] Siehe dazu die Arbeit von *Bain*, Joe S.: Conditions of Entry and the Emergence of Monopoly; in: *Chamberlin*, Edward H. (Hrsg.), Monopoly and Competition and their Regulation, London 1954, S. 215 ff.; ebenso derselbe: Barriers to New Competition, Cambridge (Mass.) 1956.

[52] Vgl. die allgemeinen Ausführungen von Machlup (*Machlup*, Fritz: Wettbewerb im Verkauf, a.a.O.) über das — so von ihm genannte — Pleiopol,

Anbieter (in unserem speziellen Falle Nachahmer) — das Pleiopol — ist unter der gegebenen Bedingung als am stärksten anzusehen. Das gegenteilige Extrem dürfte nur im Falle einer absoluten gesetzlichen Eintrittssperre gegeben sein. Das Vorliegen einer der sonstigen aufgeführten Eintrittsbeschränkungen würde nach dieser Terminologie den Tatbestand des unvollkommenen Pleiopols erfüllen.

Eine ganz entscheidende Rolle unter den Marktzugangsbeschränkungen spielen die Marktverhältnisse, unter denen sich der Neuerer vor Durchführung seiner Neuerung befindet. Bei hohen Kapitalerfordernissen für eine Neuerung wird ein bereits bestehendes monopolistisches Unternehmen auf Grund seiner in der Vergangenheit getätigten hohen Gewinne einem Unternehmen, das unter scharfem Konkurrenzdruck steht, gegenüber eher in der Lage sein, die betreffende Neuerung durchzuführen. Ähnliches gilt auch für das Verhältnis eines bereits bestehenden Unternehmens gegenüber einem neu zu gründenden[53].

So bestimmt der Grad der Schwierigkeit des Zugangs zum Markt der Neuerung für den potentiellen Neuerer die Höhe des spezifischen Risikos der Neuerung. Je schwieriger der Zugang zum Markt des Neuerers ist, desto geringer wird das spezifische Risiko der Neuerung sein.

Fassen wir unsere letzten Ausführungen über das Verhältnis von Neuerung und Unternehmererwartungen zusammen: Aus den bisherigen Darlegungen ist offenbar geworden, daß die Wirksamkeit des Risikofaktors — als Komponente der Unternehmererwartungen — bei Neuerungen sowohl von der erwarteten Marktform des Neuerers als auch vom erwarteten Grad des Zugangs zu seinem Markt abhängt. Für den Monopolisten (Unternehmer, der sich nach Vornahme der Neuerung als Monopolist fühlt) existiert ex definitione kein Nachahmungsrisiko bei der Vornahme von Neuerungen aus seinem Markt[54]. Nur bei völlig geschlossenem Marktzugang kann er aber auch potentielle Konkurrenz — darunter auch Nachahmer — aus anderen unbekannten Märkten (Branchen) außer acht lassen.

In jedem anderen Falle muß auch der Monopolist den Risikofaktor der Neuerung berücksichtigen, sein Verhalten wird das eines unvollkommenen Monopolisten sein. Für den Oligopolisten (Unternehmer, der sich nach der Neuerung als Oligopolist ansieht) bringt eine Neuerung nur dann kein Risiko aus dem eigenen Markt mit sich, wenn es gelingt, die Konkurrenz durch Marktvereinbarungen auszuschalten und dadurch

---

d. h. jene Konstellation, die es wahrscheinlich macht, daß „weitere Anbieter" in die Branche eintreten (insbesondere S. 205 ff.).

[53] Vgl. später auf S. 158 ff. unsere weiteren Ausführungen zu diesem Problem.

[54] Vgl. S. 59.

monopolistische oder monopolähnliche Marktformen zu schaffen. Aber auch in diesem Fall bleibt für ihn bei jeder Neuerung das Risiko aufgrund von Konkurrenz aus anderen Branchen noch relevant, das nur durch Marktzugangsbeschränkungen verhindert werden könnte.

Polypolistisches Marktverhalten im Zusammenhang mit Neuerungen kann aus den schon angeführten Gründen vernachlässigt werden[55].

## B. Der Einfluß der Patente auf die Unternehmererwartungen bei Realisierung des technischen Fortschritts

Wie bereits an früherer Stelle ausgeführt wurde, gelingt es dem Neuerer unter den Bedingungen der polypolistischen Konkurrenz und freiem Marktzugang nur kurzfristig[56], eine Preispolitik nach dem Cournot'schen Monopolfall zu betreiben, d. h. gemäß einer fallend verlaufenden individuellen Preisabsatzfunktion Preis und Absatzmenge nach dem Schnittpunkt zwischen Grenzerlös- und Grenzkostenkurve festzulegen. Die Tätigkeit der Nachahmer bewirkt eine Verschiebung der individuellen Preis-Absatzfunktion des Neuerers derart, daß deren Verlauf immer elastischer wird. Der Preis der Neuerung wird schließlich für alle zum Datum und spielt sich im Minimum der Durchschnittskosten ein.

Aus diesem Zusammenhang ergibt sich ganz allgemein für das Enteignungsrisiko bei Neuerungen, daß dieses umso geringer ist, je mehr es dem Neuerer gelingt, die Bedingungen der vollkommenen Konkurrenz aufzuheben, d. h. die Verschiebung seiner individuellen Preisabsatzfunktion vom unelastischeren zum elastischeren Verlauf zu vermeiden; oder positiv ausgedrückt, je unelastischer der Neuerer den Verlauf seiner Preisabsatzfunktion gestalten kann.

Neuerungsgewinne können demnach nur dann erzielt werden, wenn die Nachahmungstätigkeit der Konkurrenten verhindert wird, d. h. die Nutzungsmöglichkeiten des technischen Fortschritts beschränkt werden. Je näher die Marktwirtschaft ihrem Ideal, der vollkommenen Konkurrenz, kommt, desto geringer sind die Aussichten, daß Neuerungen durchgeführt werden, die hohe Forschungs- und Entwicklungskosten erfordern[57].

---

[55] Das ist nicht gleichbedeutend mit einer Aussage derart, daß Neuerungen nicht auf polypolistischen Märkten eingeführt werden. Vgl. S. 79 f.

[56] Unter den strengen Prämissen der vollkommenen Konkurrenz — unendlich schneller Anpassung — nicht einmal kurzfristig.

Diese Tatsache gibt den Patenten ihre Bedeutung als Determinanten des Prozesses der industriellen Entwicklung. Denn die Patente verhindern die homogene Konkurrenz und vermögen durch Erschwerung der heterogenen Konkurrenz zur Ursache monopolistischer Verhaltensweisen bei Neuerungen zu werden. Sie können dadurch das spezielle Enteignungsrisiko von Neuerungen beseitigen und in vielen Fällen auch das allgemeine Verwertungsrisiko[58], in dem zum Ausdruck kommt, wie sehr die erfolgreiche Verwertung des technischen Fortschritts von dem Verhalten der Kunden und Konkurrenten abhängt („environmental uncertainty“)[59], herabsetzen. Auf diesen Zusammenhang sollen die folgenden Ausführungen eingehen.

## I. Die Bedeutung der Patente für die individuellen Preisabsatzfunktionen der Neuerer

### 1. Vorbemerkungen

In der nationalökonomischen Literatur wird meist die durch das Patent verliehene gesetzliche Monopolstellung mit einer Monopolstellung im wirtschaftlichen Sinne[60] gleichgesetzt. Jedoch kann man aus der Tatsache, daß die Patente ihrem Inhaber ein Rechtsmonopol verleihen, nicht ableiten, daß diese deshalb in der Regel auch ein Monopol im ökonomischen Sinne besitzen. Schon Untersuchungen des Patentkommittees der USA aus dem Jahre 1912 zeigten auf, daß es nur wenige Erfindungen von so umwälzender Bedeutung gibt, daß sie dem Patentinhaber in irgendeinem Wirtschaftszweig ein Monopol geben. Dennoch schreibt Gather den Patenten eine Tendenz zum Monopol zu, die er in der Natur des Patents als Ausschlußrecht sieht. Nur die mehr oder weniger gegebene Substitutionsmöglichkeit bringt es mit sich, daß der Patentinhaber oft nicht als Monopolist auftreten kann[61]. Nach Eucken gehören Patente zu den „eigenartigen Schließungsmethoden, bei denen staatliche und private Mächte zusammenwirken, wo also der Staat die Stütze bietet, damit Private einen Damm zur Schließung des

[57] Vgl. auch *Schätzle,* Gerhard: Forschung und Entwicklung als unternehmerische Aufgabe, a.a.O., S. 91.

[58] Vgl. dazu S. 72 ff.

[59] Siehe *Hitch,* Charles J.: The Character of Research and Development in a Competitive Economy; in: National Science Foundation (Hrsg.), Research and Development and Its Impact on the Economy, Washington 1958, S. 132.

[60] D. h. Cournot'sches Monopol.

[61] *Gather,* Gernot: Patente, Monopole, Machtpositionen, Diss., Freiburg 1943, S. 46 (im folgenden zitiert als *Gather,* Gernot: Patente).

Angebots herstellen.“[62]. Nach Bain[63] sind die Patente in folgender Weise unter die bereits erwähnten möglichen Marktzugangsbeschränkungen einzuordnen. Beschränkungen dieser Art können sich ergeben durch:

1. eine absolute gesetzliche Eintrittssperre,
2. Gegebenheiten, die infolge technischer Vorteile für Großbetriebe von potentiellen Neueintretenden einen erheblichen Produktionsumfang verlangen und damit verbunden zusätzlich die potentiellen Neueintretenden zwingen, mit Reaktionen der in ihrem Absatzvolumen merklich geschädigten, bereits vorhandenen Unternehmen zu rechnen,
3. Gegebenheiten, die einigen oder allen bereits vorhandenen Unternehmen einen Vorteil aus der Produktdifferenzierung ermöglichen. Hierunter fallen:
   a) *Patentkontrolle* der besseren Produkte seitens der bestehenden Unternehmen,
   b) mögliche Käuferpräferenzen für eingeführte Markennamen und guter Ruf der bestehenden Unternehmen,
   c) Eigentum oder vertraglich erwirkte Kontrolle über günstigen Verteilungsapparat von seiten der bestehenden Unternehmen.
4. Gegebenheiten, infolge derer einigen oder allen Unternehmen ein absoluter Kostenvorteil erwächst.

   Hierunter fallen:
   a) Kontrolle der Produktionsverfahren durch die bestehenden Unternehmen *aufgrund von Patenten* oder Geheimhaltung, wodurch Neueintretende an der Benutzung der besten Technik verhindert werden oder dafür Gebühren zahlen müssen,
   b) starkes Ansteigen der Preise der Produktionsfaktoren, wenn potentielle Neueintretende sich diese wegen der allein wirtschaftlichen Massenproduktion in großen Mengen beschaffen,
   c) günstige Bezugsquellen für die benötigten Produktionsfaktoren seitens der bisherigen Unternehmen dank deren ausschließlichen Eigentums oder dank vertraglicher Bindungen,
   d) Kapitalmarktbedingungen, die potentielle Neueintretende benachteiligen in Form von höheren Zinssätzen oder beschränkter Kreditgewährung.

---

[62] *Eucken,* Walter: Grundsätze der Wirtschaftspolitik, 2. Aufl. Tübingen und Zürich 1955, S. 265.

[63] S. dazu die Arbeit von *Bain,* J. S.: Conditions of Entry and the Emergence of Monopoly; a.a.O., S. 215 ff.; ebenso derselbe, Barriers to Competition, a.a.O.

Nach Bain vermögen Patente also den Markt nur unvollkommen zu schließen. Auch Eucken räumt jedoch ein, daß viele Patente das Angebot auf dem Markt nicht schließen, nämlich solche, die sich nur auf einen kleineren Teil des Produktionsprozesses eines Gutes beziehen und durch andere Produktionsmethoden, Substitutionsprodukte usw. umgangen werden können. Es gibt aber auch eine andere Gruppe von Patenten, die Grundpatente, die das Angebot auf dem Markt schließen[64].

Wir wollen uns im folgenden mit dem Einfluß der Patente auf die Marktverhältnisse genauer beschäftigen und versuchen, ihre Funktion als Mittel zur Herabsetzung des Risikofaktors bei Neuerungen und damit zugleich ihren Einfluß auf die Unternehmererwartungen herauszuarbeiten.

### 2. Die Ausschaltung der homogenen Konkurrenz

Das Risiko der Enteignung ergibt sich für den potentiellen Neuerer aus der Unsicherheit darüber, wann und in welchem Maße Nachahmer die auf Grund von Forschung und Entwicklung gewonnene Neuerung imitieren. Die daraus resultierende Konkurrenz zwischen Neuerer und Nachahmern ist die Konkurrenz zwischen gleichen „Gütern"[65], also die homogene Konkurrenz. Die durch das Merkmal der Homogenität eines Gutes gekennzeichneten Märkte bezeichnet man im Anschluß an Stackelberg[66] als vollkommene Märkte.

Wird nun für eine Neuerung ein Patent erteilt, so wird dadurch der Markt der Neuerung geschlossen und damit zugleich jegliche homogene Konkurrenz verhindert. Ein Enteignungsrisiko der Neuerung im dargestellten Sinne ist nicht mehr existent. Aus dieser Tatsache kann jedoch keineswegs ohne weiteres gefolgert werden, daß der Neuerer in der Lage ist, Neuerungsgewinne zu erzielen. Die Ausschaltung der homogenen Konkurrenz bei Neuerungen ist notwendige, aber nicht hinreichende Bedingung für Neuerungsgewinne. Die Erzielung dieser hängt auch von der Stärke der heterogenen Konkurrenz ab. Jedoch wird diese Tatsache bei der Entscheidung über eine Neuerung, der Forschungs- und Entwicklungsaufwendungen vorhergegangen sind, nur eine untergeordnete Rolle spielen; denn auch wenn der potentielle

[64] Vgl. *Eucken*, Walter: Grundsätze der Wirtschaftspolitik, a.a.O., S. 268.

[65] Darunter sind hier also sowohl Verfahrens- als auch Produktneuerungen zu verstehen.

[66] v. *Stackelberg*, Heinrich: Grundlagen der theoretischen Volkswirtschaftslehre; hrsg. v. V. F. *Wagner*, 2. fotomech., gedr. Aufl., Tübingen und Zürich 1951, S. 219 ff.

Neuerer zum Zeitpunkt der Neuerung auf Grund heterogener Konkurrenz damit rechnen muß, daß er z. B. nur die Hälfte seiner Forschungs- und Entwicklungsausgaben mit seiner Neuerung in Form von Erlösen zurückerhält, so wird er doch damit immer noch mehr erlösen, als wenn er die Neuerung nicht einführt.

So ist letztlich also die Entscheidung für eine Neuerung in der Regel schon mit der Entscheidung über die Aufnahme der dafür notwendigen Forschungs- und Entwicklungsarbeit[67] gefallen. Bei letzterer aber knüpft man an Patente in der Regel nicht nur die Erwartung der Ausschaltung der homogenen, sondern auch der Verhinderung, zumindest der Erschwerung der heterogenen Konkurrenz im Falle der Neuerung. Auf diese mögliche Ausweitung der Patentwirkungen soll im folgenden eingegangen werden. Es müssen dabei die Fälle der Produkt- und Verfahrensneuerung und die Situation der Lizenzvergabe und der Nicht-Lizenzvergabe unterschieden werden[68].

### 3. Annäherung an die Preisabsatzfunktion des Gesamtmarktes

#### *a) Darstellung*

##### aa) Erzeugnispatent ohne Lizenzvergabe

Die Konkurrenzbeziehungen der Realität sind nicht so sehr solche zwischen homogenen als vielmehr zwischen heterogenen Gütern. Heterogene Güter sind das Ergebnis der Produktdifferenzierung. Auch Neuerungen wirken in der Art einer Produktdifferenzierung, die von einer geringen Verbesserung einer Maschine z. B. bis zur Schaffung eines völlig neuen Produktes reichen kann, welches zur Ursache für eine völlige Umwälzung der gegebenen Produktionsverhältnisse wird, wie es z. B. bei der Erfindung und Anwendung der Dampfmaschine oder des Elektromotors der Fall war.

Einen Markt, auf dem heterogene Güter gehandelt werden, nennt man unvollkommenen Markt. Ein solcher unvollkommener Markt setzt sich aus seinen vollkommenen Teilmärkten (Elementarmärkten) zusammen, die durch das Merkmal der Homogenität des Gutes gekennzeichnet sind. Diese Elementarmärkte sind in der Regel räumlich-zeitliche Punktmärkte, bei denen oft sogar individueller Tauschakt und Elementarmarkt zusammenfallen[69]; denn in der Wirklichkeit sind

---

67 Vgl. S. 52 ff. dieser Arbeit.

68 Siehe dazu auch *Molsberger*, Josef: Patentschutz und Konzentration (verv. Manuskript). Institut für Mittelstandsforschung, Bonn 1960, S. 10 ff.

69 Kritisch sei dazu angemerkt, daß damit der eigentliche Marktbegriff sein Aussagevermögen verliert. Vgl. dazu auch *Arndt*, H.: Anpassung und Gleichgewicht am Markt, a.a.O., S. 222; ebenso *Sanmann*, Horst: Marktform, Verhalten, Preisbildung bei heterogener Konkurrenz, a.a.O., S. 57.

immer zahlreichere (unvollkommene) Märkte durch mehr oder weniger verfeinerte Produktdifferenzierungen nicht nur sachlicher, sondern auch räumlicher, zeitlicher und persönlicher Art charakterisiert[70].

Jede Neuerung führt über eine Produktdifferenzierung sachlicher Art zur Entstehung bzw. Erweiterung eines unvollkommenen Marktes. Wird nun für eine Neuerung ein Patent erteilt, so wird dadurch der innerhalb des unvollkommenen Marktes liegende Teilmarkt (Elementarmarkt) der Neuerung geschlossen. Aus dieser Tatsache kann jedoch keineswegs ohne weiteres gefolgert werden, daß der Neuerer eine Monopolstellung innehat, die ihn in die Lage versetzt, den Cournot'schen Gewinn zu realisieren. Die Cournot'sche Monopolstellung ist immer auf den Gesamtmarkt bezogen[71]. Nur wenn Teilmarkt und Gesamtmarkt zusammenfallen, führt das Patent zu einem Monopol[72]. Die Abgrenzung des unvollkommenen Gesamtmarktes, den man auch als Markt einer Industrie oder einer Gruppe[73] zu erfassen versucht hat, ist bisher theoretisch nicht einwandfrei gelungen. Am ehesten vermag noch die Abgrenzung von Arndt zu befriedigen, die den Gesamtmarkt als Bedarfsmarkt zu erfassen versucht[74]. Alle Güterarten, die der Deckung dieses gesellschaftlichen Bedarfs dienen, kann man hiernach zum Begriff des Bedarfsguts zusammenfassen. Ein solches Bedarfsgut setzt sich demnach — vom Grenzfall abgesehen — immer aus mehr oder weniger zahlreichen heterogenen Gütern zusammen. Sind Elementarmarkt und Gesamtmarkt nicht identisch, so kann auch hier die Konkurrenz jeden Stärkegrad annehmen. Das Patent führt in diesem Falle zu einem „Monopol", das Monopolgewinne zu erzielen nicht erlaubt, also unwirksam ist[75]. Der Stärkegrad der Konkurrenz ist in

---

[70] *Sanmann,* Horst: Marktform, Verhalten, Preisbildung bei heterogener Konkurrenz, a.a.O., S. 57.

[71] Vgl. *Cournot,* A.: Untersuchungen über die mathematischen Grundlagen der Theorie des Reichtums, Jena 1924.

[72] Von der Verhaltensweise des Monopolisten allein ist es abhängig, ob es sich hierbei um ein vollkommenes oder unvollkommenes Monopol handelt. Vgl. dazu unsere Erläuterungen zur Marktform des Monopols auf S. 58 ff.

[73] Vgl. dazu die Versuche von *Robinson,* Joan: The Economics of Imperfect Competition, 10. Aufl., London 1954, und *Chamberlin,* E. H.: The Theory of Monopolistic Competition, 7. Aufl., Cambridge (Mass.) 1956, wie auch die Kritik von *Steinbrück,* K.: Vom unvollkommenen Markt zur heterogenen Konkurrenz. Eine Dogmengeschichte der preistheoretischen Umwälzungen der Gegenwart; Mannheimer Schriftenreihe „Angewandte Wirtschaftswissenschaft", H. 2, hrsg. v. H. *Rittershausen:* Frankfurt a.M. S. 106: Es „wäre — wenn der Begriff ‚Industrie' weiter bestehen können soll — die Definition eines Gutes für eine Industrie, welches abgegrenzt ist von den Gütern anderer Industrien, erforderlich. Da aber eine solche Definition nicht möglich erscheint, ist es also unerläßlich, den Begriff ‚Gruppe' (Industrie ...) aufzugeben."

[74] *Arndt,* H.: Anpassung und Gleichgewicht am Markt, a.a.O., S. 218 ff. Siehe dazu bereits S. 58.

[75] Vgl. *Ritschl,* H.: Wirksame und unwirksame Monopole, in: Gewerkschaftliche Monatshefte, 5. Jg. (1954), S. 577 ff.

diesem Falle 1. abhängig von dem Umfang der Wahlmöglichkeiten, die den Nachfragern unter dem Angebot am Gesamtmarkt zur Verfügung stehen, und 2. von der Nachfrageelastizität in bezug auf den Preis[76], wobei wiederum zu beachten ist, daß diese nicht unabhängig vom Umfang der Wahlmöglichkeiten ist. Sehr stark wird der Konkurrenzgrad dann sein, wenn die patentierte Neuerung nur ein geringfügig von vielen anderen angebotenen Gütern differenziertes Erzeugnis darstellt. Im Extremfalle müßten bereits bei einer geringfügigen Preiserhöhung des Neuerers alle Käufer zu dem Ersatzgut bzw. den Ersatzgütern abwandern. Man kann diese Situation als vollkommene Konkurrenz heterogener Güter bezeichnen[77]. Schwache Konkurrenzbeziehungen werden sich dagegen ergeben, wenn die patentierte Neuerung nur wenigen, kaum substitutiven Gütern gegenübersteht. In diesem Falle nähert sich der Konkurrenzgrad auf dem Gesamtmarkt am stärksten der Situation an, bei der Gesamtmarkt und Teilmarkt zusammenfallen. Das Vorhandensein der Ersatzgüter übt praktisch keinen Einfluß auf die Preisgestaltung des Neuerers aus. Je nach dem Grad der Verwandtheit der vorhandenen Güter mit der Neuerung und ihrer Anzahl wird also die Stärke der Konkurrenz auf dem Gesamtmarkt unterschiedlich sein.

#### bb) Erzeugnispatent mit Lizenzvergabe

Berücksichtigt man nun, daß für Patente oft Lizenzen vergeben werden, dann stellt sich die Frage, wie sich diese Tatsache auf die eben abgeleiteten theoretischen Ergebnisse auswirkt. Wird vom Patentinhaber eine ausschließliche Lizenz[78] vergeben, so gelten für den Lizenznehmer als Neuerer dieselben Tatsachen, wie sie eben für den Neuerer mit Erzeugnispatent ohne Lizenzvergabe dargestellt wurden.

---

[76] Hierbei ist jedoch anzumerken, daß die Nachfrageelastizität nur dann ein exaktes Kriterium für den Stärkegrad der Konkurrenz auf dem Gesamtmarkt ist, wenn man unterstellt, daß Nachfragereaktionen ausschließlich von Preisänderungen abhängig sind. Berücksichtigt man, daß auch andere Ursachen, nämlich Änderungen in einer vorhandenen Variante des Bedarfsgutes — wie z. B. Änderung der Qualität, der Verpackung, des Namens etc. — zu Nachfrageänderungen führen können, so ist das Elastizitätstheorem für die Erfassung von Nachfragereaktionen zu einseitig. Mit dem umfassenderen Begriff der Nachfrageintensität hat Sanmann diese Einseitigkeit zu beseitigen versucht. Er versteht unter Nachfrageintensität das Verhältnis einer Änderung der Nachfragemenge nach einem bestimmten Gut zu der sie bewirkenden Änderung der Angebotsbedingungen (Preis, Beschaffenheit, Produktwerbung) dieses Gutes. Vgl. *Sanmann,* Horst: Marktform, Verhalten, Preisbildung bei heterogener Konkurrenz, a.a.O., S. 81 ff.

[77] Zwar ist bei dieser Art der vollkommenen Konkurrenz nicht mehr die Unterschiedslosigkeit der Preise gegeben, aber die Preisunterschiede entsprechen hier nur den Unterschieden in den Qualitäten. Vgl. *Arndt,* Helmut: Anpassung und Gleichgewicht am Markt, a.a.O., S. 596.

[78] Vgl. S. 18 dieser Arbeit.

Denn mit der Vergabe einer ausschließlichen Lizenz überträgt ja der Patentinhaber sein Nutzungsrecht gänzlich auf den Lizenznehmer. Dieser tritt an Stelle des Patentinhabers als Neuerer auf den Markt[79].

Vergibt der Patentinhaber eine oder mehrere einfache Lizenzen auf die Neuerung, so ändert sich die Marktform am Teilmarkt (Elementarmarkt). Wie diese aussieht, ist abhängig davon, ob der Patentinhaber mit der Lizenzvergabe auch den Preis der Neuerung festsetzt[80]. An den Konkurrenzbeziehungen auf dem Gesamtmarkt ändert sich dadurch jedoch nichts.

Auch die Erklärung der Lizenzbereitschaft zeitigt nur Auswirkungen auf den Teilmarkt. Während dieser bisher sowohl bei Vergabe einer ausschließlichen als auch einer oder mehrerer einfacher Lizenzen geschlossen blieb, öffnet die allgemeine Lizenzbereitschaft des Patentinhabers den Teilmarkt für jeden, der die Lizenzgebühr zu zahlen bereit ist.

### cc) Verfahrenspatent

Bis Ende 1967 wurden in der BRD bei bestimmten Erfindungen von Nahrungs-, Genuß- und Arzneimitteln sowie von Stoffen, die auf chemischem Wege hergestellt werden, nicht die Erzeugnisse selbst, sondern nur die Verfahren zur Herstellung der Erzeugnisse patentiert[81]. Das Erzeugnis selbst war danach nur insoweit durch das Patent mitgeschützt, als es von anderen mit dem gleichen Verfahren hergestellt wurde. Sobald das Erzeugnis mit einem anderen Verfahren ebenfalls produziert werden konnte, war der Patentschutz für das betreffende Erzeugnis aufgehoben.

Für unsere Betrachtungen hinsichtlich der durch das Patent geschaffenen Marktform ergibt sich daraus, daß ein solches Verfahrenspatent den Teilmarkt für das durch das Verfahren erzeugte Produkt nur dann schließt, wenn es mit dem gleichen Verfahren erzeugt wird. Wird dasselbe Gut auch nachweislich mit Hilfe anderer Verfahren produziert, so wird dic marktschließende Wirkung des Verfahrenspatentes aufgehoben. Am Teilmarkt entsteht eine direkte Konkurrenz. Während also beim Erzeugnispatent nur eine indirekte Konkurrenz, nämlich eine Konkurrenz mit substitutiven Gütern, am Gesamtmarkt möglich war, konnte bei den genannten Verfahrenspatenten auch eine direkte Konkurrenz homogener Güter am Teilmarkt auftreten; diese Tatsache

---

[79] Die Kosten des Lizenznehmers erhöhen sich nämlich um den Betrag der Lizenzgebühr.

[80] Vgl. hierzu unsere Ausführungen über restriktive Lizenzvergabe auf S. 112 ff.

[81] Vgl. § 1 PatG in der Fassung vom 18. 7. 1953.

hatte jedoch größere theoretische als praktische Bedeutung, da gerade in der chemischen Industrie die Patentinhaber in der Regel mehrere Verfahren — möglichst alle —, die zum gleichen Ergebnis führen, zu entdecken versuchten und Patente darauf zu erwerben suchten.

Seit 1968 haben Verfahrenspatente nur noch Bedeutung in jenen Fällen, in denen neue Verfahren zur Herstellung schon vorhandener Güter dienen, in denen sie also die Möglichkeit bieten, bisherige Produkte billiger herzustellen[82]. In solchen Fällen kann das Patent nicht den Zugang zum Markt des Produkts sperren, sondern „nur“ einen Kostenvorsprung gewähren. Von der Höhe dieses Kostenvorsprungs hängt es ab, ob der Patentinhaber eine Monopolstellung auf dem Markt für seine Produkte erwerben kann[83].

Der Fall der Lizenzvergabe bei Verfahrenspatenten braucht hier nicht gesondert behandelt zu werden. Die Ergebnisse stimmen mit den bei der Darstellung der Erzeugnispatente mit Lizenzvergabe abgeleiteten überein.

Fassen wir unsere Ausführungen über die Bedeutung der Patente bei heterogener Konkurrenz zusammen, so läßt sich sagen, daß Patente unter bestimmten Umständen auch den Einfluß der heterogenen Konkurrenz ausschalten können und somit den Gesamtrisikofaktor bei Neuerungen herabsetzen können. Dies ist umso mehr gegeben, je größer der Teil des Gesamtmarktes ist, der durch Patente gesperrt wird; oder anders ausgedrückt, je mehr sich die individuelle Preisabsatzfunktion des Neuerers an die „makroökonomische“[84] Preisabsatzfunktion annähert.

### *b) Die „monopolschaffenden“ Bedingungen*

In zweifacher Weise vermögen die Patente nun jene Situation der Annäherung der individuellen Preisabsatzfunktion an die „makroökonomische“ Preisabsatzfunktion — des Zusammenfalls von Teilmarkt und Gesamtmarkt — zu bewirken. Diese unterschiedlichen Bedingungen für die risikovermindernde Wirkung der Patente resultieren aus der ungleichen wirtschaftlichen Bedeutung der einem Patent zugrundeliegenden Erfindung. Denn Patente erstrecken sich sowohl auf bedeutende und unbedeutende Erfindungen, auf Produkte und Verfahren in ihrer Gesamtheit, wie aber auch auf Teile dieser selbst. Aus dieser Tatsache ergibt sich, daß bei der Frage nach den „monopolschaffenden“

---

[82] Vgl. § 1 PatG in der Fassung vom 4. 9. 1967, der am 1. 1. 1968 in Kraft getreten ist.

[83] Siehe auch *Molsberger*, Josef: Patenschutz und Konzentration, a.a.O., S. 16 f.

[84] D. h. die Preisabsatzfunktion des Gesamtmarktes.

Bedingungen bei Patenten unterschieden werden muß nach dem Einfluß des einzelnen Patents und der einer Gesamtheit von Patenten.

Das einzelne Patent in den Händen des Neuerers führt nur dann zu einer Annäherung bzw. Zusammenfall der beiden Preisabsatzfunktionen, wenn die diesem Patent zugrundeliegende Neuerung von überragender Bedeutung ist; denn die Stärke des Patents wird in der Regel der Höhe des durch die Neuerung erreichten Fortschritts proportional sein[85]. In diesem Falle füllt die Neuerung sozusagen eine Lücke im Angebot der bisher produzierten Waren. Es existieren keine substitutiven Güter. Das Patent verhindert die einzig mögliche Art der Konkurrenz, nämlich die Nachahmungskonkurrenz. Teilmarkt und Gesamtmarkt fallen zusammen. Der Neuerer ist Monopolist. Preis und Menge der Neuerung sind seine Aktionsparameter. Die umwälzende Bedeutung der Neuerung führt dazu, daß das einzelne Patent den Neuerer zum Monopolisten werden läßt.

Ein zweiter risikovermindernder Tatbestand spielt bei weniger bedeutenden Neuerungen die entscheidende Rolle. Hier vermag nicht das einzelne Patent, sondern erst der Erwerb weiterer zusätzlicher Patente die Annäherung bzw. den Zusammenfall der Funktionen zu begründen. Dies kann in der Form geschehen, daß die Patente der wesentlichsten Substitutionsgüter zu den substituierten Patenten bzw. zu einem Verfahrenspatent die Patente weiterer das gleiche Produkt hervorbringender Verfahren hinzutreten oder daß ein Patent, das nur ein kleines (nichtmarktfähiges) Maschinenteilchen schützt, zu den vielen übrigen Patenten, die sich auf die anderen Einzelteile der Maschine beziehen, hinzukommt. Das Patent des kleinen Maschinenteils wird dann in der Hand seines Neuerers zu einem bedeutsamen Marktgegenstand[86].

Mehrfachpatentbesitz kann sowohl in der Hand eines einzigen Unternehmens als auch im Besitz mehrerer Unternehmen zum Zusammenfall oder zur Annäherung von Elementar- und Gesamtmarkt führen. Der gleiche Effekt, wie er sich bei einer außergewöhnlichen Neuerung mit Patentschutz ergibt, kann erreicht werden, wenn ein einzelnes Unternehmen hunderte von Patenten besitzt, die sich nur auf Einzelteile beziehen. Zu einer solchen Anhäufung von Patenten kann es kommen durch eigene Forschung und durch den Kauf von Patenten. Besitzt nämlich eine Firma schon mehrere Patente auf einem Gebiet, dann kann es sein, daß sie praktisch als einzige für die Auswertung eines Patents eines Einzelerfinders in Frage kommt. Das ist z. B. der Fall bei

[85] Vgl. auch *Lieberknecht,* Otfried: Patente, Lizenzverträge und Verbot von Wettbewerbsbeschränkungen, Frankfurt a.M. 1953, S. 161.

[86] Vgl. auch *Roth,* Winfried: Das Erfindermonopolrecht und das Verbot von Wettbewerbsbeschränkungen, Diss. Freiburg i. Br. 1956. S. 32 ff.

den sogenannten abhängigen Patenten[87], die nicht genutzt werden können, ohne daß ein älteres Patent angegriffen wird. Der Inhaber des älteren Patents kann dem Inhaber des abhängigen Patents im allgemeinen dessen Benutzung verbieten und deshalb bleibt letzterem oft nichts anderes übrig, als das abhängige Patent an den Inhaber des älteren Patents zu verkaufen. Durch eine derartige Zusammenballung von Patenten vermag ein Unternehmen den Markt einer ganzen Branche zu sperren, indem es alle Patente für Substitute erwirbt. In diesem Falle ist die Beherrschung eines gesamten Industriezweiges durch ein einzelnes Unternehmen weder durch Umfang noch durch Dauer irgendeines einzelnen Patents begrenzt. „Der erreichte Monopolgrad dürfte in keinem Verhältnis stehen zu dem, was der Gesetzgeber sich vorgestellt hatten, als sie die Gesetze zum zeitlich begrenzten Erfinderschutz beschlossen[88]."

Ebenso, wie durch Forschungstätigkeit oder Kauf von zusätzlichen Patenten durch ein einzelnes Unternehmen die Patenthäufung zu derartigen Markteinflüssen führen kann, ist dieser Effekt auch gegeben, wenn Patente zum Zusammenschluß oder zur Zusammenarbeit von Unternehmungen in Form von Konzernen und Kartellen führen.

Gewisse Momente, auf die später noch einzugehen sein wird, sprechen dafür, daß diese letztere Möglichkeit zur Erringung marktbeherrschender Machtpositionen im Bereich der Patente bedeutend ist. Denn die gegenseitige Verpflichtung zur Abgabe von Lizenzen — verbunden mit derjenigen, an Außenseiter keine Lizenzen zu erteilen — ist geeignet, dem Monopolcharakter des Patents erhöhte Geltung zu verschaffen. Die wenigen von einer Einzelunternehmung innegehaltenen Schutzrechte sind oft zur Begründung einer wirksamen Monopolstellung nicht hinreichend, da ihr Schutzbereich meist ein verhältnismäßig geringer ist und sie zudem der Gefahr unterworfen sind, umgangen zu werden oder von fremden Schutzrechten abhängig zu sein. Durch die Zusammenfassung gewerblicher Schutzrechte, wie dies bei einem Abkommen über gegenseitige Lizenzabgabe unter Ausschluß von Außenseitern geschieht, werden gegenseitige Abhängigkeitsverhältnisse aufgehoben[89], das Bestreben nach der Umgehung der vom Verband kontrollierten Schutzrechte wird bei den ihm angehörenden Unternehmen fast vollständig

---

[87] Zum Problem der abhängigen Patente siehe später auf S. 83 ff. dieser Arbeit.

[88] *Machlup,* Fritz: The Political Economy of Monopoly, Baltimore 1952, S. 284. Ebenso auch *Eucken,* Walter: Die Grundlagen der Nationalökonomie, a.a.O., S. 107. Siehe auch *Gather,* Gernot: Reform der Patentgesetzgebung; in: *Ordo,* Bd. II (1949), S. 280 (im folgenden zitiert als *Gather,* Gernot: Reform). Es wird auf diesen Zusammenhang noch ausführlich einzugehen sein. Vgl. S. 85 ff.

[89] Vgl. S. 85 ff. und S. 177 f.

ausgeschaltet und der monopolistische Schutzbereich für die Gesamtheit der zusammenarbeitenden Unternehmungen wesentlich erweitert. An die Stelle einer Vielzahl unvollständiger Einzelmonopole tritt ein bedeutend vollständigeres Gruppenmonopol[90].

Wenn eine solche durch die Patente hervorgerufene Konzentration wirtschaftlicher Macht, wie sie sich z. B. in der Bildung von Konzernen und Kartellen niederschlägt, auch von vorneherein nichts mit Monopolisierung gemeinsam hat, so kann sie doch nach und nach zur alleinigen Stellung an einem Markt führen. In jedem Falle jedoch sind alle *unvollkommenen* Monopole zu dem Gesamtproblem der Konzentration zu rechnen. Zusätzlich muß berücksichtigt werden, daß aus dem Konzentrationsprozeß hervorgegangene Großunternehmen, die in der Regel „Mehrmarktunternehmen" sind, wegen ihrer erheblichen Wirtschaftskraft im Einzelfalle leichter ihren Einfluß auf den einzelnen Märkten zu verstärken vermögen. Die Stellung eines solchen Großunternehmens oder Konzerns am einzelnen Markt ist nicht durch den Marktanteil allein zu erfassen. Vielmehr muß ein Urteil über die Marktstellung sowohl die Finanzkraft des Unternehmens berücksichtigen als auch seine Betätigung an anderen Märkten. Die Wirtschaftskraft eines solchen Unternehmens vermag auch bei kleinen Marktanteilen das Verhalten der anderen Wettbewerber zu beeinflussen. Die stete Möglichkeit eines aggressiven Marktverhaltens und die Furcht der Wettbewerber vor der Wettbewerbskraft des kapitalstarken Unternehmers können diese, selbst bei hohen Marktanteilen, veranlassen, sich dem Marktverhalten des kapitalstarken Unternehmens, beispielsweise in der Preisstellung, anzupassen[91].

## II. Die empirische Relevanz der „monopolschaffenden" Bedingungen

### 1. Häufigkeit des Vorkommens

#### *a) Pionierpatentmonopole*

Die Frage nach der Häufigkeit des Vorkommens von Pionierpatenten ist nur schwierig zu beantworten. Zwar lassen sich zahlreiche Beispiele für derartige Patente anführen, wie z. B. die bekannten Telefunken-

[90] Vgl. *Salzer*, H.: Austausch von technischen Erfahrungen und Erfindungen im Rahmen von Unternehmensverbänden, Diss. Darmstadt, Berlin 1927, S. 38 (im folgenden zitiert als *Salzer*, H.: Austausch von Erfahrungen).

[91] Vgl. auch Bericht über das Ergebnis einer Untersuchung der Konzentration in der Wirtschaft (Bundestagsdrucksache IV/2320), Anlagenband, erstattet vom Bundesamt für gewerbliche Wirtschaft, Frankfurt a.M., 31. 8. 1964 (im folgenden zitiert als Konzentrationsenquete, Anlagenband), S. 745.

Patente in der Radioröhrenherstellung oder das Benzo-Purpurin-Patent von 1884, das die Entwicklung der chemischen Industrie entscheidend gestaltet hat[92], oder aber auch in den USA das Hall-Patent, ohne welches eine wirtschaftliche Aluminiumproduktion nicht möglich war und aufgrund dessen die Alcoa Co. praktisch fast 60 Jahre — vom Ende des neunzehnten Jahrhunderts bis zum zweiten Weltkrieg — den Aluminiummarkt beherrschen konnte; es lassen sich aber nur wenige Daten für allgemeingültigere Aussagen finden. Einen gewissen Anhaltspunkt bieten hierzu die von den einzelnen Patentämtern veröffentlichten Statistiken[93].

Diese beschränken sich zumeist darauf, die Zahl der Neuanmeldungen und Neueintragungen, die Nichtigkeitserklärungen, Zwangslizenzen etc. anzugeben, und können insofern zwar nichts über den Wert der einzelnen Neuerung oder ihre wirtschaftliche Bedeutung aussagen. Jedoch kann man diesen Statistiken mittelbar gewisse Hinweise über den wirtschaftlichen Erfolg der Patente entnehmen: Da der Patentschutz in der Regel auf einem Gebührensystem beruht, kann man aus der Laufzeit der Patente Rückschlüsse auf ihre wirtschaftliche Bedeutung ziehen[94]. Denn ein Neuerer wird die für den Patentschutz seiner Neuerung zu zahlende Anmeldegebühr — die im allgemeinen recht hoch ist — und die weiteren jährlich fälligen und progressiven Gebühren[95] nur dann entrichten, wenn der wirtschaftliche Erfolg der patentierten Neuerung die Gebühren trägt[96].

---

[92] Vgl. *Eucken*, Walter: Grundsätze, a.a.O., S. 268.

[93] Im DR bzw. der BRD z. B. veröffentlicht in Bl. f. PMZ, Berlin bzw. München, erste Veröffentlichung 1893 vom Reichspatentamt. Siehe auch die Auswertung dieser Angaben von *Möllering*, K. F.: Die Alterserwartungen deutscher Patente; in: ZfdgStw, Bd. 106 (1950), S. 719—749.

[94] In diesem Zusammenhang ist darauf hinzuweisen, daß in der Realität oft jene Neuerungen die ertragreichsten sind, die auf schon gemachten umwälzenden Neuerungen aufbauen und nur mehr oder weniger große Verbesserungen anbringen. Die Bestimmung der Pionierpatente nach dem Kriterium des Fortbestehens über die gesamte gesetzliche Patentlaufzeit läßt auch z. T. solche Patente als Pionierpatente erscheinen.

[95] In der BRD steigen z. B. im 3. bis 6. Jahr die Jahresgebühren von 50 DM auf 125 DM, im 7. bis 9. Jahr von 175 DM auf 325 DM, im 10. bis 12. Jahr von 400 DM auf 675 DM, im 13. bis 15. Jahr von 825 DM auf 1175 DM und im 16. bis 18. Jahr von 1350 DM auf 1700 DM (siehe Tabelle 3). Von fast allen im Rahmen der Erstellung des Konzentrationsberichts für die BRD befragten Unternehmen unterschiedlicher Größe wurde das Ansteigen der Jahresgebühren als wichtiger Grund für die Entscheidung genannt, Patente durch Nichtzahlung der fälligen Jahresgebühren erlöschen zu lassen, wenn sie technisch veraltet waren oder sich als wirtschaftlich wertlos erwiesen hatten. Vgl. Konzentrationsenquete, Anlagenband, a.a.O., S. 773.

[96] Siehe auch *Roth*, Winfried: Das Erfindermonopolrecht und das Verbot von Wettbewerbsbeschränkungen, a.a.O., S. 29.

*Tabelle 3*

**Patentgebühren[a] in verschiedenen Ländern (Stand 1968)**

| | BRD (in DM) | Schweiz (in Frank.) | UK in £ | USA in $ |
|---|---|---|---|---|
| Patentanmeldegebühren und sonstige Gebühren | 100 | 120 | 14 | 65 |
| Jahrestaxen | | | | |
| 2. Jahr | | | | |
| 3. Jahr | 50[b] | 80[c] | | |
| 4. Jahr | 50 | 100 | | |
| 5. Jahr | 80 | 125 | 6[b] | |
| 6. Jahr | 125 | 150 | 7 | |
| 7. Jahr | 175 | 175 | 10 | |
| 8. Jahr | 250 | 200 | 12 | |
| 9. Jahr | 325 | 250 | 14 | |
| 10. Jahr | 400 | 300 | 17 | |
| 11. Jahr | 525 | 350 | 20 | |
| 12. Jahr | 675 | 400 | 22 | |
| 13. Jahr | 825 | 475 | 24 | |
| 14. Jahr | 1000 | 550 | 26 | |
| 15. Jahr | 1175 | 625 | 28 | |
| 16. Jahr | 1350 | 700 | 30 | |
| 17. Jahr | 1525 | 800 | | |
| 18. Jahr | 1700 | 900 | | |
| Schlußtaxe | | | | 100[d] |
| Insgesamt | 10340 | 6300 | 230 | 165 |

a) Die Gebühren beziehen sich auf Hauptpatente.

b) Bei Lizenzbereitschaft nur 50 v. H. der Taxen.

c) Bezieht sich auf Patente mit Vorprüfung.

d) Für jede Seite der Beschreibung fallen noch 10 Dollar und für jedes Blatt Zeichnungen 2 Dollar an.

*Quelle:* Internationale Patent-, Muster- und Warenzeichentafel, hrsg. von Ing. Scheer, 55. Aufl., Köln - Braunsfeld, II. Ausgabe 1968

Trägt der wirtschaftliche Erfolg des Patents die Gebühren nicht, kann man mit Sicherheit annehmen, daß das Patent verfällt, da es sich nicht mehr lohnt, die hohen Gebühren weiterhin zu zahlen.

Aus den Statistiken der Patentämter ist nun genau zu ersehen, wieviele Patente[97] im wievielten Jahr ihrer Laufzeit erlöschen. Auf diese Weise läßt sich ermitteln, wieviele Patente einen so geringen Wert besitzen, daß sie die Gebühren nicht mehr einbringen. Börlin kam solcherart für die Schweiz zu dem Ergebnis, daß nach 3 Jahren Laufzeit noch 70 %, nach weiteren 3 Jahren nur noch 45 % und am Ende der fünfzehnjährigen Schutzfrist gar nur mehr 6 % aller erteilten Patente in Kraft waren[98]. Eine andere Untersuchung für Großbritannien ergab, daß 45 % der im Jahre 1933 erteilten Patente nach fünf Jahren bereits erloschen waren, 76% nach 11 Jahren ungültig waren und nur noch 15% länger als 15 Jahre bestanden[99].

Ähnlich waren die Ergebnisse für das Deutsche Reich bzw. die Bundesrepublik Deutschland. So betrug für die während der Zeit von 1911—1920 angemeldeten Patente (Haupt- und Zusatzpatente) der Prozentsatz derjenigen, die zu Beginn des 18. Jahres ihrer Laufzeit noch nicht gelöscht waren, 2,55[100].

Für die Inländern erteilten und bis zum 30. April 1962 durch Nichtzahlung der Gebühren[101] erloschenen Patente teilte sich die Lebensdauer folgendermaßen auf: Von der Gesamtzahl der so erloschenen Patente in Höhe von 100 685 waren nach dem 6. Jahr bereits 53 493 Patente, das sind 53,13 v.H., erloschen, nach dem 9. Jahr, der Hälfte der Laufzeit also, schon 83 973 Patente, das sind 83,40 v.H., und nach dem 12. Jahr schon 96 680 Patente, gleich 96,02 v.H., und nach dem 15. Jahr 99 852 Patente, gleich 99,07 v.H. Die letzten drei Jahre ihrer Laufzeit erlebten nur noch 933 Patente, das sind 0,93 v.H.[102].

---

[97] Es handelt sich hier um die Patente, die vor dem Ende ihrer gesetzlichen Laufzeit erlöschen.

[98] *Börlin,* Max: Die volkswirtschaftliche Problematik der Patentgesetzgebung unter besonderer Berücksichtigung der schweizerischen Verhältnisse, Diss., St. Gallen 1954, S. 80.

[99] Siehe *Vaughan,* Floyd F.: Important Differences in the U. S. and U. K. Patent Systems; in: Journal of the Patent Office Society, Vol. 33 (1951), S. 779, wie auch *Frederico,* P. J.: Renewal Fees and Other Patent Fees in Foreign Countries, Study No. 17 des Subcommittee on Patents, Trademarks and Copyrights des amerikanischen Senats, Washington 1958.

[100] Vgl. Bl. f. PMZ, 42. Jg. (1936), S. 45 und 43. Jg. (1937), S. 53.

[101] Nicht berücksichtigt wurden hier also andere Gründe, durch die etwa 10% der Patente ihre Gültigkeit verloren. So erloschen durch Verzicht 11 016 Patente, durch Nichtigerklärung 177 Patente, durch Nichtzahlung der Bekanntmachungsgebühr 838 Patente, Nichtnachholung der Erfinderbenennung 4 Patente und durch Zeitablauf 704 Patente. Vgl. Konzentrationsenquete, Anlagenband, a.a.O., S. 790 f.

[102] Eigene Berechnungen nach Angaben aus der Konzentrationsenquete, Anlagenband, a.a.O., S. 790 f. Die 0,93 v.H. der durch Zeitablauf erloschenen Patente verteilten sich mit 0,7 v.H. auf juristische Personen und mit 0,2 v.H. auf die sonstigen inländischen Inhaber. Bei den Industrieunternehmen, die Inhaber einer großen Zahl von Patenten sind, ist der Anteil der durch Zeit-

Aus diesem Überblick über die Lebensdauer der Patente läßt sich schließen, daß die überwiegende Zahl der Patente keine Pionierpatente darstellen. Spätestens nach 6 Jahren erbringen die meisten Patente den Neuerern nur noch einen geringen Gewinn, keinesfalls aber einen Monopolgewinn, dessen Höhe sie beliebig festsetzen können[103].

Von dem verbleibenden geringen Prozentsatz der Patente, die eine längere Zeit hindurch in Kraft sind, werden auch nicht alle zu Monopolstellungen führen. Vielmehr könnten in diesen Fällen auch Oligopole oder andere Marktformen vorliegen. Nur die wenigsten patentierten Neuerungen sind so neu und umwälzend, daß ein Ausweichen der Nachfrage zu irgendwelchen Surrogaten ausgeschlossen ist. Daraus ist zu ersehen, daß längerfristige Monopolstellungen aufgrund von Einzelpatenten, sog. Pionierpatenten, in der Realität eine Seltenheit sind. Vielmehr ist anzunehmen, daß Patente vorwiegend zur Bildung anderer Marktformen führen.

Als Beispiel dafür, daß Patente z. B. zur Bildung eines polypolistischen Marktes geführt haben, nennt Gather den Markt für Schnellhefter, auf dem trotz (oder wegen) eines Neuerers mit patentiertem Schnellhefter der Preis von 18 auf 7,3 Pfennig sank[104].

Ein weiteres Beispiel stellt der Rasierklingenfabrikant dar, der für die von ihm produzierten Klingen ein Patent besitzt. Dieser Patent-

---

ablauf erloschenen Patente mit 0,9 v.H. bis 1,4 v.H. sehr hoch. Auf diese Tatsache wird an späterer Stelle noch ausführlich einzugehen sein. Zu den Zahlenangaben vgl. Konzentrationsenquete, Anlagenband, a.a.O., S. 773.

[103] Vgl. Konzentrationsenquete, Anlagenband, a.a.O., S. 773. So auch *Roth*, Winfried: Das Erfindermonopolrecht und das Verbot von Wettbewerbsbeschränkungen, a.a.O., S. 295. Aus der amtlichen Statistik des Deutschen Patentamtes über die Lebensdauer der Bundespatente geht hervor, daß die Patente in den letzten Jahren wieder länger gehalten werden. Während von den im Jahre 1951 erteilten Überleitungspatenten zu Beginn des 6. bis 8. Jahres 67,7% bis 48,4% noch nicht gelöscht waren, betrug der Anteil bei den in den Jahren 1954—1956 erteilten Patenten 83,3% bis 64,0%; nach einer Auskunft des Deutschen Patentamtes konnte eine weitere Erhöhung aus der Statistik für das Jahr 1963 abgelesen werden. Konzentrationsenquete, Anlagenband, a.a.O., S. 773.
Diese Tatsache könnte ihre Erklärung finden in einer Beobachtung, die man in den USA gemacht hat: Dort ist eine Reihe von Großunternehmen in den letzten Jahren immer stärker dazu übergegangen, Erfindungen erst am Markt zu testen, bevor sie zur Patentierung eingereicht wurden. Durch diese Praxis wird ein großer Teil von Erfindungen, nämlich jene, die in der Vergangenheit patentiert wurden und sich nach kurzer Laufzeit als wertlos erwiesen, von vorneherein nicht mehr zum Patent angemeldet. Nach einer Untersuchung von *Sanders*, Barkev S.: Speedy Entry of Patented Inventions in Commercial Use; in: PTC Journal, Vol. 6, Washington 1962, S. 87—116, betrug bei den größten Unternehmen der Anteil der Erfindungen, die bereits vor der Anmeldung zum Patent am Markt getestet wurden, etwa 49 v.H. Siehe dazu auch *Schmookler*, Jacob: Invention and Economic Growth, Cambridge (Mass.), 1966, S. 24.

[104] *Gather*, Gernot: Patente, a.a.O., S. 43 ff.

inhaber wird in jedem Fall — auch wenn sein Erzeugnis noch so hochwertig oder sein Herstellungsverfahren noch so vollkommen ist — den Marktpreis als Datum hinnehmen müssen.

In vielen Fällen sind es die Patente gewesen, die zu verstärktem aktiven Wettbewerb geführt haben[105]. Sie waren oft mehr Mittel zum Wettbewerb als zum Monopol[106]. Vielfach wurden sie zur Ursache dafür, daß aus monopolistischen oligopolistische Marktformen entstanden[107].

Aus den bisherigen Ausführungen ergab sich der Eindruck, daß Pionierpatente mit echter *Monopolwirkung*[108] nur sehr selten anzutreffen sind. Unsere statistischen Angaben zeigten zusätzlich, daß die geringe Zahl der Pionierpatente im zeitlichen Ablauf des Prozesses der industriellen Entwicklung einen abnehmenden Verlauf aufweist. Die schnelle technische Entwicklung und mehrere zur Verfügung stehende Lösungswege für technische Probleme haben dem einzelnen Patent immer mehr seine weitreichende Sperrwirkung genommen[109].

---

[105] Diese Tatsache wird später im Zusammenhang mit dem Problem der Umgehungsforschung noch ausführlicher behandelt. Siehe dazu S. 132 ff.

[106] Hier ist z. B. auf die amerikanische Automobil und -zubehörindustrie hinzuweisen. Vgl. dazu *Folk*, G. E.: Patents and Industrial Progress. A Summary, Analysis and Evaluation of the Record on Patents of the T.N.E.C., New York 1942, S. 195 ff. Auch Plant ist der Meinung, daß „the automobile industry is not the unique exception which proves the rule, but rather an unanswerable deliverance of experience which contradicts the theses that without monopolistic patent structures industrial advancement cannot occur.“ Vgl. *Plant*, A.: The Economic theory Concerning Patents for Inventions; in: Economia, N.S., Vol. 1 (1934), S. 38—45.

[107] So hat z. B. das Patent für die Ellicot-Zigarettenmaschine der National Cigarette Company die Monopolstellung der American Tobacco, die auf dem Patent der Bonsack-Zigarettenmaschine beruhte, zerstört. — Ebenso wurde das Haussner'sche Rohrrücklaufpatent der Rheinmetallwerke vom besseren Patent der Firma Krupp verdrängt. Auf dem Gebiet der Telegraphie führte das Patent der Paulsen-Lampe des Lorenzkonzerns zu aktivem Wettbewerb mit den Telefunkenpatenten. — In der Kunstseide-Industrie bestanden nebeneinander die konkurrierenden Patente des französischen Nitroverfahrens, des Kupferverfahrens der Bemberg AG, des Viskoseverfahrens des Deutschen Glanzstoffkonzerns, des Verfahrens der englischen Courtould-Werke und des Acetatverfahrens (vgl. dazu auch *Gather*, Gernot: Patente, a.a.O., S. 41). Ein Teil der genannten Firmen schloß sich jedoch später zu dem bekannten Kunstseidekartell zusammen.

[108] So auch Konzentrationsenquete, Anlagenband, a.a.O., S. 782. Lenel kann in seiner Entgegnung zu dieser Aussage der Konzentrationsenquete nicht beigepflichtet werden. Es wird durch die technische Entwicklung tatsächlich in den meisten Fällen die *Monopolwirkung* beseitigt (vgl. *Lenel*, Hans-Otto: Ursachen der Konzentration unter besonderer Berücksichtigung der deutschen Verhältnisse, 2. neubearb. Aufl., Tübingen 1968, S. 126, Anm. 181).

[109] Diese Aussage wird auch durch eine Untersuchung von *Sanders*, Barkev S.: Longevity of Patented Inventions Put to Commercial Use; in: PTC Journal, Vol. 8, Washington 1964, S. 337—359, nicht falsifiziert, in der festgestellt wird, daß sich die durchschnittliche Lebensdauer der Patente seit 1880 bis heute in allen Industrieländern erhöht hat. Denn seine Durchschnittsangaben sagen in keiner Weise etwas aus über die Häufigkeit der in den

Aus dieser Tatsache darf jedoch nicht gefolgert werden, daß die Bedeutung der Patente für den Prozeß der industriellen Entwicklung nur eine geringe gewesen ist. Denn wenn auch, wie wir gesehen haben, das einzelne Patent grundsätzlich zur Bildung aller Marktformen führen kann, so ist doch festzustellen, daß in der Mehrheit der Fälle das einzelne Patent dadurch, daß es die homogene Konkurrenz erschwert, oligopolistische Marktsituationen herbeiführt. Das ist insbesondere deshalb anzunehmen, weil das Patent den einer Neuerung zugrundeliegenden Erfindungsgedanken in seiner vollen Tragweite umfaßt, insbesondere also auch die Verwendung zu anderen als den vorgesehenen Zwecken und andere, wenn auch bei der Patenterteilung nicht erkannte Ausführungsformen.

Diese Erschwerung der Substitutionsmöglichkeiten durch das Patent bedeutet, daß es in der Regel immer nur wenige sein werden, die in den Besitz konkurrenzfähiger Surrogate oder substituierender Verfahren gelangen[110]. Die dadurch entstehenden oligopolistischen Marktsituationen enden aber entweder in einem mörderischen machtpolitischen Kampf, oder aber, was häufiger ist, in einer stillschweigenden oder abgemachten Ausschaltung der Konkurrenz[111].

Zum anderen kann aus der geringen Zahl tatsächlicher Pionierpatente nicht ohne weiteres auf eine geringe Bedeutung dieser für die Erringung von Marktmacht im allgemeinen geschlossen werden, denn, wie Gather richtig sagt, wird Marktbeherrschung gewogen und nicht gezählt[112]. So sind gerade die wenigen Pionierpatente in vielen Fällen Ausgangspunkt zu umfassenden wirtschaftlichen Machtpositionen in Form von Kartellen und Konzernen geworden, die sich weit über den sachlichen und zeitlichen Geltungsbereich der Patente hinaus erstreckten.

Denn je erfolgreicher ein umwälzender technischer Fortschritt, der von den Patenten geschützt ist, von den Konsumenten am Markt aufgenommen wird, umso größer sind die Neuerungsgewinne der Patentinhaber. Selten dienen diese Gewinne der Vergrößerung der Ausschüttung in vollem Umfang. Sie sind vielmehr das Mittel zur Ver-

---

einzelnen Jahren erloschenen Patente. Die Zahl der in den ersten Jahren nach der Erteilung erloschenen Patente kann selbstverständlich bei höherer durchschnittlicher Laufzeit der Patente höher sein als zu einem vorhergehenden Zeitpunkt, in dem eine niedrigere durchschnittliche Laufzeit der Patente gegeben war.

[110] *Lenel,* Hans-Otto: Ursachen der Konzentration, 1. Aufl., a.a.O., S. 204.

[111] So auch *Börlin,* Max: Die volkswirtschaftliche Problematik der Patentgesetzgebung, a.a.O., S. 133. Über die damit zusammenhängenden Fragen siehe weiteres auf S. 83 ff.

[112] Vgl. *Gather,* Gernot, Patente, a.a.O., S. 68.

besserung der bisherigen Marktposition des Unternehmens. Mit anderen Worten: sie dienen der Veränderung der Struktur des betreffenden Wirtschaftszweiges. Ihre Auswirkung führt zur reinen Konzentration und Vergrößerung des Unternehmens, solange der gewählte Preis und die gewählte Menge des Absatzes sich noch nicht im elastischen Teil der makroökonomischen Nachfragekurve befinden. Gibt dagegen die Lage des Cournot'schen Punktes Anlaß zur Einschränkung der Produktion nach Erringung der Marktherrschaft, um durch Knappheit über einen höheren Preis eine Maximierung des Gewinnes zu erreichen, dann wird der Kapitalwert jeder zusätzlichen Investition in diesem Wirtschaftszweig bei diesem Unternehmer negativ. Der Neuerungsgewinn wird nunmehr von dem Pionierpatentbesitzer für Investitionen in anderen Wirtschaftszweigen verwendet[113].

Eine hervorragende Rolle hat in dieser Entwicklung aber auch die Lizenzvergabe gespielt, die hier sehr viel weniger zu einer Schwächung des Pionierpatents als zu einer starken Ausweitung der ursprünglichen Marktstellung des patentbesitzenden Unternehmens geführt hat. Auch Besitzer von Pionierpatenten vergeben häufig Lizenzen auf ihre Patente an andere Unternehmen, oft in der Form von Abkommen über gegenseitige Lizenzerteilung. Die Ursache hierfür liegt in der zeitlichen Beschränktheit eines jeden gewerblichen Monopols. Selbst wenn eine industrielle Unternehmung in einem bestimmten Zeitpunkt über besonders wertvolle Schutzrechte verfügt, ist sie doch der Gefahr ausgesetzt, den technischen Fortschritt nicht dauernd an ihre Konstruktionsbüros und ihre Laboratorien fesseln zu können. Der Umstand, hinsichtlich der technischen Leistungsfähigkeit nicht immer an gleicher Stelle rangieren zu können, bedeutet eine ständige Gefahr der Verdrängung vom Markt, der Herabsetzung des Beschäftigungsgrades und demnach eine Erhöhung des Kapitalrisikos. Ausgeschaltet wird diese Gefahr durch eine Vereinbarung über technische Zusammenarbeit. So verzichten die technisch führenden Unternehmungen bis zu einem gewissen Grade auf ihre Vorzugsstellung. Schrankenloses Streben nach höchstmöglichem Gewinn wird einer Stabilisierung der Gewinnaussichten halber eingedämmt[114]. In vielen Fällen jedoch verändert die Lizenzvergabe die aus dem Pionierpatent resultierende Marktstellung des Patentbesitzers kaum; sie vermag ihm sogar noch zusätzliche Marktmacht — in Form einer Marktausdehnung — zu verschaffen[115].

---

[113] Siehe *Voigt,* Fritz: Industrie- und Gewerbepolitik, a.a.O., o. S.

[114] Vgl. dazu unsere Ausführungen über Patenthäufung durch Unternehmenszusammenschlüsse auf Grund von gegenseitigen Lizenzvereinbarungen auf S. 85 ff.

[115] Siehe dazu S. 112 ff. (bei einseitiger Lizenzvergabe) und S. 85 ff. (bei gegenseitiger Lizenzvereinbarung).

In einigen Ländern, wie z. B. auch in der BRD, gibt das Gesetz die Möglichkeit einer zwangsweisen Lizenzvergabe, wenn der Patentinhaber sich trotz Zahlung einer angemessenen Vergütung weigert, eine Lizenz zu vergeben. Die Erteilung der Zwangslizenz ist zulässig nach der Bekanntmachung der Anmeldung oder nach der Erteilung des Patents[116]. Eine solche Zwangslizenz ist allerdings in ihrer Anwendung sehr begrenzt. In Deutschland kommt es z. B. zur Erteilung einer Zwangslizenz nur dann, wenn ein „öffentliches Interesse" daran vorliegt[117]. Bei der überwiegenden Zahl der in der Vergangenheit in Deutschland beantragten Zwangslizenzen konnte ein solches „öffentliches Interesse" nicht festgestellt werden. Diese Tatsache gilt im wesentlichen auch im Zusammenhang mit den sog. abhängigen Patenten. Grundsätzlich hat zwar das Reichsgericht in seinem Urteil vom 8. 11. 1913[118] entschieden, daß ein öffentliches Interesse vorliegt, wenn festzustellen ist, daß sich der Inhaber eines abhängigen Patents mit der Überwindung von Schwierigkeiten, die sich bei der Anwendung des ursprünglichen Patents ergeben, „in ernster technischer Arbeit befaßt" habe, jedoch ist im Laufe der weiteren Rechtsprechung zu Fällen der abhängigen Erfindung die Bedingung der Überwindung von Schwierigkeiten „in ernster technischer Arbeit" zur Anforderung „eines wesentlichen Fortschritts" umgewandelt worden[119]. Ob jedoch eine abhängige Erfindung einen wesentlichen Fortschritt darstellt, ist eine Ermessensentscheidung, die einen Patentprozeß von vorneherein mit starker Un-

---

[116] Vgl. § 15 PatG. Durch das 6. Überleitungsgesetz zur Änderung und Überleitung von Vorschriften auf dem Gebiet des gewerblichen Rechtsschutzes vom 23. 3. 1961 (BGBl. I, S. 274) wurde die frühere Wartezeit von 3 Jahren seit Erteilung des Patents gestrichen.

Dagegen gibt es in den USA keine solche gesetzlich geregelte zwangsweise Lizenzverteilung. Jedoch haben im Laufe der Antitrustrechtsprechung die Gerichte in den USA diesen Begriff in die Rechtsprechung eingeführt. Zum ersten Male wird der Begriff der Zwangslizenz im Hartford-Empire-Fall verwendet, in dem der oberste Gerichtshof die Patentinhaber anwies, Lizenzen für alle gegenwärtigen und zukünftigen Patente auf gewissen technischen Gebieten ohne jede Diskriminierung der Lizenznehmer und ohne irgendwelche einschneidenden Bedingungen gegen eine vernünftige Nutzungsgebühr zu erteilen.

[117] Vgl. § 15 des Patentgesetzes, a.a.O. Im öffentlichen Interesse liegt es z. B., wenn durch Erteilung einer Zwangslizenz die Volksgesundheit oder die Sicherheit der Arbeit gefördert oder eine volkswirtschaftlich bedenkliche Arbeitslosigkeit vermieden werden kann, die sonst durch Stillegung eines Betriebes zu erwarten wäre (RG, Urteil vom 26. 11. 1930, Anm. dazu von Kisch, in: Jur. Wochenschrift 1931, S. 1884). Dagegen ist z. B. vom Reichsgericht niemals ein öffentliches Interesse an der Förderung des Wettbewerbs oder an der Hemmung der Konzentration bejaht worden. So auch *Lenel,* Hans-Otto: Ursachen der Konzentration, 1. Aufl., a.a.O., S. 192.

[118] RGZ Bd. 83, S. 277 f.

[119] Entscheidung des Reichsgerichts vom 26. 11. 1930 — Vgl. RGZ Bd. 130, S. 360.

sicherheit belastet[120]. Von der — teilweise aufgrund dieser und jener Erkenntnisse — geringen Zahl der Anträge[121] auf Erteilung einer Zwangslizenz wurde nur wenigen stattgegeben[122].

---

[120] So auch *Lenel,* Hans-Otto: Ursachen der Konzentration, 2. Aufl., a.a.O., S. 132.

[121] Nach *Gather,* Gernot, Patente, a.a.O., S. 84, belief sich in den Jahren von 1934—1941 die höchste Anzahl der Anträge auf Erteilung einer Zwangslizenz auf 27. Siehe dazu folgende Aufstellung:

*Anträge auf Erteilung einer Zwangslizenz*

| 1934 | 1935 | 1936 | 1937 | 1938 | 1939 | 1940 | 1941 |
|---|---|---|---|---|---|---|---|
| 16 | 20 | 13 | 27 | 3 | 13 | 15 | 13 |

Noch geringer war die Zahl der Anträge auf Erteilung einer Zwangslizenz beim Deutschen Patentamt in der Zeit von 1949 bis 31. Dez. 1961. Nach Angaben der Konzentrationsenquete wurden in dieser Zeit 11 solcher Anträge im Hauptsacheverfahren gestellt. Vgl. Konzentrationsenquete, Anlagenband, a.a.O., S. 777.

Auch in den Jahren 1963—1965 war die Zahl der beantragten Zwangslizenzen mit insgesamt 5 gering (1963 : 4; 1964 : 0; 1965 : 0; 1966 : 0). Vgl. Bl. f. PMZ, 66. Jg. (1964), S. 76, 67. Jg. (1965), S. 98, 68. Jg. (1966), S. 84 und 69. Jg. (1967), S. 86.

Lieberknecht zieht allerdings aus der Tatsache der verhältnismäßig wenigen Fälle einer Zwangslizenzerteilung den Schluß, daß sich die Zwangslizenz als Mittel gegen Patentmißbräuche gut bewährt hat. U. E. schätzt er ihre Bedeutung zu hoch ein, wenn er meint, daß sie „wie ein Damoklesschwert über den Patentinhabern" hing, die lieber freiwillig Lizenzen unter ihnen angemessen erscheinenden Bedingungen erteilten, als im Wege der Zwangslizenzklage dazu gezwungen zu werden." (Vgl. *Lieberknecht,* Otfried: Patente, Lizenzverträge und Verbot von Wettbewerbsbeschränkungen, a.a.O., S. 53). Nach unserer Meinung sind es vielmehr erstens — wie schon erwähnt — die fehlende Rechtsprechung zum Begriff des öffentlichen Interesses, insbesondere die noch nicht entschiedene Frage, ob und wie das Interesse an der Erhaltung oder Wiederherstellung des Wettbewerbs zu berücksichtigen ist, welche die Erhebung einer Zwangslizenzklage behindern (so auch Konzentrationsenquete, Anlagenband, a.a.O., S. 777), zweitens die nur selten absehbare Dauer des damit verbundenen Verfahrens und drittens — dies allerdings nur bis 1961 — die Bestimmung des Patentgesetzes, daß eine Zwangslizenz erst drei Jahre nach Bekanntmachung der Patenterteilung erteilt werden kann. Diese letztgenannte Bestimmung, die durch das 6. Überleitungsgesetz auf dem Gebiet des gewerblichen Rechtsschutzes vom 23. 3. 1961 weggefallen ist, ist umso bedeutsamer, je schneller die technische Entwicklung voranschreitet. U. U. lohnt es sich nach Ablauf der Frist, die ja ohne weiteres länger als drei Jahre sein kann, wenn man berücksichtigt, daß die Erfindung zumeist bereits während des zeitraubenden Erteilungsverfahrens verwertet wird, nicht mehr, eine Zwangslizenz zu beantragen. Siehe hierzu auch *Lenel,* Hans-Otto: Ursachen der Konzentration, 2. Aufl., a.a.O., S. 127 ff.; aber auch die gegenteilige Meinung von Rittner, Fritz, in seiner Besprechung der 1. Aufl. des Buches von *Lenel,* Hans-Otto: Ursachen der Konzentration, a.a.O.; in: ZfdgHuW, Bd. 127 (1965), S. 89.

[122] Vgl. dazu auch die Bemerkungen von *Penrose,* E. T.: The Economics of the International Patent System, a.a.O., S. 194, nach deren Ansicht es nicht zu erwarten ist, daß Unternehmen Lizenzen vergeben, wenn sie nicht dafür Sicherheiten erhalten, daß sie gegen Wettbewerb in ihren eigenen Märkten geschützt sind. Diese Sicherheiten können nur zugestanden werden durch bestimmte Vereinbarungen in den Lizenzverträgen. In dieser Tatsache sieht sie die Ursache dafür, daß trotz der gefährlichen Auswüchse bei solchen Lizenz-

Bestimmte Praktiken bei der freiwilligen Lizenzvergabe — die schon genannten restriktiven Lizenzvergaben — sind es also gewesen, die im Zusammenhang mit Pionierpatenten in geradezu paralleler Richtung mit dem monopolschaffenden Effekt dieser Patente gewirkt haben. In diesem Sinne haben Lizenzen im Zusammenwirken mit Pionierpatenten zu einer starken sachlichen Ausdehnung der Patentgrenzen zu führen vermocht, mit der in vielen Fällen auch eine Verschiebung der zeitlichen Begrenzung durch die gesetzliche Laufzeit einherlief. Mit der Behandlung der Möglichkeiten zur Ausdehnung der sachlichen und zeitlichen Grenzen der Patente wird zugleich deutlich, daß der Übergang vom Einzel (Pionier)-patentmonopol zum Monopol, das auf einer Mehrzahl von Patenten beruht, fließend ist.

Die Bestrebungen der Unternehmungen zur Sicherung und Erhaltung eines Pionierpatentmonopols führen in der Regel zum Erwerb weiterer Patente, sei es durch eigene Forschung, Kauf oder auch vertragliche Abreden, so daß in der Realität die sachliche und zeitliche Ausdehnung des Patentmonopols mit der Anhäufung von Patenten in der Hand bestimmter Unternehmen einhergeht.

In der Mehrzahl der Fälle ist es von vorneherein nicht das einzelne Patent, sondern die Anhäufung einer Vielzahl von Patenten in der Hand eines Unternehmens bzw. eines Unternehmensverbandes, die im Zusammenhang mit sachlicher und zeitlicher Ausweitung der Patentgrenzen marktbeherrschende Positionen hervorruft.

### b) *Die Bedeutung von Patentballungen*

#### aa) Statistische Angaben

Die Frage nach der Bedeutung von Patentzusammenballungen in der Hand einzelner Unternehmen mögen die folgenden Zahlen verdeutlichen: Nach Angaben des Temporary National Economic Committee waren im Jahre 1938 etwa 50 % aller von Unternehmen gehaltenen Patente in den Händen von Unternehmen, von denen jedes mindestens 100 Patente besaß. Die neun größten Patentinhaber zu dieser Zeit hatten 36 370 U.S.-Patente inne, das waren über 10 % aller innegehaltenen Patente. Davon besaß ein einziges Unternehmen nicht weniger als

vereinbarungen (vgl. S. 112 ff.) die öffentliche amerikanische Politik diese Vereinbarungen sehr behutsam behandelt hat. Das ist nicht nur deshalb geschehen, weil die politische Macht der beteiligten Unternehmen sehr groß war, sondern ebenso aus dem Vorrecht, daß der nicht meßbare Vorteil der freieren und extensiveren Forschungstätigkeit und der stärkere Einsatz der Technik verloren gehen könnten, wenn es den Unternehmen verboten würde, solche restriktiven Vereinbarungen zu treffen.

8 488 Patente. Zwei andere Unternehmen waren im Besitz von 5 112 bzw. 4 467 Patenten[123].

Nach Ermittlungen für den U.S.-Senat waren unter den Unternehmen, die von 1939 bis 1956 Patente erhielten, 39 mit mehr als 1000 Patenten und 15 mit mehr als 2000 Patenten. Die Firma Du Pont erhielt in diesem Zeitraum 6 338 Patente, die Firma Westinghouse 7 567, die Radio Corporation of America 7 894, die American Telephon Company 8 539 und General Electric 10 757 Patente[124].

*Tabelle 4*

**Inländische Inhaber der bis zum 30. April 1962 erteilten DBP nach der Größe ihres Patentbesitzes**

| Inhaber von ... DBP | Erteilte DBP insgesamt | | | |
|---|---|---|---|---|
| | Inhaber | | erteilte DBP | |
| | Anzahl | v. H. a) | Anzahl | v. H. |
| 1 | 2 | 3 | 4 | 5 |
| 1 bis 4 | 34 496 | 88,3 | 49 435 | 25,5 |
| 5 bis 50 | 4 215 | 10,8 | 49 860 | 25,7 |
| 51 bis 100 | 179 | 0,5 | 12 548 | 6,5 |
| 101 bis 1000 | 154 | 0,4 | 35 958 | 18,6 |
| 1001 bis 5000 | 12 | 0,0 | 28 118 | 14,5 |
| über 5000 | 2 | 0,0 | 17 807 | 9,2 |
| insgesamt | 39 058 | 100,0 | 193 726 | 100,0 |

a) gemessen an der Gesamtzahl der für Inländer eingetragenen, erloschenen und gültigen DBP.
*Quelle:* Konzentrationsenquete, Anlagenband, a. a. O., S. 785.

In der BRD besaßen 2 Unternehmen 17 807 (9,2 v.H.) der insgesamt bis zum 30. April 1962 an Inländer erteilten Patente in Höhe von 193 726. 12 weitere Unternehmen hatten je zwischen 1001—5000 Patente inne. Die Gesamtzahl der an diese Unternehmensgruppen erteilten Patente belief sich auf 281 118 (14,5 v.H.) Patente. Im Vergleich zu

[123] Investigation of Concentration of Economic Power, Hearings before the Temporary National Economic Committee, Part 3, Washington 1939, S. 1128.

[124] U. S. Senate, Committee on the Judiciary, Subcomittee on Patents, Trademarks and Copyrights, Study No. 3, Distribution of Patents Issued to Corporations. Washington D. C. 1957.

den obigen amerikanischen Angaben waren es in der BRD also 14 Unternehmen, die mehr als 1000 Patente erhielten, davon 2 mit mehr als 5000 Patenten[125]. Nach der gleichen Statistik des Bundespatentamtes waren es knapp 1 v.H. aller Inhaber von Patenten, die in dem Untersuchungszeitraum 48,8 v.H. aller Patente zugesprochen bekommen hatten. 24 Unternehmen mit einem Patentbesitz von jeweils mehr als 500 Patenten hatten zusammen mehr als 1/4 aller erteilten Patente in ihrem Besitz[126].

### bb) Patentbedingte Wirtschaftskoalitionen

Aus den Angaben über die Anzahl der gehaltenen Patente bei den einzelnen Firmen läßt sich nicht ersehen, auf welchem Wege es zur Anballung von Patenten gekommen ist. Die in der Realität zu beobachtende Zusammenballung von Patenten in den Händen einiger weniger Unternehmen ist meist sowohl das Ergebnis des Erwerbes zusätzlicher Patente durch eigene Forschung oder Kauf[127] als auch Ergebnis von Konzentrationsbewegungen größten Ausmaßes zum Zwecke gemeinsamen Patentbesitzes[128]. Wenn auch verschiedene Großunternehmen allein infolge ihres Patentbesitzes aus eigener Forschungstätigkeit einen beherrschenden Einfluß auf den relevanten Märkten auszuüben vermochten, zumal gewisse Eigenarten des Patentrechts ihren Bestrebungen zur Marktbeherrschung zweckdienlich waren[129], ist die Tatsache der Patentanhäufung durch eigene Forschung in der Hand eines Unternehmens für die Schaffung einer marktbeherrschenden Stellung weit weniger bedeutsam als jene Patentansammlungen, die sich durch Zusammenschlüsse verschiedener oligopolistischer Patentbesitzer[130] ergeben haben. Oligopole lassen sich ja durch zwei alternative Verhaltensweisen besonders charakterisieren: Sie stürzen sich entweder in einen ruinösen Preiskampf, der nur damit enden kann, daß der stärkste Unternehmer schließlich daraus als Monopolist hervorgeht, oder sie treffen von vorneherein Vereinbarungen, womit das Oligopol u. U. in ein Monopol übergeht.

---

125 Konzentrationsenquete, Anlagenband, a.a.O., S. 768 f.

126 Konzentrationsenquete, Anlagenband, a.a.O., S. 768 f.

127 Aus den Untersuchungen der Konzentrationsenquete ging hervor, daß in der BRD der Kauf von Patenten nur eine untergeordnete Rolle spielte. Vgl. dazu Konzentrationsenquête, Anlagenband, a.a.O., S. 775.

128 Wobei meist nicht genau zu sagen ist, in welchem Maße die Konzentrationsbewegung auch auf andere Ursachen zurückzuführen ist.

129 Gemeint ist hier speziell das Patentprozeßrecht, auf das wir im folgenden noch ausführlich eingehen werden. Vgl. S. 91 ff. und S. 108 ff.

130 Vgl. bereits unseren Hinweis auf S.81, nach dem das Oligopol als häufigste vom Patent geschaffene Marktform gelten kann.

Diese Tendenz ist im Bereich der Patente wohl die regelmäßigere, da gewisse Momente derartige Zusammenschlüsse begünstigen[131]. Es soll deswegen auch in diesem Abschnitt besonderes Gewicht auf diesen Tatbestand gelegt werden.

#### *α) Patente als Ursache zur Bildung von Unternehmenszusammenschlüssen*

Für die Tendenz zu Unternehmenszusammenschlüssen können die Patente sowohl Ursache als auch Mittel sein. Neben dem Wunsch nach Marktbeherrschung sind rein patentrechtlich bedingte Zusammenhänge als Anlaß zur Entstehung von Unternehmenszusammenschlüssen und damit einhergehenden Zusammenfassungen von Patenten in einer Hand anzusehen. Unter ursächlich durch Patente erfolgten Zusammenschlüssen von Unternehmen, die im Besitz von Patenten sind, werden im folgenden solche Zusammenschlüsse verstanden, die nicht auf einer primären Tendenz zur Marktbeherrschung beruhen. Für unseren Zusammenhang ist jedoch interessant, daß aus solcher Art zustandegekommenen Zusammenschlüssen sich oft marktbeherrschende monopolistische Großunternehmen herausgeschält haben, wenn auch die Absicht zur Marktbeherrschung nicht am Anfang der Zusammenschlußbewegung gestanden hat.

##### αα) Ursachen im technischen Bereich

Überlagerung von Patenten

Die im Laufe des historischen industriellen Entwicklungsprozesses immer stärkere Verzahnung der technischen Errungenschaften führt in vielen Fällen dazu, daß für bestimmte Produktionen voneinander abhängige Patente verschiedener Besitzer notwendig sind. In diesen Fällen können die betreffenden Unternehmer ihre Neuerung nur durchführen, wenn es ihnen gelingt, entweder eine Lizenz für die betreffenden Patente selbst[132] zu erwerben oder aber auf dem Prozeßwege die entgegenstehenden Patente zu beseitigen.

Häufig wird eine Lizenz nur dadurch zu erlangen sein, daß als Ausgleich eine Lizenz für das eigene Patent hingegeben wird[133]. Ein solcher

---

[131] Vgl. auch *Roth,* Winfried: Das Erfindermonopolrecht und das Verbot von Wettbewerbsbeschränkungen, a.a.O., S. 32.

[132] Edison, Blake, Berliner u. a. erfanden wesentliche Verbesserungen zum Telefon, konnten sie aber nicht ohne die Grundpatente von Bell auswerten. Folglich kamen ihre Patente unter die Kontrolle der Besitzer der Bell-Patente. Vgl. *Vaughan,* F.: Economics of Our Patent System, New York 1925, S. 72.

Siehe hierzu auch unsere Ausführungen über Zwangslizenzen bei abhängigen Patenten auf S. 83 f.

gegenseitiger Austausch von Lizenzen vollzieht sich meist in der Form der Patentgemeinschaft[134].

Auch in den Fällen, in denen der Aufkauf des abhängigen Patents oder seine Ausschaltung auf dem Prozeßwege nicht möglich ist, bleibt nur der Ausweg der Verständigung. Wo dieses nicht aus einem gesetzlich festgelegten Lizenzzwang resultiert, wird die Verständigung eine freiwillige sein. Eine solche Verständigung kann entweder in einer bloßen Abgrenzung der Patentrechte[135] bestehen oder aber zu wirtschaftlichen Koalitionen führen.

Gemeinsame Forschungstätigkeit

Wie später in anderem Zusammenhang noch zu zeigen sein wird[136], sind die Erfindungen im Ablauf des historischen Prozesses der industriellen Entwicklung immer weniger das zufällige Ergebnis von Einzelerfindern und immer mehr zum Resultat systematisch betriebener, mit hohen Kosten verbundener Forschungen geworden[137], die zumeist in Industriebetrieben durchgeführt werden. Im letzteren Fall sind es oft mehrere Industrieunternehmen, die an einem gerade in der Luft liegenden technischen Problem arbeiten, und da keines der Unternehmen die Gewißheit hat, daß es seinen Konkurrenten zuvorkommen wird, zieht man es oft vor, sich schon vorher zu verständigen, die Arbeitsbereiche abzugrenzen oder Patentaustauschverträge abzuschließen[138]. Es erscheint den Unternehmen in der Regel ratsamer, „in diesem Wettlauf nach der Priorität und in diesem verschärften Wettkampf um das erfolgreichere Patent, den Zufall und die drohende gegenseitige Behinderung durch Patentaustauschverträge oder Lizenzvereinbarungen auszuschalten“[139]. Insbesondere ist dies in jenen Wirtschaftszweigen der Fall, wo „das inspiratorische Moment beim Erfindungsvorgang

---

[133] Die Untersuchungen im Rahmen der Konzentrationsenquete ergaben, daß sich durch diese vielfache, wechselseitige Abhängigkeit besonders der Großunternehmen untereinander die Übung herausbildete, Lizenzen auf produktionsnotwendige Patente auszutauschen. Kleinen und mittleren Unternehmen mit nur geringem Patentbesitz fehlten indessen zumeist gleichwerte Tauschobjekte; den Großunternehmen war jedoch der Patentbesitz anderer Großunternehmen in der Regel zugänglich, teilweise wegen des Tausches eigener Schutzrechte, sogar kostenlos. Vgl. Konzentrationsenquete, Anlagenband, a.a.O., S. 779 f.

[134] Siehe zu dem Begriff der Patentgemeinschaft die folgenden S. 92 f..

[135] Die Abgrenzung kann in sachlicher Hinsicht durch Beschränkung jedes Marktteilnehmers auf bestimmte Patente oder bestimmte Produkte als auch in räumlicher Hinsicht erfolgen, z. B. internationalen Vereinbarungen.

[136] Vgl. dazu S. 145 ff.

[137] Vgl. dazu schon unsere Ausführungen auf S. 53, Anm. 24).

[138] Siehe auch *Molsberger,* Josef: Patentschutz und Konzentration. a.a.O., S. 33.

[139] *Gather,* Gernot: Patente, a.a.O., S. 144.

immer mehr dem Konstruktiven weicht oder sogar oft ... rein heuristischen Methoden" Platz macht[140].

Vor allem in der chemischen Industrie hat jener Umstand, daß die Zusammensetzung chemischer Stoffe nicht schutzfähig ist, sondern nur die Verfahrensweise zu ihrer Darstellung[141], dazu geführt, daß Patentaustauschverträge oder Lizenzvereinbarungen eine relativ starke Verbreitung gefunden haben. Diese Rechtsnorm des Patentgesetzes macht es möglich, daß ein neuer, nur durch sein Herstellungsverfahren geschützter Stoff von anderen als dem Patentinhaber mittels eines anderen Verfahrens hergestellt wurde, ohne gegen das Patent zu verstoßen, das diesem erteilt wurde. Mit Rücksicht hierauf schien es oft angebracht, Verträge über gegenseitige Lizenzabgabe zu schließen. Durch die gegenseitige Lizenzgewährung geben die Patentinhaber allenfalls augenblickliche Vorteile bis zu einem gewissen Grade auf und erhalten dafür die Gewißheit, die Vorteile, die ihnen das gewerbliche Schutzrecht bringt, durch dessen Umgehung nicht vollständig zu verlieren. Aus derartigen Überlegungen hervorgehend entstand z. B. die sogenannte Indigo Konvention im Jahre 1880, ein Kartell zwischen den Hoechster Farbenwerken und der Badischen Anilin- und Sodafabrik, das sich ausschließlich auf das Gebiet der Herstellung künstlichen Indigos erstreckte[142].

Ein weiteres Beispiel für diesen Einfluß des Patentrechts ist der Erwerb von 50 v.H. des Stammkapitals der Perutz-Photowerke GmbH durch die Bayer AG im Jahre 1961, die bereits durch Agfa eine sehr starke Stellung auf dem Photomarkt hatte. Der technische Erfahrungs-

---

[140] Vgl. *Gather*, Gernot: Patente, a.a.O., S. 144, aber auch schon *Salzer, H.*: Austausch von technischen Erfahrungen, a.a.O., S. 36.

[141] Seit dem 1. Januar 1968 gilt diese Sonderregelung nicht mehr (siehe dazu Art. 1, Nr. 1 des Gesetzes zur Änderung des Patentgesetzes, des Warenzeichengesetzes und weiterer Gesetze vom 4. 9. 1967 [BGBl. I, 953]).

[142] Ausgangspunkt dieses Kartells war die Erfindung von A. Bayer im Jahre 1880, auf synthetischem Weg künstlichen Indigo aus o-Nitrophenyl Propiol-Säure herzustellen. Die Badische Anilin- und Soda-Fabrik gelangte in den Besitz der sich auf das neue Verfahren beziehenden Patente. Dies veranlaßte die Höchster-Farbenwerke mit der Badischen Anilin- und Soda-Fabrik einen Kartellvertrag abzuschließen, dessen Bestimmungen u. a. besagten, daß alle von den beiden Vertragsteilen bereits erworbenen sowie auch alle zukünftigen Patente jedem von ihnen in der gleichen Weise zur Benutzung freistehen sollten. Es wurde ferner die gegenseitige Bekanntgabe aller Ergebnisse von Laboratoriumsarbeiten und aller übrigen technischen Arbeit vereinbart. Auch alle Betriebseinrichtungen sollten einander bekanntgegeben werden. Die getroffenen Vereinbarungen erstreckten sich ausschließlich auf das Gebiet der Herstellung synthetischen Indigos. Im Jahre 1890 wurden in diesen Vertrag die Patente aufgenommen, die sich auf das Hermann'sche Verfahren zur Herstellung künstlichen Indigos bezogen. Die getroffenen Kartellvereinbarungen liefen im Jahre 1897 ab und wurden dann nicht mehr erneuert. Vgl. dazu *Salzer,* H.: Austausch von technischen Erfahrungen, a.a.O., S. 38 ff.

austausch wurde als Begründung für diese Transaktion angegeben[143]. Auch der Zusammenschluß bedeutender sächsischer Automobilfabriken zur Auto-Union in den zwanziger Jahren dieses Jahrhunderts ist wohl zu einem Teil auf die Patente zurückzuführen. Diese Auto-Union schuf zunächst nur einen Wagentyp, der von den beteiligten Firmen die zweckdienlichen Patente vereint zur Ausführung brachte, schließlich aber zu immer enger werdendem Zusammenschluß auf der Grundlage des Erfahrungs-Erfindungstausches führte[144].

ββ) Ursachen im Patentprozeßrecht

In vielen Fällen werden von den Unternehmen fremde Patente ohne Lizenzen benutzt. Daraus ergeben sich häufig Unterlassungs- bzw. Feststellungsprozesse. Aufgrund der Ungewißheit über den Ausgang eines solchen Prozesses[145] und der hohen Prozeßkosten[146] ist man in der Regel bestrebt, zu einer friedlichen Regelung unter den Parteien zu kommen.

Die Vermeidung und Beilegung von erbitterten Patentprozessen war z. B. die Ursache für das Zustandekommen des sogenannten Drahtkonzerns im Jahre 1911, einer Patentinteressengemeinschaft der AEG, Siemens & Halske und Auer, die zu der Zeit die wichtigsten Patente der Glühbirnenfabrikation innehatten[147]. Auch der Zusammenschluß der deutschen Farbenindustrie hatte seinen Ursprung in Patentstreitigkeiten zwischen Agfa und Bayer. Die Elberfelder Farbenwerke vorm. Bayer & Co. hatten im Crocein II einen wichtigen Farbstoff gefunden, der es ermöglichte, Baumwolle ohne Beize zu färben. Kurz

---

143 Siehe dazu *Lenel,* Hans-Otto: Ursachen der Konzentration, 1. Aufl., a.a.O., S. 201.

144 Vgl. *Lenel,* Hans-Otto, Ursachen der Konzentration, 1. Aufl., a.a.O., S. 201.

145 In England war z. B. zwischen 1919 und 1949 in den entschiedenen Patentprozessen in 51 Fällen (28 %) der Patentinhaber erfolgreich, dagegen in 105 Fällen der Verletzer mit dem Nichtigkeitseinwand durchgedrungen. In 28 Fällen wurde das Patent für nicht verletzt gehalten. Hierbei ist zu berücksichtigen, daß fast alle Klagen von großen Unternehmen mit tüchtigen Patentagenten eingebracht wurden, die ihre Chancen vorher zumeist sorgfältig abgewogen haben. Vgl. *Meinhardt,* Peter: Inventions, Patents and Monopoly, 2. Aufl., London 1950, S. 177.

146 Siehe dazu die näheren Einzelheiten auf S. 108 ff.

147 Im Jahre 1911 erhielt die AEG von der General-Electric Co. die Lizenz auf das Wolframdrahtverfahren. Die wirtschaftliche Auswertung dieser Lizenz wurde jedoch durch die Auer-Patente (Gasglühlicht) und Siemens beeinträchtigt. Daher wurden noch 1911 auch diesen Firmen Lizenzen gewährt und damit die Grundlage zur Patent-Interessen-Gemeinschaft der drei deutschen Großfirmen gelegt, welche die gegenseitige Benutzung der Patente gestatteten, um schwierige und kostspielige Patentprozesse zu vermeiden. Vgl. dazu auch *Roth,* Winfried: Das Erfindermonopolrecht und das Verbot von Wettbewerbsbeschränkungen, a.a.O., S. 33, und *Lenel,* Hans-Otto: Ursachen der Konzentration, 1. Aufl., a.a.O., S. 202.

nach dieser Erfindung brachte aber Agfa einen Farbstoff heraus, der mit dem Crocein völlig übereinstimmte. Der von Agfa angestrengte Prozeß lief zugunsten von Agfa aus. Nachdem alle Instanzen durchlaufen waren, kam es im Januar 1886 zwischen beiden Firmen zur Einigung[148].

Aus den bisherigen Ausführungen ist deutlich geworden, daß in den Patenten koalitionsfördernde Mittel zu sehen sind. Häufigstes Ergebnis der aus dem einen oder anderen Grund zustandekommenden Verständigungen zwischen konkurrierenden Patentbesitzern sind die sogenannten Patentgemeinschaften, die auf Lizenzaustauschverträgen beruhen. Verträge dieser Art werden sowohl in der Form einer einfachen Patentgemeinschaft als auch in Form einer durchgeführten Patentgemeinschaft geschlossen[149].

Bei der Form des „cross licencing agreement", der einfachen Patentgemeinschaft, behält das einzelne Mitglied sowohl das Eigentum als auch das ausschließliche Recht am Patent. Die Vertragspartner tauschen lediglich gegenseitig einfache Lizenzen aus. Die Benutzung der Patente durch die Mitglieder kann hier uneingeschränkt (nonexclusive patent exchange agreement) oder aber auch nach Maßgabe festgelegter Gebiets- oder Zweckbegrenzungen (exclusive patent exchange agreement allocating territories bzw. allocating products) erfolgen.

Die durchgeführte Patentgemeinschaft ist dadurch gekennzeichnet, daß die einzelnen selbständigen Mitglieder einer zu diesem Zweck gegründeten oder bereits vorhandenen juristischen Person die ausschließliche Lizenz an ihren Patenten oder auch die Patente selbst übertragen. Diese juristische Person gewährt ihrerseits dann ihren Mitgliedern an den ihr zur Verfügung gestellten Patenten eine einfache Lizenz. Die durchgeführte Patentgemeinschaft bezeichnet man vielfach als Patentpool. Wenn in diesem Pool nur bestimmte und nicht alle Produzenten eines Wirtschaftszweiges aufgenommen werden, wenn er also geschlossen ist, kann man ihn mit einem dominierenden Konzern vergleichen. Beim offenen Patentpool können alle Interessenten Lizenzen erhalten.

Das bekannteste Beispiel für einen solchen offenen Patentpool stammt aus der amerikanischen Automobilindustrie. Sie ist ein Beispiel dafür, daß die Sammlung von Patenten verschiedener Unternehmen in einem Pool nicht unbedingt eine restriktive Wirkung auf die Konkurrenzmöglichkeiten auszuüben braucht. Seit 1915 hat die amerikanische Automobilindustrie eine gemeinsame Organisation zur Verwaltung vieler

---

148 Vgl. *Gather,* Gernot, Patente, a.a.O., S. 143.

149 Der Begriff der „Patentgemeinschaft" stammt von *Isay,* Hermann: Die Patentgemeinschaft im Dienste des Kartellgedankens, Mannheim-Berlin-Leipzig 1923.

ihrer Patente, nämlich die „National Automobil Chamber of Commerce" in New York. Diese Institution regelt die kostenfreie Zuteilung der Patentlizenzen an alle ihre Mitglieder. Alle Ansprüche, die zwischen den Mitgliedern durch Verletzung fremder Patente entstanden waren, wurden gestrichen, und es kam zu einer gegenseitigen Anerkennung der Gültigkeit aller Patente, die unter der Kontrolle der Organisation stehen. Die Kammer hat ferner eine große Anzahl Ausschüsse für die technische Beratung errichtet. Der Beitritt steht jeder Firma frei. Es wird nicht ausbedungen, daß jedes Mitglied auch Patente besitzen muß, die in den Pool eingebracht werden können.

In der Regel beschränken jedoch die Patentgemeinschaften die Konkurrenz. Denn neben dem Austausch der Patente läuft eine Rationalisierung einher, die sich in Produktionsbeschränkungen oder direkten Produktionsverboten, in Preis- und Qualitätsbeschränkungen und sehr häufig in einer Aufteilung der Märkte im In- und Ausland zeigt. Bei diesen Patentgemeinschaften mit Kartellierungstendenzen soll in erster Linie das Ziel eines Kartells unterstützt werden und damit das Bestreben, den freien Wettbewerb mehr und mehr einzuschränken oder gar auszuschalten. Hier macht der einzelne Patentinhaber das Patent dem Bestreben dienstbar, den Wettbewerb in weit größerem Maße einzuschränken, als dies durch die gesetzliche Erteilung eines Patents geschieht[150].

Bestimmte Eigenschaften der Patente unterstützen eine Tendenz zur Kartellierung und lassen die Patentgemeinschaft als ein adäquates Mittel zur Verwirklichung des Wunsches nach Marktbeherrschung erscheinen. Auch die ohne Marktbeherrschungstendenz entstandene Patentgemeinschaft ist so in vielen Fällen ein Instrument zur Erringung von Marktmacht geworden. Überhaupt muß für eine Vielzahl von Patentgemeinschaften unterstellt werden, daß für ihre Entstehung die Patente sowohl Ursache als auch Mittel zur Marktbeherrschung zugleich sind. Zahlreiche Beispiele lassen erkennen, daß über ein aus der Patentgemeinschaft entstandenes Kartell hinweg die Zusammenschlußbewegung in einem marktbeherrschenden Konzern ihr Ende fand.

#### β) *Patente als Mittel zur Marktbeherrschung*

##### αα) Die Kartellierungsfunktion der Patente

Im allgemeinen kann man eine durch Patentkartelle angestrebte Rationalisierung der technischen Produktion ihrem Streben nach einer monopolistischen Beherrschung des Marktes nicht als gegensätzlich

---

150 Vgl. auch *Börlin*, Max: Die volkswirtschaftliche Problematik der Patentgesetzgebung, a.a.O., S. 135 ff.

gegenüberstellen und die Frage aufwerfen, welche von diesen beiden Bestrebungen die wesentlichere sei, denn beide sind teleologisch miteinander verbunden. Letztes Ziel ist eine Steigerung oder Stabilisierung der Aussichten auf Gewinnerzielung.

Zwei Eigenschaften sind es nun, die die Patente zur Marktbeherrschung durch Kartelle besonders geeignet erscheinen lassen. Auf der einen Seite vermögen die Patente dem Kartell eine besonders feste und sichere Marktstellung zu verleihen, da die Schließung des Marktes das Aufkommen von Konkurrenz sehr erschwert. Auf der anderen Seite sind die Patente ein besonders gut geeignetes Mittel des Organisations- und Kartellzwangs. Darin, daß ein Kartellmitglied bei seinem Ausscheiden aus dem Verband nicht nur die allgemeinen Nachteile des Verlustes der Kartellmitgliedschaft erleidet, sondern auch das Recht auf die Benutzung der ihm durch das Kartell gewährten Lizenzen, liegt ein vorzügliches Mittel des inneren Organisationszwanges[151]. Unter Umständen ist z. B. das Fabrikationsprogramm mit Rücksicht auf erteilte Benutzungsrechte eingeschränkt worden. Das Ausscheiden aus dem Kartell würde in diesem Fall kostspielige Umstellungen zur Folge haben. Durch das Abkommen über gegenseitige Lizenzabgabe wird jedes einzelne Mitglied an das Kartell gefesselt. Bei seinem Austritt ist es wohl befugt, die allen übrigen Kartellmitgliedern erteilten Benutzungsrechte zurückzunehmen, doch es verliert auch ihm gewährte Lizenzen. Die Patente bedingen so eine „Abschwächung der zentrifugalen Bestrebungen der Kartellgenossen“ [152]. Ganz deutlich tritt diese Tatsache in jenen Fällen hervor, in denen der Erwerb wertvoller Schutzrechte für ein einzelnes Unternehmen nicht möglich ist. Als Beispiel kann auf das Patent für die selbsttätige Flaschenblasmaschine von Owens hingewiesen werden, das vom Flaschensyndikat für 15 Millionen Mark erworben wurde. Daraus ergibt sich natürlich auch ein sehr starker Kartellzwang. Im allgemeinen können einem Kartellmitglied bei seinem Ausscheiden aus dem Kartell sowohl jene Lizenzen entzogen werden, die ihm aufgrund der gewerblichen Schutzrechte erteilt wurden, die das Kartellorgan inne hat, als auch diejenigen, welche das ausschei-

---

[151] Das bekannteste Beispiel hierzu stellt der Fall der Hefeverband GmbH dar, die 1923 das Patent Nr. 310 580 käuflich erwarb. Dieses Patent schützte die Erzeugung von Backhefe mit gemischter Stickstoffnahrung. In einem Urteil des Kartellgerichts nach der Kündigung eines Kartellmitglieds wurde die Kündigung dieses Mitglieds anerkannt, aber ihre auflösende Wirkung nur auf die Kartellbildung, nicht auf den Gesellschaftsvertrag der GmbH bezogen. Der frühere Gesellschafter wurde von allen Instanzen zur Unterlassung der Patentbenutzung verurteilt (RGZ, 2. Juli 1926; in: GRUR, 32. Jg. (1927), S. 589 ff.). Der Hefeverband selbst bestand so noch 10 Jahre nach seiner 1923 erfolgten Auflösung de facto weiter.

[152] *Börlin*, Max: Die volkswirtschaftliche Problematik der Patentgesetzgebung, a.a.O., S. 138 f.

dende Kartellmitglied durch Vermittlung des Kartellorgans von anderen Kartellmitgliedern erhalten hat. In einer vertraglichen Übereinkunft, die solche Bestimmungen für den Fall des Austrittes eines Kartellmitgliedes vorsieht, kann keine unbillige Erschwerung der Austrittsbedingungen erblickt werden.

Zudem kann durch die Patente die Einhaltung der den Kartellmitgliedern häufig auferlegten Kontingentierungsvorschriften erzwungen werden. Hängt das Kontingent durch eine entsprechend beschränkte Lizenz an dem Patent, so kann die Nichtbefolgung der Kontingentierungsvereinbarung im Wege einer Patentverletzungsklage geahndet werden[153].

So fördert also die Patentvereinbarung einerseits den Zusammenschluß und stärkt das Kartell. Andererseits festigt das Kartell die Patentlage der einzelnen Mitgliederfirmen und sichert dem Patent eine solche umfassende Position, wie es bei einem Einzelpatent nicht möglich wäre[154].

Während in Deutschland vor dem ersten Weltkrieg die bestehenden Patentgemeinschaften weniger dem Zweck der Marktregelung als der Beseitigung der gegenseitigen Patentbehinderungen und der Förderung des technischen Fortschritts durch Zusammenarbeit dienten[155], wurden nach dem ersten Weltkrieg die immer zahlreicheren und bedeutsameren Patentgemeinschaften in zunehmendem Maße zum Zweck gemeinschaftlicher Marktregelung benutzt. Vor allem war dies der Fall in der Fertigwarenindustrie und hier insbesondere in der Chemie- und Elektroindustrie[156].

Das beste Beispiel für die Tendenz der Patente hin zum Kartell und zur Marktbeherrschung bietet das Glühlampenkartell, das letztlich im völligen Zusammenschluß der einzelnen Unternehmen, nämlich der Osram GmbH endete. Die Gesamtentwicklung dieses Unternehmenszusammenschlusses kann durch folgende Entwicklungsstufen dargestellt werden[157]:

---

[153] Vgl. *Roth,* Winfried: Das Erfindungsmonopolrecht und das Verbot von Wettbewerbsbeschränkungen, a.a.O., S. 36.

[154] So auch *Gather,* Gernot, Patente, a.a.O., S. 157.

[155] Vgl. *Salzer,* H.: Austausch von technischen Erfahrungen, a.a.O., S. 19 ff.

[156] Die wichtigsten Gründe hierfür dürften die verschärfte Wirtschaftslage, die zu weitgehender Rationalisierung zwang, und die immer größere Bedeutung von Fertigungsgemeinschaften und Fertigwarensyndikaten, deren Voraussetzung die Durchführung der Normung und Typisierung war, gewesen sein. Vgl. auch *Lieberknecht,* Otfried: Patente, Lizenzverträge und Verbot von Wettbewerbsbeschränkungen, a.a.O., S. 33.

[157] Vgl. dazu *Gather,* Gernot, Patente, a.a.O., S. 162.

1. Deutsche Edison-Gesellschaft Lizenznehmer der Compagnie Continentale Edison, Paris.
2. Abkommen mit Siemens & Halske über Patentaustausch.
3. Lockerung des Patentschutzes 1887 führt zu eigenständiger Entwicklung der Glühlampenwerke mit dem Ergebnis, daß etwa alle größeren Firmen ihre Fabrikation auf einem solchen Stand haben, in dem keine größeren technischen Vorsprünge für die Zukunft bei einzelnen Firmen zu erwarten sind.
4. Daraus Gründung „Verkaufsstelle vereinigte Glühlampenfabriken Berlin".
5. 1917 erweitertes Preiskartell.
6. Von der Patentgemeinschaft zum firmenmäßigen Zusammenschluß.
7. 1919 Osram GmbH Kommanditgesellschaft.

Durch den „Osram Konzern" wurde die Versorgung des deutschen Reichsgebietes nahezu beherrscht, um so mehr als im Jahre 1925 ein internationales Glühlampenkartell geschaffen wurde, das im wesentlichen den Charakter eines Patent-, Kontingentierungs- und Gebietskartells hatte und in dem fast alle Unternehmungen vertreten waren, die sich mit der Erzeugung von elektrischen Glühlampen befaßten. Deutscherseits waren dies die Firmen des Osram Konzerns, von ausländischer Seite die amerikanische General Electric Company, die holländischen Firmen unter Führung von Philips, die gesamte französische Glühlampenindustrie unter der Führung der Compagnie des Lampes sowie eine Anzahl englischer, skandinavischer, italienischer und japanischer Firmen[158].

Ein anderes bekanntes Beispiel — in der Form eines Patentpools — stellt die Zementmaschinengesellschaft mbH dar, bei der die Patente der Mitglieder auf den Verband übertragen wurden. — Bekannt ist auch die Patentgemeinschaft für Telefunkenpatente in den zwanziger Jahren, ohne die ein konkurrenzfähiger Radioapparat nicht gebaut werden konnte. In diesem Falle führte allerdings die Zusammenarbeit von AEG und Siemens direkt zu einer Konzernbildung. Beide Unternehmen hatten nämlich zur Verwertung ihrer Patente die gemeinsame Tochtergesellschaft Telefunken gegründet[159].

In den USA haben sich besonders krasse Fälle von monopolistischen Patentgemeinschaften gezeigt, weil das dortige Patentrecht, wie bereits teilweise aufgeführt wurde, günstige Möglichkeiten dazu bot und weil man versuchte, Kartelle, die aufgrund der Antitrustgesetze per se ver-

[158] Vgl. dazu näher S. 103 ff.

[159] Siehe auch *Lieberknecht*, Otfried: Patente, Lizenzverträge und Verbot von Wettbewerbsbeschränkungen, a.a.O., S. 35 f.

boten waren, als Patentgemeinschaften zu tarnen, um so einen gewissen Schutz vor den Antitrustgesetzen zu gewinnen. Aber auch viele amerikanische Trusts verdanken ihre Monopolstellung im wesentlichen einer Zusammenfassung von Patenten.

Als Beispiel für die Absicht verschiedener Unternehmen eines Wirtschaftszweiges, mittels ihrer Patente den Markt zu beherrschen, kann der kartellmäßige Zusammenschluß von 6 Unternehmen, die sich mit dem Bau von Eggen befaßten, angeführt werden. Das von ihnen gegründete Kartellorgan, die National Harrow Company, stellte eine Patent-Holding dar, d. h. also ein Kartellorgan, in das die Patente der Kartellmitglieder eingebracht werden. In die National Harrow Company wurden insgesamt etwa 85 Patente eingebracht. Wie über die meisten Kartelle, so ist auch über das Eggen-Kartell nur dadurch Genaueres an die Öffentlichkeit gelangt, daß die Kartellvereinbarungen zum Gegenstand eines Gerichtsverfahrens wurden.

Die National Harrow Company hatte gegen eines ihrer Kartellmitglieder, die Firma Bement & Sons, Klage erhoben, weil diese Kartellfirma sich den ihr auferlegten Bindungen nicht unterworfen hatte. Die Firma Bement & Sons hatte sich das ausschließliche Recht vorbehalten, die Erfindungsgegenstände, welche durch die von ihr eingebrachten Patente geschützt waren, herzustellen, sich dafür aber verpflichtet, an die National Harrow Campany 1 $ für jede verkaufte Egge abzuführen, dieser Gesellschaft monatlich einen Geschäftsbericht zukommen zu lassen und eine Buße von 5 $ für jede Egge zu bezahlen, die durch sie entgegen den Kartellbestimmungen veräußert würde.

Die Firma Bement & Sons verteidigte sich gegen die Klage damit, daß die getroffenen Vereinbarungen zwischen ihr und der National Harrow Company nichtig sein müßten, da sie gegen den Sherman-Act verstießen. Der Oberste Gerichtshof von New York erkannte die von der Firma Bement & Sons vorgebrachten Gründe für zutreffend an, doch diese Entscheidung wurde auf die Berufungsklage der National Harrow Company im Jahre 1902 von dem Obersten Gerichtshof der Vereinigten Staaten verworfen, und die Firma Bement & Sons wurde des Vertragsbruches für schuldig befunden.

In der Urteilsbegründung hieß es, daß der Auffassung der Klägerin beigetreten werden müsse, da diese als Inhaberin der Patente das Recht gehabt hätte, mit der Beklagten jede beliebige Lizenzvereinbarung zu treffen. Auch wenn ihr dadurch Gelegenheit gegeben war, ein Monopol zu erlangen, könne das an dieser Auffassung nichts ändern, da das Patent ein staatlich anerkanntes Monopol sei[160].

---

[160] Vgl. dazu *Salzer*, H.: Austausch von technischen Erfahrungen, a.a.O., S. 36 ff.

Ein weiteres bekanntes Beispiel für ein Patentkartell ist das Kinematographen-Kartell. Im Jahre 1908 erfolgte ein umfassender Zusammenschluß in der amerikanischen Kinematographenindustrie, der den Zweck verfolgte, gegenseitige Beeinträchtigungen aufzuheben und den Markt zu beherrschen. Das hierzu gegründete Kartell umfaßte sowohl industrielle Unternehmungen, wie auch Filmverleihanstalten, Händler von Filmwaren und andere. Dem Kartell schlossen sich die größten Unternehmen des Industriezweiges an, darunter die American Mutoscope and Biograph Company, die Selig Polyscope Company, die Essanay Film Manufacturing Company, die Kalem Company, die Fa. George Klein, das größte Unternehmen, das sich mit dem Export von Filmen befaßte, die Lubin Manufacturing Company, die George Melis Manufacturing Company, die sich mit der Herstellung und dem Import von Filmen befaßte, die Fa. Pathé Freres, die Vitograph Company of America und endlich die Edison Manufacturing Company. Die Patente der Mitglieder wurden einem eigens hierzu gegründeten Kartellorgan übertragen, der Motion Picture Company, die an ein jedes Kartellmitglied Lizenzen abgeben sollte. Die dem Patentkartell beigetretenen Filmverleihanstalten verpflichteten sich, nur an solche Lichtbildtheater Filme zu verleihen, die Vorführungsapparate benutzten, die aufgrund der Patente des Kartellorgans gebaut waren. Es wurde damit den Außenseitern unmöglich gemacht, nach eigenen Patenten gebaute Vorführungsapparate zu verkaufen. Auf den Vorführungsapparaten durften nur Filme laufen, die nach den Patenten des Kartells hergestellt waren. An jedem Apparat, der aus den Erzeugungsstätten eines Kartellmitgliedes hervorging, wurde ein Schild mit folgender Inschrift angebracht: „The sale and purchase of this machine gives only the right to use it solely where the moving pictures containing the invention of Reissued Patent Nr. 12 192 leased by a licence of the Motion Picture Patents Company, the owner of the above patent and reissued patent, while it owns said patents and upon other turns to be fixed by the Motion Picture Patents in use and while the Motion Picture Patents Company own said patents. The removal or defacement of this plate terminates the right to use this machine." Unter dieser Inschrift stand „Motion Picture Patents Company N. Y., USA."

Jeder Benutzer eines Vorführungsapparates mußte eine wöchentliche Stücklizenz von 2 $ an das Kartellorgan abführen. Unter den Kartellmitgliedern war die Produktion, die Filmeinfuhr etc. kontingentiert. Die Motion Picture Patents Company behielt sich jedem Benutzer eines kinematographischen Vorführapparates gegenüber das Recht vor, diesem innerhalb von 14 Tagen auch ohne Angabe irgend eines Grundes das Benutzungsrecht zu entziehen, das sie ihm mit dem Verkauf des Apparates erteilt hatte.

Durch die Gründung einer eigenen Film-Verteilungs-Gesellschaft, der General Film Company, gelang es der Motion Picture-Patents-Company bis zum Jahre 1901, mit einer einzigen Ausnahme alle Filmverleihanstalten vom Markt zu verdrängen. Die meisten Außenseiter mußten sich in der Folge an das Kinematographenkartell anschließen und erhielten vom Kartellorgan Lizenzen auf die von ihm innegehaltenen Patente. Sie mußten sich dafür jedoch unter anderem verpflichten, ihre Vorführungsapparate nur zu einem bestimmten Preis zu verkaufen und an die Motion Picture Patents Company für jeden von ihnen verkauften Apparat eine Stücklizenz von 1 $ abzuführen.

In dem Urteil des später angerufenen Obersten Gerichtshofes erklärte dieser, daß die getroffenen Vereinbarungen aufgrund des Sherman-Acts und vom Sinn der Patentgesetzgebung her unzulässig wären. Damit war die bis dahin oft herangezogene Entscheidung des Falls der Dick Company, derzufolge grundsätzlich alle Arten von Lizenzvereinbarungen gesetzlich erlaubt sein sollten, endgültig umgestoßen und damit der Industrie die Möglichkeit genommen, der amerikanischen Gesetzgebung zum Trotz Kartellvereinbarungen aufgrund von Patenten zu schließen[161, 162].

Auch in der gummiverarbeitenden Industrie gab es in den USA einen marktbeherrschenden Unternehmenszusammenschluß, der auf Patenten beruhte. Das amerikanische Gummireifenkartell entstand unter der Führung der Rubber Tire Wheel Company. Neben dieser Gesellschaft waren 18 weitere Unternehmen dem Kartell angeschlossen. Es beherrschte den gesamten Reifenmarkt fast ausschließlich. Neben Lizenzvereinbarungen wurden auch Preisvereinbarungen getroffen und der Produktionsumfang bis zu einem gewissen Grade kontingentiert. Jeder Lizenznehmer mußte für jene Produktionsquote, die das ihm zuerkannte Kontingent überstieg, eine Abgabe von 20 % ihres Wertes entrichten. War der tatsächliche Umfang der Produktion des Lizenznehmers geringer als der ihm zugebilligte, so erhielt er 20 % des Wertes rückvergütet. Die Lizenzgebühr betrug 4 % des Verkaufspreises der Erzeugnisse. Die Hälfte der eingegangenen Lizenzgebühren wurde zur Bestreitung der Geschäftskosten des Kartells verwendet, das den Verkauf der Gummireifen übernahm, die von den Kartellmitgliedern hergestellt waren. Ein anderer Teil der an das Kartellorgan abgeführten Lizenzgebühren floß in einen Fonds, aus dem allmonatlich die Kartellmitglieder nach einem bestimmten Schlüssel Rückvergütungen verteilt erhielten[163].

---

[161] Vgl. dazu S. 118.

[162] Siehe *Vaughan,* F. L.: Economics of Our Patent System, a.a.O., S. 49 ff. und S. 121 ff.; ebenso auch *Jones,* E.: The Trust Problem in the USA, New York 1922, S. 422; vgl. dazu auch *Salzer,* H.: Austausch von technischen Erfahrungen, a.a.O., S. 36 ff.

Eines der bekannten Beispiele eines Patentkartells mehrerer Patentbesitzer stellt die Standard Sanitary Manufacturing Co. dar. Im Jahre 1912 hatte die Standard Sanitary allein auf Grund ihres Patents zur Emaillierung von sämtlichen Erzeugnissen etwa 50 v.H. des Marktbedarfes an diesen Erzeugnissen versorgt. Unter Berücksichtigung, daß infolge des Angebots minderwertiger Emaillewaren die Nachfrage nach diesen zurückzugehen drohte, schloß sich die Standard Sanitary Manufacturing Company mit zwei weiteren Unternehmungen der Emailleindustrie, der Firma I. L. Mott Iron Work und der Firma L. Wollf Manufacturing Company, die auch Eigentümer bedeutender Patente waren, zu einem Kartell zusammen, dem später eine große Anzahl von weiteren Unternehmen beitrat, so daß es etwa 85 v.H. des gesamten Bedarfs an Emaillewaren zu versorgen hatte. Auf Grund von restriktiven Bedingungen bei der Lizenzvergabe an die Kartellmitglieder, z. B. Festsetzung des Outputs, der Preise, der Handelsspannen und Absatzwege, kam das Kartell mit den amerikanischen Antitrustgesetzen in Konflikt. Im Jahre 1912 wurde ein Teil der genannten Lizenzvereinbarungen als gegen den Sherman-Act verstoßend angesehen. Der amerikanische Supreme Court kam zu der Feststellung, daß Rechte, die das Patentgesetz verleiht, nicht benutzt werden dürften, um die Konkurrenz zu unterdrücken[164, 165].

Dieses Urteil im Standard Sanitary Fall wurde in der Folgezeit zu einem Richtpunkt der amerikanischen Rechtsprechung für die Beurteilung von Lizenzvereinbarungen. Wenn es auch in der Regel derartige verbotene Vereinbarungen aus dem Lichte der Öffentlichkeit verschwinden ließ, so war doch nicht zu erwarten, daß die Wirtschaft derartige Praktiken aufgab — ebensowenig wie damit zu rechnen war, daß die Amerikaner nach 1919 den Genuß von Alkohol aufgeben würden[166]. Vielmehr ging man entweder in die „Katakomben“[167], zu geheimen, verstohlenen, ungesetzlichen Praktiken, zu „boothlegging“ unter den Antitrustgesetzen, oder man beseitigte jeglichen Angriffspunkt für gerichtliche Verfolgung und ging über auf Formen recht-

---

[163] Vgl. dazu *Vaughan*, F.: Economics of Our Patent System, a.a.O., S. 40; ebenso auch *Salzer*, H.: Austausch von technischen Erfahrungen, a.a.O., S. 36 ff.

[164] Vgl. *Wilcox*, Clair: Public Policies towards Business (im folgenden abgekürzt zitiert als Wilcox, Clair, Public Policies), 3. Aufl., Homewood (Ill.) 1966, S. 182; ebenso auch bereits *Salzer*, H.: Austausch von technischen Erfahrungen, a.a.O., S. 40.

[165] Siehe weiter zu den verbotenen und nicht verbotenen Lizenzvereinbarungen S. 112 ff. dieser Arbeit.

[166] *Whitney*, S. N.: Trade Associations and Industrial Control. A Critique of the NRA. New York 1934, S. 39 f.

[167] Vgl. *Kirsh*, B. S. und *Shapiro*, R. R.: The National Industry Recovery Act. An Analysis, New York 1933, S. 23.

lich irrelevanten „gleichmäßigen Verhaltens“, wie z. B. das „open price system“, das „basingpoint system“ oder die „price leadership“. Auf diesem Gebiet ist die wirtschaftliche und juristische Technik in den USA sehr viel weiter fortgeschritten als in Europa[168].

Daß derartige Vereinbarungen und Praktiken auch weiterhin eine bedeutende Rolle in der Unternehmenspolitik spielten, zeigt sich u. a. in der wohl stärksten Patentzusammenballung in Form der Patentgemeinschaft überhaupt, nämlich der Radio Corporation of America (RCA), einem Unternehmen aus der Elektrotechnik, das nach dem ersten Weltkrieg durch den Zusammenschluß der drei führenden Firmen im elektrotechnischen Bereich, der American Telephon & Telegraph (A. T. & T.), der General Electric (G. E.) und der Firma Westinghouse entstand[169].

Keine von den genannten Firmen hatte die Kontrolle über die Schlüsselpatente in der Elektrotechnik besessen; z. B. hatten sich G. E. und A. T. & T. mehr der Forschung von Vakuum-Röhren zugewandt, und auf diesem Gebiet hatten sich viele Überschneidungen zwischen beiden Firmen ergeben. Der berühmteste der daraus entstandenen Streitfälle war der „Langmuir-Arnold High-Vacuum-Fall“.

Die Firma Westinghouse hatte sich dagegen mit den Patenten von Edwin Armstrong über die „regenerativen und superheterodynen“ Stromkreise befaßt, wodurch sie eine starke und unabhängige Stellung erhalten hatte. So ging der erste Vorschlag zur Bildung einer Radio Corporation of America durch Lizenzaustauschvereinbarungen auch von General Electric aus und war in erster Linie an A. T. & T. gerichtet. Der 1920 geschlossenen Vereinbarung zwischen diesen beiden Unternehmungen trat dann jedoch ein Jahr später (1921) auch die Firma Westinghouse bei. Die so entstandene RCA hatte anfangs eine sehr starke Patentstellung in allen Bereichen für Rundfunkgeräte. Im Jahre 1927 besaß die RCA die unbestrittene Patentkontrolle der gesamten Elektroindustrie. Ihre Lizenzen wurden im Laufe der Zeit mit den verschiedensten Einschränkungen vergeben. Die Lizenzgebühr wurde auf 7½ v.H. des Netto-Verkaufspreises festgelegt. Die Minimum-Gebühr dabei betrug 100 Dollar pro Jahr.

---

168 Vgl. auch *Haussmann,* Frederick: Der Wandel des internationalen Kartellbegriffs, Amerikanische Kartelldoktrin und World Trade Charter, Bern 1947, S. 32.
Siehe hierzu auch die Beispiele aus jüngerer Zeit, auf die Marburg hinweist (*Marburg,* Theodore F.: Antitrustpolitik in den USA. Die Fälle Schwerausrüstung der Elektrizitätsindustrie; in: ORDO, Bd. XIV (1963), S. 109—137.

169 Vgl. dazu die ausführliche Darstellung von *Maclaurin,* W. R.: Patents and Technical Progress — A Study of Television; in: JP, Vol. 58 (1950), S. 142—157 (im folgenden zitiert als *Maclaurin,* W. R.: Patents and Technical Progress).

*Schaubild 4*

**Lizenzvereinbarungen zwischen A. T. & T., G. E., R. C. A. und Westinghouse nach dem Vergleich im Jahre 1932**

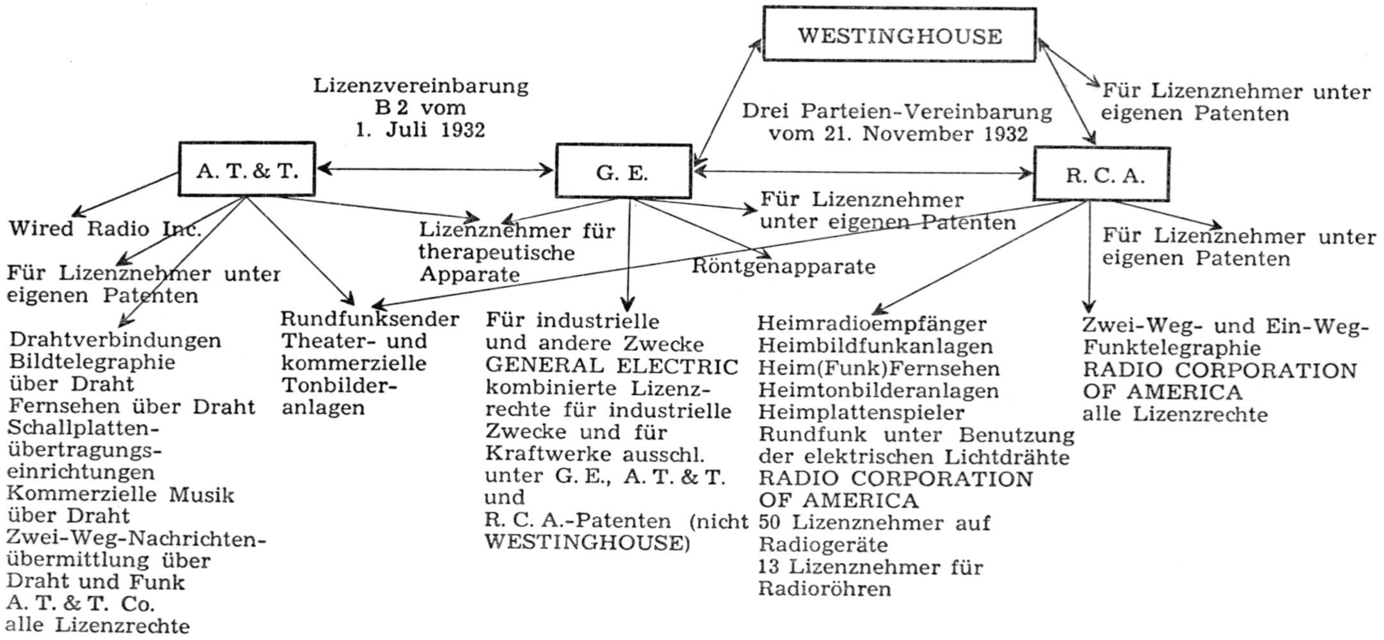


*Quelle:* Maclaurin, W. R., Patents and Technical Progress, a. a. O., S. 145.

In einem 1930 begonnenen Prozeß wurde die RCA eines Verstoßes gegen die Antitrust-Gesetze angeklagt. Nach 18 Monaten Prozeßdauer, in denen die einzelnen Parteien die Anklage abgestritten hatten, wurde ein Vergleich angenommen, nach dem Westinghouse und General Electric ihren Aktienbesitz und ihre Leistungsfunktion an die RCA abstießen. Die Lizenzvereinbarungen blieben jedoch bestehen (vgl. dazu Schaubild 4).

In einem jüngeren Prozeß wurde die RCA in einer zivilrechtlichen Klage im Jahre 1958 eines Verstoßes gegen den Clayton Act beschuldigt, der sich darauf gründete, daß sie Vereinbarungen mit A. T. & T., G. E. und Westinghouse sowie mit Firmen in anderen Ländern eingegangen wäre, die ihr das Exklusivrecht gaben, Lizenzen zu gewähren für mehr als 10 000 Patente für Radiozwecke in den USA. Im Ergebnis wären deshalb andere Hersteller von elektronischen Ausrüstungsartikeln abhängig gemacht von der RCA. Man legte der Gesellschaft weiterhin zur Last, daß sie sich bei der Vergabe der Lizenzen weigerte, Patente einzelnen zu lizenzieren, und darauf bestand, alle Patente in einer Gruppe abzugeben.

Die RCA plädierte in dem strafrechtlichen Prozeß, in dem sie eine Geldstrafe von 100 000 Dollar zahlen mußte, auf „nolo contendere" und nahm einen Vergleich in dem zivilrechtlichen Prozeß an. In den Bedingungen dieses Vergleichs stimmte die Gesellschaft zu, ihre vorhandenen Radio- und Fernseh-Patente ohne Gebühren an Lizenznehmer abzugeben, ihre neuen Patente zu vernünftigen Gebühren an Lizenznehmer abzugeben und ihren Lizenznehmern zu erlauben, auch einzelne Patente zu erwerben, statt der geforderten gesamten Gruppe[170].

### ββ) Exkurs: Internationale Kartelle aufgrund von Patenten

Eine besondere Rolle spielen Patentkartelle auf internationaler Ebene. Da hier meist von vornherein zwischen den betreffenden Unternehmen kein Wettbewerb besteht, kommt es leichter zu freiwilligen Vereinbarungen über Lizenzaustausch als auf binnenstaatlicher Ebene. Die gegebene schärfere Abgrenzung der Marktgebiete und die Bedeutung von Transportkosten und Einfuhrzöllen — insbesondere für Fertigwaren[171] — lassen von Anfang an die Hemmungen für zwischenstaatliche Lizenzaustauschverträge geringer erscheinen. Daneben ist aber auch das Bestehen der Rechtsnorm des Ausführungszwangs bzw.

---

[170] Vgl. dazu *Wilcox*, Clair: Public Policies, a.a.O., S. 183.

[171] Dagegen ist allein durch die Höhe der Transportkosten für Rohstoffe eine stärkere verkehrsgeographische Abgrenzung gegeben, die oft eine zusätzliche vertragliche Abgrenzung der Marktgebiete nicht erfordert.

der Zwangslizenz in den Patentgesetzen der meisten Länder Ursache dafür, daß internationale Patentgemeinschaften eine verhältnismäßig starke Verbreitung gefunden haben[172]. Aufgrund dieser Rechtsnorm ist es ausländischen Unternehmungen in der Regel nicht möglich, in einem Staat ein dort erteiltes Patent durch Einfuhr des Erfindungsgegenstandes auszubeuten. Sie müssen entweder in diesem Staat eigene Erzeugungsstätten errichten oder die erteilten Patente verkaufen bzw. Lizenzen auf sie vergeben.

Seit dem ersten Weltkrieg etwa sind Verträge über den Erwerb oder die Benutzung von Patenten ein immer bedeutsameres Mittel für die internationale Kartellierung geworden. Wie verschiedenste Untersuchungen zeigen, haben sie sich zur häufigsten und wirksamsten Form internationaler Kartelle — insbesondere Gebietskartelle — entwickelt[173]. Der gegenseitige exklusive Austausch von Patenten und Lizenzen zwischen inländischen und ausländischen Wettbewerbern für die jeweiligen geographischen Märkte führte auf diesen zur Ausschaltung des Wettbewerbs und förderte damit die Entstehung regionaler Monopole.

Gewährt nämlich ein ausländisches Unternehmen einem inländischen Wettbewerber an seinen inländischen Patenten eine Exklusivlizenz, und überträgt der inländische Wettbewerber dem ausländischen Unternehmen an seinen ausländischen Patenten eine Exklusivlizenz für das Ausland, so wird dadurch eine Aufteilung des in- und des ausländischen geographischen Marktes zwischen den beiden Wettbewerbern erreicht, soweit die patentierten Produkte oder Verfahren beiderseits demselben sachlichen Markt angehören. Dabei bedarf es keiner ausdrücklichen Gebietsbeschränkung, um durch die gegenseitige Exklusivlizenz die geographischen Marktgebiete aufzuteilen.

Je stärker die Marktstellung der Vertragspartner vor Vertragsabschluß auf ihrem Inlandsmarkt ist, desto weitreichender sind auch Wettbewerbseinschränkungen. Dies gilt ebenfalls, wenn der Austausch auch künftige Patente erfaßt oder sich auf ungeschützte Produkte oder

---

[172] Als Beispiel für diese Tatsache führt Lieberknecht die Entstehung der British Mannesmann Tubes Ltd. an, die wegen des Erfordernisses, nach den englischen Patenten in England zu produzieren, als Tochtergesellschaft der deutschen Mannesmann Röhrenwerke im Jahre 1905 gegründet wurde (vgl. *Lieberknecht*, Otfried, Patente, Lizenzverträge und Verbot von Wettbewerbsbeschränkungen, a.a.O., S. 126 ff.).

[173] Vgl. dazu *Neumeyer*, Frederick, Monopolkontrolle in USA, Berlin 1953, S. 188 und 123 ff., wie auch *Fugate*, Wilbur L.: Foreign Commerce and the Antitrust Laws, Boston und Toronto 1958, S. 198, 211, und *Vernon*, Raymond: The International Patent System and Foreign Policy. Study of the Subcommittee on the Judiciary, U.S. Senate, Study No. 5, 85th Congress, 1st Session, Doc. No. 63, Washington, D. C., 1957, S. 9 ff. und 36.

Teile oder Verfahren erstreckt oder einen ganzen Sektor industrieller Produkte mit einbezieht[174].

Neben den kartellmäßigen Zusammenschlüssen haben internationale Patentgemeinschaften aber auch als konzernmäßige Gebilde eine bedeutsame Rolle gespielt. Sehr häufig waren die Vertragspartner zumindestens kapitalmäßig verflochten, wenn nicht sogar eine direkte oder indirekte Beherrschung vorlag.

Die vorhergehenden Darstellungen hatten bereits auf einige Beispiele internationaler Kartelle und Konzerne, die auf Patenten beruhten, hingewiesen, u. a. auch auf den Europäischen Verband der Flaschenfabriken. Dieses Kartell war auf folgende Weise zustande gekommen: Ein amerikanischer Patentinhaber hatte den britischen Glasherstellern die Patentrechte für den östlichen Erdteil an der automatischen Maschine für die Flaschenherstellung von Owens angeboten — einer Maschine, die revolutionär für die Flaschenindustrie war. Da die britischen Hersteller nicht in der Lage waren, die vom amerikanischen Patentinhaber geforderte Summe von 600 000 engl. Pfund aufzubringen, gründete ein deutscher Theuropon-Konzern den Europäischen Verband der Flaschenfabriken (1908), dem sich Hersteller aus verschiedenen europäischen Ländern mit einer ihrem Ausstoß gemäßen finanziellen Beteiligung anschlossen. So erlangte das Kartell das Kapital, das seinen Mitgliedern das Patent sicherte. Der Produktausstoß des Kartells war streng begrenzt und etliche Verkaufsvereinbarungen wurden in den Kartellvertrag eingebaut.

In eindrucksvoller Weise vermitteln die Beispiele von Neumeyer[175] und Schwartz[176] einen Einblick in die Bedeutung der Wettbewerbsbeschränkungen bei internationalen Patentkartellen. Sie führen beide den Fall der United States v. National Lead Co. an, in dem die im Lizenzaustauschvertrag vereinbarte Gebietsaufteilung sich nicht nur
— Unterburg, Die Bedeutung der Patente 9-11-25 Exc. Spalte 34
auf die geschützten, sondern auch auf nicht geschützte Produkte erstreckte.

Die National Lead Company (NL) besaß eine Reihe von Patenten über ein Verfahren zur Herstellung von Titanium-Verbindungen, die für die Produktion von Papier, Glas, Gummi, weißer Farbe und anderen Stoffen eine bedeutende Rolle spielten. Ein anderes Verfahren

[174] Vgl. dazu *Schwartz,* Ivo E.: Internationales Deutsches Kartellrecht, Köln-Berlin-Bonn-München 1962, S. 119 f.

[175] *Neumeyer,* Friedrich, Patent und Beschränkung des Wettbewerbs; in: WuR, 12. Jg. (1960), S. 248 ff.

[176] *Schwartz, Ivo,* E.: Internationales Deutsches Kartellrecht, a.a.O., S. 115 f. Ebenso auch *Hexner,* E.: International Cartels, 2. Aufl., Chapel Hill 1945.

für die gleichen Verwendungszwecke und die dazugehörigen Patente befanden sich im Besitz einer norwegischen Gesellschaft, der Titan Co. A/S. In einem 1920 geschlossenen Vertrag zwischen National Lead — vertreten durch eine Tochtergesellschaft — und Titan Co. A/S erteilten sich beide Unternehmen gegenseitig ausschließliche Lizenzen an ihren Parallelerfindungen für ihre jeweiligen Märkte. Die Exklusivlizenz der National Lead erstreckte sich auf Nordamerika, die der Titan Co. A/S auf den Rest der Welt außer Südamerika. Für dieses Gebiet wurden nichtexklusive Lizenzen ausgetauscht. Beide Unternehmungen ernannten sich gegenseitig zu Alleinvertretern im Gebiet der anderen und verpflichteten sich, nicht in das Gebiet der anderen Firmen zu exportieren. Die Verpflichtung bezog sich auch auf nicht geschützte Produkte. In späteren Jahren wurden entsprechende Vereinbarungen über die Erteilung gegenseitiger Exklusivlizenzen für die weiter aufgeteilten Märkte mit den wichtigsten ausländischen Konkurrenzfirmen getroffen, darunter auch die IG-Farben.

Das Ergebnis der Vereinbarungen war eine völlige Ausschaltung des Wettbewerbs auf dem Titaniummarkt der Welt. Nach Feststellung des zuständigen Richters im Prozeß gegen die National Lead war es für den unabhängigen Außenseiter schwieriger, in das Titaniumgeschäft einzusteigen als für ein Kamel, seine sprichwörtliche Passage durch das Nadelöhr zu machen[177].

Ein anderes Beispiel aus der chemischen Industrie zeigt deutlich die Entwicklung vom internationalen Gebietskartell zum Patentkartell:

Im Jahre 1897 teilten die Firma Du Pont nebst weiteren amerikanischen Unternehmen, die Vereinigten Köln-Rottweiler Pulverfabriken sowie die Vorgängerin der englischen Imperial Chemical Industries Ltd. vertraglich den Weltmarkt für Explosivstoffe unter sich auf. Die Vereinigten Staaten und Mittelamerika wurden ausschließliches Produktions- und Verkaufsgebiet der amerikanischen Firmen, Südamerika wurde allen gemeinsames mit einheitlichen, gemeinschaftlich festgelegten Verkaufspreisen, der Rest der Welt außer Kanada, das freier Markt blieb, wurde ausschließliches Produktions- und Absatzgebiet des deutschen und des englischen Unternehmens.

Dieses so entstandene Gebietskartell verstieß eindeutig gegen die amerikanischen Antitrustgesetze (§ 1 Sherman Act) und wurde deshalb im Jahre 1907 durch ein Patentkartell ersetzt. In dem Patentaustauschvertrag verpflichteten sich die Parteien, sich gegenseitig an ihren Patenten und geheimen Verfahren ausschließliche Lizenzen für die bezeichneten Märkte und nicht-ausschließliche Lizenzen für die übrigen

[177] Vgl. *Schwartz, Ivo* E.: Internationales Deutsches Kartellrecht, a.a.O., S. 113 ff.

Marktgebiete zu erteilen. In späteren Jahren wurden im Hinblick auf die Anti-Trust-Gesetzgebung immer wieder neue Verträge der genannten Art zwischen den Chemiekonzernen (ab 1929 ohne deutsche Beteiligung) abgeschlossen. Das Ergebnis all dieser Verträge war eine Ausschaltung des Wettbewerbs zwischen den beteiligten Firmen[178].

Auch das bereits erwähnte internationale Glühlampenkartell verdeutlicht, wie gegenseitige Exklusivlizenzen dazu benutzt werden können, Wettbewerber auszuschalten und dadurch marktbeherrschende Stellungen zu erringen bzw. zu erhalten. Das internationale Glühlampenkartell, das auf dem sogenannten Phoebus-Vertrag beruhte, umfaßte fast alle führenden Hersteller elektrischer Birnen. Jedem der Kartellmitglieder wurde in dem Vertrag eine bestimmte Absatzquote in jedem Gebiet zugeteilt, in dem es vor Abschluß des Vertrages Glühbirnen verkauft hatte. Die lokale Verkaufsquote jeder Partei in ihrem jeweiligen Gebiet wurde nach dem Verhältnis ihrer Verkäufe zu den Verkäufen aller anderen Parteien in der vor dem Vertragsschluß liegenden Zeitperiode (1922 bzw. 1923) errechnet. Bei Überschreitung einer lokalen Verkaufsquote wurden Vertragsstrafen fällig. Unterschreitungen wurden in Geld vergütet. Für die einzelnen Gebiete wurden zusätzlich Preise und Geschäftsbedingungen für die einzelnen Gebiete von den dort verkaufsberechtigten Mitgliedern gemeinsam festgesetzt. Als letztes enthielt der Vertrag die Vereinbarung, Patente der Mitglieder nicht anzugreifen und sich gegenseitig Lizenzen unter den handelsüblichen Bedingungen einzuräumen.

Durch diesen Vertrag wurden die einzelnen Vertragspartner in ihrem Heimatgebiet vor tatsächlichem und potentiellem ausländischen Wettbewerb geschützt. Der Vertrag verschaffte der Reservierung der Heimatmärkte für die ausländischen Hersteller gegenseitige, universelle Anerkennung[179].

Die Reihe der Beispiele internationaler Patentkartelle läßt sich beliebig fortsetzen. An dieser Stelle seien jedoch nur noch kurz die bekanntesten namentlich erwähnt, wie etwa das internationale Funkkartell[180], das Kugellagerkartell[181], das bereits erwähnte Kunstseidekartell[182] und das internationale Aluminiumkartell[183].

---

[178] Vgl. *Schwartz,* Ivo, E.: Internationales Deutsches Kartellrecht, a.a.O., S. 113 ff.

[179] Vgl. *Schwartz,* Ivo, E.: Internationales Deutsches Kartellrecht, a.a.O., S. 113 ff.

[180] Die Vertragspartner waren Telefunken, RCA, Marconi Wireless Telegraph Company of Great Britain und die Companie Generale de Telegraphie. Die getroffenen Vereinbarungen bezogen sich auf den Austausch von Erfahrungen und Erfindungen, auf eine gegenseitige Abgrenzung der Marktgebiete, auf eine Regelung von Preisen und anderes mehr. Die vier Gesell-

γγ) Der Einfluß des Patentprozeßrechts

Es war schon ausgeführt worden, daß das Patentprozeßrecht häufig Ursache zur Bildung von Unternehmenszusammenschlüssen ist. Eine ganz entscheidende Rolle spielt es aber auch für die Verwirklichung des Wunsches nach Marktbeherrschung durch bestimmte Unternehmen[184]. Besonders hier wird deutlich, wie sehr die Patente als Ursache und Mittel zur Marktbeherrschung zugleich zu Unternehmenszusammenschlüssen beitragen.

Selbstverständlich läßt sich in den realen Fällen, in denen Patente als Mittel zur Verwirklichung des Wunsches nach Machtbeherrschung dienen oder gedient haben, nicht immer dieses oder jenes Kriterium der Patente in den Vordergrund stellen. Oft haben beide Eigenarten, sowohl die kartellschützende Funktion wie auch die Ausgestaltung des Prozeßrechts der Patente im Zusammenwirken das angestrebte Ziel der Marktbeherrschung ermöglicht.

Es erscheint gerade das Patentprozeßrecht als ein besonders gut geeignetes Mittel, unvollkommene Patentmonopolstellungen durch Niederringung der Außenseiter zu marktbeherrschenden Positionen auszubauen. Vorwiegend bei ungleich starken konkurrierenden Patentbesitzern vermag das Patentprozeßrecht diese Funktion innezuhaben. Vor allem in den angelsächsischen Ländern kommt dem Patentprozeßrecht eine solche Bedeutung zu, die es dem finanziell starken Patentinhaber ermöglicht, zu Unrecht bestehende eigene Patente zu schützen und umgekehrt zu Recht bestehende fremde Patente anzugreifen.

Aufgrund der hohen Prozeßkosten können patentstarke Großunternehmen ihre kleineren Konkurrenten dadurch niederringen, daß sie diese systematisch mit Verletzungsklagen überziehen. Das ist deshalb noch besonders von Nachteil, weil Patentverletzungen in den USA nicht strafrechtlich verfolgt werden können und somit dem Verletzten die fast kostenlose Hilfe des Strafverfahrens fehlt. Das Gesetz verweist

---

schaften bildeten auch ein Konsortium, dem die Aufgabe oblag, in Südamerika Funkstationen zu errichten.

[181] Dieses Kartell beruhte auf einem 1938 geschlossenen Vertrag zwischen der amerikanischen Rollen- und Kugellager-Gesellschaft Timken, der British Timken Ltd. und der Société Anonyme Française Timken (French Timken). Darin teilten die drei Unternehmen den Weltmarkt für ihre Produkte in drei Produktions- und Verkaufsgebiete auf. Außerdem setzten sie die Preise für den gemeinsamen Markt Rußland fest.

[182] Vgl. S. 80, Anm. 107).

[183] Vgl. dazu insbesondere die Darstellungen von *Wallace,* Donald H.: Market Control in the Aluminium Industry, Cambridge (Mass.) 1937, und von *Stocking,* George .W und *Watkins,* Myron, W.: Cartels in Action, New York 1946, S. 216—273.

[184] Vgl. dazu bereits unsere Andeutungen auf S. 91.

ihn ausschließlich auf den Weg der Privatklage, und hier kann sich der Beklagte damit verteidigen, daß er entweder bestreitet, das Patent verletzt zu haben, oder daß er die Gültigkeit des Patents angreift[185].

Während in Deutschland aufgrund verschiedener gesetzlicher Bestimmungen die hohen Kosten von Patentverletzungsprozessen zugunsten wirtschaftlich schwacher Parteien u. U. herabgesetzt werden können[186], müssen in den angelsächsischen Ländern die Kosten solcher Prozesse, die oftmals einen sehr hohen Streitwert haben, in voller Höhe auch von wirtschaftlich schwachen Parteien getragen werden. In Großbritannien belaufen sich z. B. die Kosten eines normalen Patentprozesses in erster Instanz auf etwa 500 bis 2000 Pfund, die eines komplizierten auf etwa 1000 bis 10 000 Pfund. Für jede Rechtsmittelinstanz erhöhen sich diese Kosten noch um etwa 50 bis 100 v.H. Der teuerste Prozeß in Großbritannien, der von 1931—1935 zwischen der British Celanese Co. und Courtaulds geführt wurde und der über drei Instanzen ging, kostete 59 000 Pfund. Der billigste Prozeß kostete immerhin noch 172 Pfund[187]. In den USA sind die Kosten noch höher.

Es ist offensichtlich, daß nur ein sehr kapitalstarkes Unternehmen die Kosten einer solchen Verletzungsklage tragen kann. Große Konzerne oder auch ein Patentpool, die über genügend Kapital und Patente verfügen, um evtl. auch den Verlust eines Patents in Kauf nehmen zu können, sind so als einzige in der Lage, Patentverletzungsprozesse erfolgreich zu unternehmen. Die Folge daraus ist, daß große Unternehmen oder Patentgemeinschaften oft ungestraft die Patente ihrer kleineren Wettbewerber systematisch verletzen können oder aber kleinere Wettbewerber durch die Drohung mit offensichtlich unbegründeten Verletzungsprozessen zur Abtretung ihrer Patente bzw. zum Beitritt zur Patentgemeinschaft zwingen können. In vielen Fällen wurden Außenseiter eines Patentkartells durch Drohungen mit Verletzungsprozessen dazu gebracht, dem Kartellorgan eine ausschließliche Lizenz an ihrem wertvollen Patentbesitz zu erteilen, wofür sie dann nur eine einfache Lizenz an den Patenten des Kartells erhielten. Als Beispiel sei hier auf den Fall der amerikanischen General Electric verwiesen, in dem ein Außenseiter, die Cuttings Corporation, eine Legierung für

---

[185] Vgl. dazu auch *Michaelis*, R.: Praktisches Handbuch des amerikanischen Patentrechts, Berlin 1932, S. 254.

[186] Nach § 53 PatG kann der hohe Streitwert — und damit die Kosten — zugunsten einer Partei herabgesetzt werden, die glaubhaft macht, daß die Belastung mit den vollen Kosten ihre wirtschaftliche Lage erheblich gefährden würde. Zudem bietet in Deutschland das Institut des Armenrechts, das in den angelsächsischen Ländern nicht oder in nur unzureichender Form vorhanden ist, den wirtschaftlich Schwachen weiteren Schutz (vgl. §§ 46a bis 46k).

[187] *Meinhard*, Peter: Inventions, Patents and Monopoly, a.a.O., S. 177 ff.

Schneideflächen in Werkzeugmaschinen — Cutanit genannt — entwickelt und patentiert hatte, welche die von der General Electric benutzte Legierung „Widia" in vieler Hinsicht übertraf. General Electric behauptete unverzüglich eine Abhängigkeit der Cutanit-Patente von ihren Widia-Patenten und drohte mit einer Klage. Cuttings ließ sich davon einschüchtern und erteilte der General Electric eine ausschließliche Lizenz an allen in Frage kommenden Patenten. Cuttings erhielt dafür von General Electric eine einfache Lizenz, welche ihr hinsichtlich Art und Menge aller herzustellenden Legierungen starke Beschränkungen auferlegte und sie völlig unter Preiskontrolle brachte[188].

Für die deutsche Situation kann man sagen, daß hier Gesetzgeber und Rechtsprechung es verstanden haben, diese Auswüchse des Patentmißbrauchs zu verhindern. Nach § 54 PatG ist es z. B. gesetzwidrig, wenn ein Inhaber von mehreren Patenten einen Konkurrenten durch fortgesetzte Verletzungsklagen vergleichsmürbe macht, weil dieser die Lust am Prozessieren verliert oder die weiteren Kosten nicht mehr aufbringen kann.

Im amerikanischen Patentrecht lassen zusätzliche Gegebenheiten die Tatsache der mit der Durchsetzung von Patenten auftretenden hohen Kosten noch stärker zu Lasten wirtschaftlich schwacher Patentbesitzer ins Gewicht fallen. Als amerikanische Besonderheit in der Gerichtsverfassung muß erwähnt werden, daß ein Urteil nur innerhalb jenes Gerichtssprengels Recht schafft, in dem es ergangen ist. Daraus ergibt sich, daß ein Patentinhaber, der in einem Verletzungsprozeß gesiegt hat, u. U. den Verletzer noch in mehreren anderen Bezirken verklagen muß. Einem kleineren Unternehmen ist es unmöglich, die hohen Kosten für die vielen notwendigen Verfahren aufzubringen. Für das Großunternehmen ist die Sachlage dagegen oft so, daß sie in der Regel nur einen Prozeß zu führen haben, da ihr kleinerer Wettbewerber meist nur in einem Gerichtssprengel produziert, ganz im Gegensatz zu den großen Konzernen und Kartellen, die in mehreren Sprengeln ihre Produktionsstätten haben[189].

Ein weiteres Moment im amerikanischen Patentrecht, das den wirtschaftlich stärkeren Patentinhaber bevorzugt, stellt das Patenterteilungsverfahren dar. Da nach dem amerikanischen Patentrecht nicht der erste Anmelder, sondern der erste Erfinder das Patent erhalten soll, muß sehr häufig in solchen Fällen, in denen sich Erfindun-

---

[188] Vgl. dazu *Lieberknecht,* Otfried: Patente, Lizenzverträge und Verbot von Wettbewerbsbeschränkungen, a.a.O., S. 104. Siehe hierzu auch die Ausführungen von *Dirlam,* Joel B. und *Kahn,* Alfred E.: Fair Competition. The Law and Economics of Antitrust Policy, Ithaca (N. Y.), 1954, S. 160.

[189] Vgl. auch *Lieberknecht,* Otfried: Patente, Lizenzverträge und Verbot von Wettbewerbsbeschränkungen, a.a.O., S. 105.

gen überschneiden oder sogar gleich sind, die Prioritätsfrage geklärt werden. Diese Klärung geschieht in einem sehr kostspieligen und langwierigen formalistischen Verfahren, dem sogenannten Interferenzverfahren. Auch hier wird wiederum wie bei den Verletzungsklagen der kapitalkräftige Patentbesitzer begünstigt, sei es nun ein großer Konzern oder ein Patentkartell, dem die gewiegtesten Patentanwälte zur Verfügung stehen. So ist allein die Drohung eines kapitalstarken Patentbesitzers mit einem Verfahren zur Klärung der Prioritätsfrage ein geeignetes Mittel, einen schwächeren Konkurrenten zum Beitritt zu einem Patentpool oder zur Vergabe der ausschließlichen Lizenz an ein Großunternehmen zu bewegen.

Zusammenfassend läßt sich sagen, daß das Patentprozeßrecht insbesondere in Großbritannien und den USA — hier noch unterstützt durch die Besonderheiten in der Gerichtsverfassung — monopolistische Tendenzen in sich birgt. Die Eigenschaften des Patentverletzungsprozesses machen es zu einer geeigneten Waffe für Großunternehmen und Patentgemeinschaften, kleinere Konkurrenten unter Kontrolle zu bringen[190].

γ) *Zusammenfassung*

Die vorhergehenden Ausführungen haben ergeben, daß die Patente in mehrerer Hinsicht die Unternehmenskonzentration begünstigende Eigenschaften aufweisen. Infolge dieser Eigenschaften ist die Bedeutung der durch Patente hervorgerufene Wirtschaftskoalitionen als erheblich anzusehen. Jedoch zeigten unsere Beispiele auch, daß diese Tatsache nur für bestimmte Industriezweige, nämlich vor allem solche der Fertigwarenindustrie, gilt. Einen besonderen Rang nehmen patentbedingte Unternehmenszusammenschlüsse insbesondere im Bereich der chemischen und Elektroindustrie ein. Unsere Untersuchungen zeigten ebenfalls auf, daß in vielen Fällen das Ergebnis patentbedingter Konzentrationen marktbeherrschende Unternehmen oder Unternehmensverbände sind. Beispiele dafür ließen sich insbesondere aus den USA anführen, wo die Antitrustgesetze Ursache dafür waren, daß man nach Formen des Zusammenschlusses zum Zwecke der monopolistischen Marktbeherrschung suchte, die die Bestimmungen der Antitrustgesetze umgingen. So verdanken in erheblich größerem Maße amerikanische Trusts und Kartelle ihre Monopolstellung im wesentlichen einer Zusammenfassung von Patenten, als dies in anderen Ländern der Fall ist.

---

[190] So auch *Lieberknecht*, Otfried: Patente, Lizenzverträge und Verbot von Wettbewerbsbeschränkungen, a.a.O., S. 104.

## 2. Möglichkeiten zur Ausdehnung der Patentgrenzen

Sei es, daß ein Pionierpatent oder die Ansammlung einer Vielzahl von Patenten einem Unternehmen eine starke Marktstellung — monopolistisch oder zumindest oligopolistisch — gewährt, in beiden Fällen stehen diesem Unternehmen weitere Möglichkeiten zur sachlichen und zeitlichen Ausdehnung des Geltungsbereichs seiner Patente offen. Die größte Bedeutung ist dabei der Lizenzvergabe beizumessen.

### *a) Sachliche Ausdehnung durch Lizenzen*

Im Vorhergehenden war gezeigt worden[191], daß mit der einfachen Lizenzvergabe eine Änderung der bestehenden Marktform eintritt, denn mit der Erteilung einer Lizenz begibt sich ein bisheriger Patentmonopolist seines Monopols. Infolge der bestehenden Vertragsfreiheit bei der Lizenzvergabe kann der Patentmonopolist seine Lizenzen jedoch unter restriktiven Bedingungen vergeben, die den soeben eröffneten Wettbewerb uno actu wieder einzuschränken vermögen. Der Grad der Einschränkung hängt von der Art der gegebenen Lizenzbeschränkungen ab. Einschränkungen dieser Art sind gegeben durch Preisfixierungen, Festlegung des Absatzgebietes oder Begrenzung der Ausbringungsmenge, wobei sich diese Beschränkungen auf das patentierte Produkt wie auch auf nicht geschützte Erzeugnisse beziehen können. Diese Erscheinungsformen typischer Kartellabsprachen haben häufig die bestehende Marktposition des Patentbesitzes in keiner Weise verändert[192].

Besonders gut lassen sich Beispiele für diese die Marktstellung des Neuerers kaum verändernde restriktive Lizenzvergabe von amerikanischen Unternehmen anführen, da sie hier ihre krassesten Auswüchse hatten und zugleich teilweise am schärfsten von der Rechtsprechung bekämpft wurden. Die einzelnen Gerichtsverfahren im Zusammenhang mit restriktiven Lizenzvergaben der genannten Art förderten die jeweiligen Praktiken der Unternehmen auf diesem Gebiet in allen Einzelheiten zu Tage.

Sowohl nach deutschem wie auch nach amerikanischem Recht sind Preisbindungen oder Outputfixierungen in normalen Lizenzverträgen

---

[191] Vgl. S. 70.

[192] Vgl. dazu auch *Voigt,* Fritz: Unternehmenszusammenschlüsse; in: HdSw, Bd. 10, Stuttgart-Tübingen-Göttingen 1959, S. 559: „Gewöhnlich wird die Lizenzierung als eine Auflockerung der durch das Gesetz dem Patentinhaber eingeräumten Monopolstellung angesehen. Tatsächlich aber schreibt das Unternehmen, das über das Patent verfügt, sehr oft den von ihm lizenzierten Firmen eine bestimmte Preisgestaltung, die Begrenzung der Produktionsmenge oder des Kundenkreises durch den Lizenzvertrag vor, der somit ähnlich wirkt wie analoge Kartellabreden zwischen Anbietergruppen."

unbedenklich, sofern sie sich nur auf die Verkaufspreise bzw. Outputs des Lizenznehmers an die ersten Abnehmer der patentierten Erzeugnisse erstreckten. Für die USA war hierfür der General Electric-Fall von 1926 der entscheidende Richtpunkt, in dem u. a. General Electric das Recht zugestanden wurde, für seine patentierten elektrischen Lampen die Verkaufspreise des Lizenznehmers festzusetzen[193].

Bis 1948 galt eine Preisfixierung in Lizenzverträgen auch dann, wenn sie für mehrere Lizenznehmer zugleich festgesetzt wurde, als rechtmäßig. Ein im Jahre 1948 gefälltes Urteil des Obersten Gerichtshofes gegen die U. S. Gypsum hat hier jedoch eine Änderung in der Rechtsauffassung gebracht und derartige Preisabreden für illegal erklärt. In dem genannten Fall hatte ein Großunternehmen für patentierte Gipsplatten — die U. S. Gypsum — ein Netz von Lizenzverträgen geschaffen, in dem überall ein Mindestverkaufspreis für die Platten festgesetzt war; gleichzeitig mußten die Lizenznehmer einen bestimmten Prozentsatz vom Verkaufspreis für alle Stuck- und Gipsplatten der verschiedensten Sorten an sie abführen, mochten diese Platten nun nach dem Patentverfahren hergestellt sein oder nicht. Außerdem wurde es den Lizenzträgern untersagt, diese Platten ohne besondere Genehmigung an Zwischenhändler zu verkaufen. Sodann gründete die U.S. Gypsum Co. noch eine Tochtergesellschaft, die detaillierte Preislisten mit besonderen Verkaufsbedingungen herausgab. Dabei wurden die Lizenznehmer dringend ersucht, Beschwerden gegen jede Firma vorzubringen, die sich nicht nach diesen Preislisten richtete; auf diese Art wurde nun eine wirksame freiwillige Preiskontrolle durchgeführt. Im Falle gewisser nichtpatentierter Platten, die gleichzeitig mit patentierten Platten verkauft wurden, war in diesen Preislisten die Gewährung von Rabatten untersagt.

Der Oberste Gerichtshof war in dem Prozeß gegen die U.S. Gypsum der Meinung, daß eine Preiskontrolle, die auf dem Patentschutz aufgebaut ist, über die nach dem Patentgesetz gezogenen Grenzen hinausgeht und nach dem Sherman Act als unzulässig zu gelten habe. So wurden die Lizenzverträge in diesem Falle für ungesetzlich und alle Gewinne, die der Patentinhaber und die Lizenznehmer aus der vertraglichen Ausschließung der Konkurrenz zogen, für ungültig erklärt[194].

---

[193] Nach Angaben aus dem Jahre 1949 beschäftigte General Electric mehr als 80 000 Leute als Agenten, um auf diese Art die Einzelhandelspreise von elektrischen Lampen kontrollieren zu können. Vgl. U. S. v. General Electric Co., 82 F. Supp. 753 (1949). Siehe dazu auch *Wilcox,* Clair: Public Policies, a.a.O., S. 181 und 176; ebenso auch *Gansser,* Georges: Internationale Patentabmachungen und das Antitrustproblem; in: WuW, 1. u. 2. Jg. (1951/52), S. 768.

[194] Vgl. *Neumeyer,* Friedrich: Patent und Beschränkungen des Wettbewerbs, a.a.O., S. 240 ff.

Zwei weitere Urteile gegen amerikanische Firmen aus dem Jahre 1952 bekräftigten die Illegalität solcher Preisfixierungen[195].

Neben der Preisfixierung spielte auch die Begrenzung der Ausbringungsmenge des Lizenznehmers bei den amerikanischen Patentmonopolisten eine bedeutende Rolle. So sah z. B. der Kontrakt zwischen der Hartford-Empire-Company und der Florida-Glass-Company vor, daß der Lizenznehmer in jedem Jahr nicht mehr als 21 000 Gros[196] solcher Flaschen produzieren sollte. — Die Lizenzen, die der Stanley Elevator Co. gewährt wurden, unter Patenten, die Otis und Westinghouse gehörten, erlaubten diesem Konzern nicht mehr als 20 Elevatoren jährlich zu verkaufen. — Aufgrund seines Vertrages mit General Electric zahlte Westinghouse anfangs eine Gebühr von 1 % der Erlöse für Lampen, wenn letztere nicht 25,4 % der gesamten Erlöse beider Konzerne überstiegen. Von den Erlösen für Lampen aber, die 25,4 % der Gesamterlöse beider Konzerne überstiegen, mußte Westinghouse 30 % Gebühr zahlen[197].

Als Beispiel für die Verpflichtung des Lizenznehmers, in einem bestimmten Gebiet zu verkaufen, mögen der Vertrag der schon genannten Hartford-Empire-Company mit der Northwestern Glass dienen, welcher letzterer erlaubte, nur in Oregon, Idaho, Montana und Alaska zu verkaufen, oder der Vertrag mit der Laurens-Glass, wonach dieser Konzern verpflichtet wurde, seine Flaschen ausschließlich an zwei Käufer in Spartanburg, South Carolina, zu verkaufen[198].

Über die Lizenzeinschränkungen der genannten Art hinaus haben jedoch zugleich Restriktionen anderer Art, sogenannte Knebelungsverträge, zu einer *sachlichen Ausdehnung* der Patentgrenzen, d. h. zur Einflußnahme auf weiteren Märkten, und damit zu einer starken Konzentration geführt. Im Angelsächsischen als „tying clauses" bezeichnet, beinhalteten solche Lizenzverträge z. B. langfristige Abnahmeverpflichtungen bestimmter, nicht patentierter Erzeugnisse oder — bei der Erteilung einer Lizenz für ein Verfahrenspatent — die gleichzeitige Abnahme der erforderlichen Anlagen.

Einer der bekanntesten Fälle einer solchen Lizenzvergabe dürfte wohl das Vertragssystem der amerikanischen „United Shoe Machinery

---

195 342 U. S. 371 und US Law Week, Vol. 20, No. 49, vom 17. 6. 1952, S. 2597, zitiert bei *Gansser*, Georges: Internationale Patentabmachungen und das Antitrustproblem, a.a.O., S. 768.

196 Gros = „das große Dutzend" = 144 Stück.

197 Vgl. *Wilcox*, Clair: Competition and Monopoly in American Industry, T.N.E.C. Monograph No. 21, Washington, D.C., 1940, S. 75 ff. (im folgenden zitiert als Wilcox, Clair: Competition and Monopoly).

198 *Wilcox*, Clair: Competition and Monopoly, a.a.O., S. 76.

Co.“ darstellen, bei dem die Vermietung der patentierten Maschinen nur aufgrund folgender Bedingungen gestattet wurde[199]:

1. Schuhwerk darf nur durch Maschinen der Gesellschaft bearbeitet werden.
2. Die gemietete Maschine muß voll ausgenutzt werden.
3. Sie darf nur für die Arbeitsgattung benutzt werden, für die sie bestimmt ist.
4. Nur vom Vermieter dürfen Ersatzteile, Doppelteile und Mechanismen für die gemietete Maschine erworben werden.
5. Die Herstellung patentierter Brandsohlen ist nur erlaubt in Verbindung mit Schuhwerk, das auf gemieteten Maschinen hergestellt wurde.
6. Jede zusätzliche Maschine, die im selben Herstellungszweig wie die gemietete gebraucht werden kann, ist ebenfalls vom Vermieter zu mieten.
7. Der Vermieter erhält Erlaubnis zu bestimmen, ob der Mieter in seiner Fabrik mehr Maschinen für dieselbe Arbeit hat als er braucht, und kann diese nötigenfalls entfernen, wenn sie seiner Meinung nach entbehrlich sind.
8. Nach Wahl des Vermieters ist eine Begrenzung aller Mieter und die Entfernung aller gemieteten Maschinen zu dulden, wenn eine Bestimmung des Mietvertrages verletzt wird.

Mit Hilfe dieses Lizenzsvertragsystems vermochte die United Shoe Machinery eine Marktstellung zu erwerben, die praktisch die ganze Welt umspannte.

Ein anderes Beispiel, bei dem die Lizenzvergabe zu einer vertikalen Monopolisierung von einer Produktions- und Distributionsstufe zur nächsten führte, stellt die „Hartford-Empire Corporation“[200] dar, die

---

[199] Die Nennung des Beispiels dieser Gesellschaft macht deutlich, daß in dem jetzt behandelten Zusammenhang der sachlichen und zeitlichen Ausdehnung eines durch Pionierpatente errungenen Monopols kaum noch zwischen Monopol aus Einzelpatent- oder Mehrfachpatentbesitz unterschieden werden kann. Denn die mit der sachlichen Ausdehnung des Patentmonopols verbundene zeitliche Ausdehnung — s. dazu S. 120 ff. — führte in diesen Fällen auch zu einem mehrfachen Besitz an Patenten. Entscheidend für unsere Einordnung dieser Beispiele in die mit Einzelpatentbesitz verbundenen Zusammenhänge ist aber, daß ursprünglich die Schaffung der Monopolstellung durch ein einzelnes Patent zustande kam und daß erst mit der Ausdehnung des Monopols zusätzliche Patente zu der ursprünglichen Neuerung erworben wurden. Bei der United Shoe Machinery Corp. geschah dies in Form der konzernmäßigen Angliederung weiterer Unternehmen, die im Besitz von Schuhmaschinenpatenten waren, wie z. B. der International Goodyear Shoe Machinery Company, der Davey Pegging Machinery Company und anderer Firmen. Vgl. dazu auch *Salzer,* H.: Austausch von technischen Erfahrungen, a.a.O., S. 39.

[200] Siehe bereits in den vorhergegangenen Ausführungen.

Lizenzen für eine patentierte Maschine vergab, die zur Herstellung von Glasbehältern diente. Die Lizenzen wurden aber nicht nur zur Monopolisierung der Behältermaschinen gebraucht, sondern auch zur *Kartellierung* der Behälterindustrie selbst. Es wurden Maschinen verliehen an Hersteller von Krügen und Flaschen, und jeder von ihnen wurde durch Lizenzen verpflichtet, eine bestimmte Menge eines bestimmten Gutes zu produzieren und es in einem gewissen Markt zu einem gewissen Preis zu verkaufen. Die Krüge und Gläser waren nicht patentiert, aber ihre Produktion und ihr Verkauf wurden streng kontrolliert[201]. Im einzelnen waren folgende neun wichtigsten Beschränkungen in den Lizenzvereinbarungen dieses Patentkartells enthalten:

1. Kein neuer Lizenznehmer (außer einem Kartellmitglied, nämlich den Corning Glass Works) durfte elektrische Glühbirnen, optische Gläser, feuer- und säurefestes Glas, Haushaltsgläser oder Laboratoriumsgläser mit den Maschinen herstellen, für die eine Lizenz erteilt wurde. 10 Lizenznehmern wurde die Herstellung von Milchflaschen gestattet. 26 Lizenznehmer erhielten die Genehmigung zur Herstellung von Parfüm- und Kosmetikflaschen, 32 Lizenznehmer durften Bierflaschen herstellen usw.

2. Einem bestimmten Lizenzträger wurde es verboten, jährlich mehr als 21 000 Gros Flaschen herzustellen[202]; ein anderer durfte nicht mehr als 14 000 Gros ovale Flaschen produzieren, die jeweils pro Stück nicht mehr als 14 Unzen wiegen durften; ein Dritter durfte insgesamt nur 300 000 Gros Einmachgläser pro Produktionsjahr herstellen.

3. Die Gesellschaft gestattete einem Produzenten nur die Herstellung von Weinflaschen, die für Abendmahlswein bestimmt waren; ein anderer durfte nur Flaschen für Magnesiamilch (Medizin) herstellen, ein anderer nur Flaschen für Rizinusöl und Terpentin; einem vierten war die Herstellung von Mayonnaise- und Honiggläsern, einem fünften von Flaschen für Essig, Apfelsaft und flüssige Extrakte gestattet. Gewisse Flaschen durften nur mit Kakaomilch gefüllt werden, durften jedoch nicht an Molkereien zur Füllung mit gewöhnlicher Milch geliefert werden.

4. Nach einer anderen Lizenz war es dem Lizenznehmer nur gestattet, Glasbehälter in den Staaten Alaska, Idaho, Montana und Oregon zu verkaufen. In einer weiteren Lizenz wurde nur der Verkauf an bestimmte Firmen in einer Stadt des Staates South Carolina genehmigt[203].

---

[201] Vgl. *Wilcox,* Clair: Public Policies, a.a.O., S. 175; ebenso auch *Neumeyer,* Frederik: Patent und Beschränkung des Wettbewerbs, a.a.O., S. 240 ff.

[202, 203] Siehe bereits S. 114.

5. Nur diejenigen Firmen erhielten Lizenzen, von denen bekannt war, daß sie keine Preisunterbietung üben würden. Die gleichzeitige Beschränkung der Produktion, die unter 2. geschildert wurde, hatte zur Folge, daß die Lizenzen als indirekte Preiskontrolle wirkten.
6. Wenn gewisse Maschinen zur Herstellung von Glasbehältern verkauft oder vermittelt wurden, so galt die Bedingung, daß besondere Patentlizenzen erworben werden mußten für gewisse Einzelartikel, für die andere Mitglieder des Kartells Patente innehatten, oder daß die Maschine ausschließlich für bestimmte technische Prozesse Verwendung finden sollte.
7. Es war den Lizenznehmern untersagt, an gemieteten Maschinen ohne besondere Genehmigung Änderungen, Reparaturen oder sonstige Arbeiten vorzunehmen. Jede Änderung oder Ergänzung, die an der Maschine ausgeführt wurde, ging in das Eigentum der die Lizenz gewährenden Firma über.
8. Alle Lizenznehmer waren verpflichtet, keine Einwendungen gegen die Gültigkeit der Lizenzen während der Dauer der Vereinbarung zu erheben.
9. Die Lizenznehmer waren verpflichtet, im Falle gewisser Verletzungen der Lizenzvereinbarungen sämtliche Maschinen freiwillig zurückzugeben gegen Entschädigung von Mindestlizenzgebühren für 1 Jahr.

Andere Fälle, in denen Patentbesitzer ihre Lizenznehmer an die Abnahme anderer, nicht patentierter Waren oder Verfahren banden, sind vor allem die Fälle der Radio Corporation of America (RCA), die ihre Lizenznehmer verpflichtete, auch Röhren von ihr zu kaufen, oder der International Business Machines (IBM), die von ihren Kunden verlangte, auch ihre Lochkarten von der IBM zu beziehen. Diese Zwangsklausel brachte der Gesellschaft jährliche Einnahmen von mehreren Millionen Dollar, bis dieselbe im Jahre 1936 vom Obersten Gerichtshof für unzulässig erklärt wurde[204].

In ähnlicher Weise bestimmte auch die American-Can-Co., daß die Mieter ihrer Konservenschließmaschinen alle von ihnen benötigten Konservendosen ausschließlich von der Gesellschaft beziehen mußten. — Auch die Inhaber eines Patents für eine Filmkamera legten fest, daß alle von den Mietern der Kamera benötigten Rohfilme von ihnen gekauft werden mußten[205]. — Als weiteres Beispiel ist hier die amerikanische Firma Dick zu nennen, die ihre Mimeographen mit einer Lizenzeinschränkung verkaufte, die den Maschinen gedruckt beigefügt

---

[204] Vgl. *Wilcox*, Clair: Public Policies, a.a.O., S. 180.

[205] Vgl. dazu *Neumeyer*, Frederik: Patent und Beschränkung des Wettbewerbs, a.a.O., S. 240 ff.

war. Nach dieser Vorschrift durfte die Maschine nur mit Schablonenpapier, Tinte u. a. von der Firma Dick benutzt werden[206].

Während vor der amerikanischen Anti-Trust-Gesetzgebung noch ein amerikanisches Gericht darin eine Verletzung der Dick-Patente sah, daß eine andere Firma, die von der Lizenzeinschränkung wußte, Tinte an einen Lizenznehmer der Firma Dick verkauft hatte[207], wurden derartige „tying contracts" im Laufe der Anti-Trust-Gesetzgebung durch den Clayton-Act (1914) verboten. So wurden auch aufgrund dieses Gesetzes nach 1918 und infolge strengerer Rechtsprechung die Klauseln der genannten United Shoe Machinery Corporation für unzulässig erklärt (U.S. v. United Shoe Machinery Corp., 110 F. Supp. 295 - 1953 -)[208]. Auch die Ausschließlichkeitsbestimmungen der Radio Corporation of America und der International Business Machines wurden dadurch verboten.

Im Jahre 1938 erklärte der Oberste Bundesgerichtshof, daß jede Verwendung eines Patents zum Zwecke der Erlangung eines begrenzten Monopols an nichtpatentierten Artikeln ungesetzlich sei. Im Jahre 1944 schließlich urteilte der Oberste Gerichtshof im Mercoid-Fall, in dem der Inhaber eines Kombinationspatentes für ein Heizungssystem seine Einkünfte allein daraus bezog, daß er nichtpatentierte Kombinationsteile des betreffenden Systems verkaufte, daß jede derartige Sonderklausel für patentierte oder nichtpatentierte Produkte, die im Zusammenhang mit den patentierten Verfahren oder als Teil einer patentierten Kombination verwendet werden müssen, ein Verstoß sowohl gegen die Patentgesetze als auch gegen die Antitrustgesetze sei[209].

In Abwehr von Knebelungen dieser Art versuchte man in Schweden und Österreich besondere Abwehrbestimmungen zu erlassen. In Schweden sollten Bestimmungen folgender Art in Lizenzverträgen für wirkungslos erklärt werden: erstens, daß der Erwerber der Lizenz Gegenstände oder Verfahren anderer Herkunft als derjenigen des Lizenzgebers nicht benutzen darf, zweitens, daß bei der Bearbeitung von Waren, die bisher unbearbeitet waren, oder von anderen Gegenständen weiter verarbeitet werden, keine anderen Gegenstände benutzt werden

---

[206] *Vaughan*, F. L.: Economics of Our Patent System, a.a.O., S. 125.

[207] *Vaughan*, F. L.: Economics of Our Patent System, a.a.O., S. 125.

[208] Noch 1918 wurden aufgrund des Sherman-Acts die Ausschließlichkeitsverträge, die der Trust mit seinen Kunden abgeschlossen hatte, nicht als eine Unterdrückung der Kunden oder der Konkurrenz angesehen; man sah in ihnen nur einen rechtlichen Ausfluß der von dem Unternehmen innegehaltenen Patentrechte (United States v. United Shoe Machinery Corporation, 247 U. S. 32, 38 Sup. Ct. 473 (1918). Siehe auch *Engelmann*, Fritz: Der Kampf gegen die Monopole in den USA, Berlin und Tübingen 1951, S. 59 f.

[209] Vgl. dazu auch *Neumeyer*, Frederik: Patent und Beschränkung des Wettbewerbs, a.a.O., S. 240 ff.

dürfen, als der Lizenzgeber ausdrücklich gestattet, und drittens, daß der Erwerber der Lizenz andere Gegenstände kaufen oder mieten muß, die nicht patentgeschützt sind.

In Österreich konnten Lizenzverträge, wonach der Erwerber der Lizenzerlaubnis eine bestimmte Erwerbstätigkeit zu unterlassen oder bei deren Ausübung Beschränkungen einzuhalten hat, die sich nicht auf die Art oder den Umfang der patentierten Erfindung beziehen, ganz oder teilweise unwirksam erklärt werden, wenn durch sie Interessen der Gesamtwirtschaft, der Landesverteidigung, der öffentlichen Sicherheit oder andere Interessen des Gemeinwohls beeinträchtigt wurden. Sowohl der Gesetzesvorschlag in Schweden als auch die gesetzlichen Vorschriften in Österreich sind jedoch nicht durchgedrungen bzw. haben sich nur für kurze Zeit durchgesetzt.

In Deutschland kam es zu keiner solchen konsequenten Ablehnung derartiger Lizenzvereinbarungen, wie es in den USA der Fall war. An der Zulässigkeit und Verbindlichkeit derartiger Abreden haben nie Zweifel bestanden. In den Entscheidungen der Reichsgerichte wurden derlei Vereinbarungen nicht beanstandet[210].

Bekannt hierfür ist z. B. der Fall eines Unternehmens, das Lizenzen auf sein Patent für ein Verfahren zur Herstellung von Metallüberzügen nur an Unternehmen erteilte, die ihre gesamte Verzinnungsanlage vom Patentinhaber bezogen hatten. Die Lizenzen waren auf die Verzinnung von Flaschenverschlüssen und Konservendosen beschränkt[211]. — In einem anderen Fall mußte der Lizenznehmer bezüglich einer Patentmatratze alle Federn und alles Eisenzeug vom Patentinhaber beziehen. Er durfte nur bis zu 10 % seiner Gesamtproduktion Matratzen anderen Systems herstellen. Nach Beendigung des Vertrages mußte er 18 Monate lang jeden Wettbewerb in bezug auf Herstellung und Vertrieb von irgendwelchen Matratzen unterlassen[212]. — Auch jener Vertrag, nach dem ein Lizenznehmer eines Verfahrens zum Abbinden elektrischer Leitungen mittels einer im Unteranspruch erforderlichen Gummitülle diese vom Patentinhaber beziehen mußte, wurde von den Gerichten nicht beanstandet[213].

In der BRD werden durch den § 20 des Gesetzes gegen Wettbewerbsbeschränkungen von 1957 die sachlichen Einschränkungen durch den

[210] Für sie galten nur die allgemeinen Schranken der Vertragsfreiheit, also insbesondere §§ 134, 138, 226 und 826 BGB. Es ist jedoch kein Fall bekannt geworden, in dem Restriktionen der genannten Art als gegen die guten Sitten verstoßend, für nichtig gehalten worden wären (vgl. hierzu auch *Lieberknecht*, Otfried, a.a.O.: Patente, Lizenzverträge und Verbot von Wettbewerbsbeschränkungen, S. 44).

[211] Vgl. RG v. 16. 11. 1929; in: GRUR, 35. Jg. (1930), S. 174 f.

[212] Vgl. RG v. 21. 11. 1914; in: RGZ, Bd. 86, S. 46 f.

[213] Vgl. RG v. 14. 10. 1931; in RGZ, Bd. 133, S. 326.

Lizenzgeber in gewissen Schranken gehalten. Der § 20 dieses Gesetzes erklärt Verträge über Erwerb oder Benutzung von Patenten für unwirksam, soweit sie dem Erwerber oder Lizenznehmer Beschränkungen im Geschäftsverkehr auferlegen, die über den Inhalt des Schutzrechts hinausgehen. Jedoch wird diese Erklärung dadurch geschwächt, daß nach dem Gesetz Beschränkungen hinsichtlich Art, Umfang, Menge, Gebiet oder Zeit der Ausübung des Schutzrechtes als nicht über den Inhalt des Schutzrechtes hinausgehend gelten. Daneben sieht das Gesetz in § 20 Abs. 2 noch weitere wichtige Ausnahmen von der ersten Bestimmung vor. Außerdem kann die Kartellbehörde nach § 20 Abs. 3 auf Antrag weitere Ausnahmegenehmigungen erteilen. Die tatsächliche Einflußnahme der Bestimmungen des Bundeskartellamtes ist stark eingeschränkt dadurch, daß nur ein geringer Teil der tatsächlich bestehenden Verträge im Zusammenhang mit Patenten den Kartellbehörden zur Erlaubniserteilung vorgelegt werden.

Dennoch kann man aber sagen, daß in Deutschland (DR bzw. BRD) die Bedeutung der aufgeführten Restriktionen in Lizenzverträgen nicht allzu groß gewesen ist. Dagegen sind gerade in dem Land, dessen Gesetzgebung am schärfsten gegen monopolistische Tatbestände jeder Art gerichtet war, den USA, jene Praktiken von besonderer Relevanz gewesen — wenn es auch in den letzten 20 Jahren aufgrund der strengeren Rechtsprechung zu zahlreichen Verurteilungen wegen Patentmißbrauchs gekommen ist. Es lassen sich dazu neben den bereits genannten unzählige weitere Beispiele anführen. Ursache dafür ist die besondere Ausgestaltung des Patentrechtes gewesen, die u. a. auch die Möglichkeit zur zeitlichen Ausdehnung des Patentschutzes bot, auf die noch einzugehen sein wird.

Fassen wir unsere Ausführungen zur Möglichkeit der sachlichen Ausdehnung der Grenzen von Patenten zusammen, so können wir feststellen, daß trotz der im Ablauf des historischen Prozesses der industriellen Entwicklung unterschiedlichen, mehr oder weniger starken Reaktionen des Gesetzgebers in den einzelnen Staaten auf Restriktionen der genannten Art in Lizenzverträgen die Lizenzvergabe häufig mehr ein entscheidendes Instrument zur Erhaltung und Ausdehnung von Patentmonopolen gewesen ist als ein Mittel zur Schwächung derselben. Ergebnis der sachlichen Ausdehnung der Patentgrenzen sind in vielen Fällen Konzentrationen großen Ausmaßes sowohl in der Form von Kartellen als auch von Konzernen gewesen.

### *b) Zeitliche Ausdehnung*

Im Sinne des Gesetzgebers sollte die zeitliche Begrenzung des Patentschutzes dahingehend wirken, daß auch Pionierpatente spätestens nach Ablauf der betreffenden Schutzfrist der Allgemeinheit zur freien Ausführung und damit der Konkurrenz überlassen werden. Dem Patentmonopolisten stehen jedoch viele Mittel zur Verfügung, um diese Absicht zu vereiteln und so vielleicht neben der sachlichen auch eine zeitliche Ausdehnung seines Monopols zu erlangen.

Ein oft gebrauchtes Mittel zur Verlängerung der Patentlaufzeit ist die Verschleppung des Patenterteilungsverfahrens. Üblich ist eine solche zeitliche Verlängerung vor allem in Ländern, in denen nach den gesetzlichen Bestimmungen die Schutzfrist des Patents nicht bereits mit der Anmeldung — wie z. B. in der BRD —, sondern erst mit der Erteilung des Patents anläuft — wie es etwa in den USA, Kanada oder auch den Niederlanden der Fall ist[214]. Hauptsächlich in den USA hat die Tatsache, daß das amerikanische Erteilungsverfahren sehr umständlich ist und durch lange Fristen bei Beanstandungen — regelmäßig sechs Monate — und eine große Zahl von Rechtsmitteln manche Möglichkeiten zur Verschleppung des Verfahrens[215] bietet, dazu geführt, daß sich der faktische, wenn auch nicht rechtliche Patentschutz in vielen Fällen auf 30 bis 40 Jahre erstreckte. Als Beispiel mag das „Fritts-Patent" gelten, das das Vertonungsverfahren für den Film umfaßte. Es wurde 1880 beantragt, blieb aber 36 Jahre lang schwebend und wurde erst 1916 erteilt. So gab es seinen Eigentümern Schutz für mehr als ein halbes Jahrhundert[216]. In einem anderen bekannten Fall war das Steimer-Patent für eine automatische Glasherstellungsmaschine 27 Jahre schwebend und gab so seinem Besitzer 44 Jahre lang Schutz[217].

Eine Verlängerung der patentbedingten Marktstellung läßt sich aber auch dadurch erreichen, daß man eine komplizierte Neuerung teilt und die einzelnen Bestandteile nacheinander patentieren läßt. Ein Beispiel für eine solche Praktik bieten die Patente der Hartford-Empire-Co.,

---

[214] Siehe hierzu auch die Darstellung von *Behrendt*, Peter: Die lange Dauer der Patenterteilungsverfahren in internationaler Sicht; in: GRUR, Auslands- und Internationaler Teil, Jg. 1963, S. 417 ff.

[215] Gegen die Zurückweisung eines Anspruchs ist zunächst ein Einspruch vorgesehen. Der Einspruchsentscheid unterliegt nach § 134 der Berufung an den Board of Appeals. Gegen dessen Entscheidung kann entweder der Court of Customs and Patent Appeals angerufen (§ 141) oder der Commissioner of the Patent Office im Wege des Zivilprozesses auf Erteilung des Patents verklagt werden (§ 145). Vgl. hierzu auch *Lieberknecht*, Otfried: Patente, Lizenzverträge und Verbot von Wettbewerbsbeschränkungen, a.a.O., S. 101 ff.

[216] Siehe *Wilcox*, Clair, Public Policies, a.a.O., S. 174. Auch Heine (*Heine*, G. H.: Monopolistischer Patentmißbrauch; in: GRUR, 50 Jg. (1948), S. 171) nennt einen Fall, in dem ein Patent 1910 angemeldet und seine Erteilung bis 1937 hinausgezögert wurde, so daß sich der Patentschutz also bis 1954 erstreckte.

[217] Vgl. zu diesem Beispiel *Machlup*, Fritz: The Political Economy of Monopoly, a.a.O., S. 283, nach dessen Meinung die zeitliche Ausdehnung des genannten Patentschutzes darauf beruht, daß „for all practical purposes a *pending* patent application affords adequate protection".

von denen das letzte 44 Jahre nach der ersten Patenterteilung ungültig wurde.

Zu den weiteren Möglichkeiten der zeitlichen Ausdehnung der Gültigkeit von Patenten gehört besonders auch der Aufbau eines Markenzeichens während der Laufzeit des Pionierpatents. Durch einen Markenschutz vermag sich der Patentmonopolist ein Meinungsmonopol zusätzlich zu verschaffen, durch das es ihm nach Ablauf seines Patentes möglich ist, auch weiterhin bei dem betreffenden Produkt seine Marktstellung zu behalten[218]. Als Beispiel dafür mag das Verfahren zur Herstellung von Aspirin dienen, das von den Bayer-Werken patentiert war. Obwohl nach Ablauf des Patents auch andere Unternehmen Aspirin erzeugen konnten, war der Name Aspirin nicht mehr vom Bayer-Kreuz zu trennen[219].

Ein anderes Mittel zur Patentverlängerung sind langfristige, vom Patentinhaber abgeschlossene Verträge mit Lieferanten und Abnehmern, die zu gefestigten Marktverhältnissen führen, die auch nach Ablauf des Patents weiter bestehen. Ein gutes Beispiel für eine solche zeitliche Verlängerung des Patentmonopols ist das Mietvertragssystem der schon genannten United Machinery Corporation.

Auch der Aufbau starker Beschaffungs- und Absatzorganisationen und eines Goodwill während der Laufzeit eines Pionierpatentes, welche später von den Konkurrenten nur schwer zu durchbrechen sind, kann zur zeitlichen Ausdehnung eines Patentmonopols gezählt werden.

Alle unsere bisherigen Ausführungen über die Möglichkeiten zur sachlichen und zeitlichen Ausdehnung einer starken Patentstellung haben verdeutlicht, daß vor allem in den Lizenzverträgen den Inhabern starker Patente wirksame Mittel zur Ausweitung ihrer Marktmacht zur Verfügung stehen. Während eine solche sachliche und zeitliche Ausdehnung der Patentgrenzen bei Einzelpatentbesitz nur als Ausnahme anzusehen ist, nämlich nur bei Vorliegen von wirklichen Pionierpatenten zur Einflußnahme auf zusätzlichen Märkten führt, ist dies die Regel bei Anhäufung von Patenten in einer Hand.

Diese Feststellung leitet über zu einer weiteren Differenzierung hinsichtlich der Anwendung der Möglichkeiten zur sachlichen und zeitlichen Ausdehnung der Patentgrenzen bei den einzelnen Patentbesitzern. Nicht jedem Patentbesitzer können Lizenzverträge als Mittel zur Ausweitung seiner wirtschaftlichen Macht dienen. Wie auch unsere empirischen Bei-

---

[218] Dagegen sieht z. B. das englische Markenrecht vor, daß Markenzeichen patentierter Produkte nach Ablauf des Patents auf Gesuch Dritter hin ggf. gelöscht werden können.

[219] Vgl. *Gather*, Gernot: Patente, a.a.O., S. 62 f.

spiele deutlich machten, sind es vor allem Großunternehmen, die die mit dem Patent verbundenen Möglichkeiten zur Erweiterung der wirtschaftlichen Macht ausschöpfen können. Zum einen bieten sich nur ihnen überhaupt die Möglichkeiten zum Abschluß von Knebelungsverträgen[220]; denn diese setzen voraus, daß das patentbesitzende Unternehmen ein Mehrproduktunternehmen ist. Nur dann kann sich auf Grund von Knebelungsverträgen die Patentmacht auch auf andere Märkte erstrecken.

Zum anderen ist auch bei normalen Preis-, Absatzgebiet- oder Absatzmengenfixierungen in Lizenzverträgen, die sich auf das patentierte Produkt beziehen, das kleine oder mittlere Unternehmen oft viel zu finanzschwach, um sich gegenüber finanzstarken Großunternehmen mit seinen Forderungen durchsetzen zu können[221]. Das Gleiche gilt auch für die Möglichkeiten zur zeitlichen Ausdehnung der Patentgrenzen. Dem kleinen oder mittleren Unternehmen steht in der Regel nur die direkte Ausnutzung seines Pionierpatentes offen und erst nach einem daraus evtl. resultierenden Wachstum, das es in die Reihe der kleineren Großunternehmen bringt, die Möglichkeit, auch in indirekter Weise, nämlich in Richtung auf wirtschaftliche Konzentrationsvorgänge, sein Patent zu nutzen.

### 3. Ergebnis

Unsere Betrachtung über die Bedeutung der Patente für die Marktformen hat gezeigt, daß Patente grundsätzlich zu allen Marktformen führen können, daß aber in der Mehrzahl der Fälle oligopolistische Marktformen durch Patente geschaffen werden, bei deren Marktteilnehmern eine Tendenz vorhanden ist, ihren Patentbesitz sowohl durch eigene Forschung und Entwicklung zu vergrößern wie auch durch vertragliche Abkommen und kapitalmäßige Verbindungen untereinander eine Zusammenfassung der vorhandenen Patente zu erreichen, wobei am Ende dieser Entwicklung oft monopolistische Großunternehmen mit Tausenden von Patenten zu verzeichnen sind. Wirkliche Monopolstellungen auf Grund einzelner Patente sind als relativ selten anzusehen, wobei jedoch zu beachten ist, daß die tatsächlich im Prozeß der Industrialisierung entstandenen wenigen Pionierpatentmonopole durch sachliche und zeitliche Ausdehnung der Patentgrenzen in einigen Fällen zu großen, mehrere Märkte beherrschenden Konzernen sich ausgeweitet haben, deren Gewicht für die Gesamtwirtschaft bedeutend war.

---

[220] Siehe dazu S. 112 ff.

[221] Vgl. näher unsere Begründungen auf S. 158 ff.

Zusammenfassend läßt sich feststellen, daß weniger vollkommen monopolistische Marktstellungen das Ergebnis der Patente sind als vielmehr unvollkommene Monopole und häufiger Oligopole in Form von Großunternehmungen, wobei letztere oft durch vertragliche Absprachen den Wettbewerb untereinander ausschalteten und in manchen Fällen sogar fusionierten. So kann man also sagen, daß die Patente vor allem auf die Konzentrationsbewegung Einfluß genommen haben, die zur Entstehung bzw. zur Stärkung von Großunternehmen in Form von Konzernen wie auch zur Bildung von Kartellen führte, die aber nur in den seltensten Fällen vollkommen monopolistische Marktbeherrschung erlangten.

Die im Falle von Patenten zu beobachtenden Konzentrationstendenzen verschiedener Patentbesitzer und die unterschiedliche Begünstigung der einzelnen Unternehmensgrößen durch die Patente sind als Komponente des marktwirtschaftlichen Differenzierungsprozesses anzusehen. Während nach Schumpeter der durch die Impulse des technischen Fortschritts ausgelöste Entwicklungsprozeß ein Wachstum von Gleichgewicht zu Gleichgewicht darstellt, lassen unsere Ausführungen deutlich werden, daß für den marktwirtschaftlichen Industrialisierungsprozeß ein anderer Ablauf typisch ist. Dieser ergibt sich daraus, daß in der Regel, anders als in der Schumpeter'schen Darstellung, Vorsprungsgewinne nicht ausreichen, um Neuerungen durchzusetzen und damit einen Wachstumsprozeß in Gang zu bringen. Entscheidend für die Neuerungstätigkeit ist die Aussicht auf Neuerungsgewinne, die nur erreicht werden können, wenn die Nachahmer zurückgehalten werden, wie dies z. B. durch Patente möglich ist. Daraus ergibt sich aber eine ungleichgewichtige Entwicklung, in deren Verlauf zwingend unterschiedliche Begünstigungen und Benachteiligungen für die Wirtschaftssubjekte entstehen, die nach zwei Richtungen erwachsen, einmal innerhalb der Produktionszweige und der verschiedenen Betriebsgrößen wie Unternehmensformen, zum anderen in räumlicher Hinsicht[222].

Je erfolgreicher ein umwälzender technischer Fortschritt unter Patentschutz von den Konsumenten am Markt aufgenommen wird, umso größer sind die Neuerungsgewinne der Patentinhaber. Diese Gewinne dienen selten in vollem Umfang der Vergrößerung der Dividende. Sie sind vielmehr Mittel zur Verbesserung der bestehenden Marktposition des Unternehmens. Sie dienen der Veränderung der Struktur des betreffenden Wirtschaftszweiges. Sie führen zu Investitionen, die der reinen Konzentration und Vergrößerung des Unternehmens dienen, so-

---

[222] Siehe *Voigt*, Fritz: Industrie- und Gewerbepolitik, a.a.O., o. S.; derselbe, Die volkswirtschaftliche Bedeutung des Verkehrssystems, S. 171 ff.; derselbe, Wirtschaftsverfassung und Wirtschaftsentwicklung in der BRD, a.a.O., S. 616; derselbe, Verkehr und Industrialisierung; in: ZfdgStw, Bd. 109 (1953), S. 193 ff.

lange Preis und Absatzmenge der Unternehmenserzeugnisse noch nicht einer elastischen Nachfrage gegenüberstehen. Gibt dagegen die Lage des Cournot'schen Punktes Anlaß zur Einschränkung der Produktion nach Erringung der Marktherrschaft, um dadurch über einen höheren Preis eine Gewinnmaximierung zu erreichen, wird der Kapitalwert jeder weiteren Investition in diesem Wirtschaftszweig negativ. Der Neuerungsgewinn wird nunmehr für Investitionen in anderen Wirtschaftszweigen verwendet. Das Ergebnis dieses Prozesses ist kein neues Gleichgewicht, sondern gerade ein Ungleichgewicht, aus dem sich in der Regel eine weitere unterschiedliche Fähigkeit und Neigung, Impulse des technischen Fortschritts einzuführen, ergibt, unterschiedlich nach Wirtschaftszweigen und Betriebsgrößen, unterschiedlich aber auch hinsichtlich des Standortes der Unternehmung. Aus diesen Unterschieden erwachsen für die nächsten Perioden unterschiedliche Einkommen, unterschiedliche kaufkräftige Nachfrage und wiederum unterschiedliche Entwicklungsmöglichkeiten[223].

## C. Auswirkungen auf die Neuerungstätigkeit

### I. Vorbemerkungen

Welche Folgerungen lassen sich nun aus den bisherigen Ausführungen über die Beziehungen zwischen Patenten, erwarteter Marktform und Marktzugang für die unternehmerische Neuerungstätigkeit ziehen?

Um keine Fehlinterpretationen aufkommen zu lassen, ist es angebracht, an dieser Stelle einige Bemerkungen einzuschieben, die im Vorangegangenen nicht expressis verbis zum Ausdruck gekommen sind. Wir hatten uns in der vorausgegangenen Analyse ausschließlich mit den Beziehungen zwischen Neuerungstätigkeit und Konkurrenzverhältnissen befaßt. Nur über diese Beziehung können die Patente die Neuerungstätigkeit beeinflussen. Die mit ihr zusammenhängenden Probleme sind das Objekt unserer Untersuchung. Daß daneben andere Faktoren wie persönliche Momente[224], der Charakter der Industriezweige[225] und

---

[223] Siehe dazu auch *Voigt*, Fritz: Industrie- und Gewerbepolitik, a.a.O., o. S.

[224] Vgl. dazu ausführlich, *Jewkes*, John u. a.: The Sources of Invention, a.a.O., S. 150 ff.

[225] Zu diesem Problem siehe *Worley*, James S.: The Changing Direction of Research and Development Employment among Firms; in: National Bureau of Economic Research, The Rate and Direction of Inventive Activity: Economic and Social Factors, Princeton (N. J.) 1962, S. 233—251; ausführlich hat sich mit diesem Problem auch *Schätzle*, Gerhard: Forschung und Entwicklung als unternehmerische Aufgabe, a.a.O., S. 149 ff., beschäftigt. Vgl. auch die dort angegebenen ausführlichen Literaturhinweise.

die Unternehmensgröße[226] für die Neuerungstätigkeit eine mehr oder weniger gewichtige Rolle spielen, dieser Tatsache sind wir uns durchaus bewußt[227]. Ein näheres Eingehen darauf jedoch, soweit es nicht mit unserem Untersuchungsobjekt zusammenhängt[228], ist nicht Aufgabe dieser Arbeit.

## II. Die Bedingtheit der Auswirkungen

Die Frage nach dem Einfluß der Patente auf die Neuerungstätigkeit infolge ihrer risikovermindernden Eigenschaft, der wir uns nun im folgenden zuwenden wollen, muß zunächst unter zwei Aspekten durchleuchtet werden, wie sie sich bei der kritischen Beurteilung einer jeden Maßnahme oder Institution ergeben. Der eine Aspekt richtet sich auf die Maßnahme bzw. Institution selbst und fragt nach ihrer *Eignung* für eine bestimmte Tätigkeit bzw. zur Erreichung eines bestimmten Ziels *an sich*, der andere Aspekt ergibt sich aus der Tatsache, daß in der ökonomischen Realität in der Regel verschiedene Maßnahmen bzw. Institutionen bei der Erreichung eines Ziels bzw. bei einer bestimmten Tätigkeit konkurrieren. Es gibt die Möglichkeit zu Alternativen und die Bedeutung einer Maßnahme bzw. Institution ist *abhängig von der Zahl und Beschaffenheit der Alternativen.*

Ein letzter Punkt für die Beantwortung unserer Frage ergibt sich aus der Überlegung darüber, ob für alle potentiellen Neuerer — wie es bisher unterstellt wurde — der hohe Risikofaktor der Neuerung in gleicher Weise bedeutsam ist; bedeutsam ist hier eine relative Wertung und ergibt sich aus der Rangfolge verschiedener zugleich vorhandener Risiken mit ungleich hohen absoluten Werten. Ein Unternehmen, das bei einer Entscheidung mit hohem Risiko nur noch die Alternative Nicht-Entscheidung mit noch höherem Risiko hat, wird ersteres für weniger bedeutsam halten[229] als ein anderes Unternehmen, dessen Alternative dazu Nicht-Entscheidung mit Risiko Null heißt.

---

226 Siehe hierzu ebenfalls *Worley*, James S.: The Changing Direction of Research and Development Employment among Firms, a.a.O., S. 250; ausführlich *Villard*, Henry H.: Competition, Oligopoly, and Research; in: JP, Vol. 66 (1958), S. 483—497, und die daran anschließende Auseinandersetzung mit Beiträgen von *Schmookler*, Jacob: Bigness, Fewness, and Research; in: JP, Vol. 67 (1959), S. 628—632, die Entgegnung von *Villard*, Henry H.: auf *Schmooklers* „Bigness, Fewness, and Research"; in: JP, Vol. 67 (1959), S. 633 bis 635, *Mansfield*, Edwin: Size of Firm, Market Structure and Innovation; in: JP, Vol. 71 (1963), S. 556—576, *Scherer*, F. M.: Firm Size, Market Structure, Opportunity and the Output of Inventions; in: AER, Vol. 55 (1965), S. 1097 bis 1123.

227 Siehe dazu bereits unsere Bemerkungen auf S. 55 ff.

228 Siehe hier die Verknüpfungen zwischen Patenten und Großunternehmung (Vgl. S. 166 ff.).

229 Bei gleicher Risikofreudigkeit.

Die Untersuchung der oben aufgezeigten Zusammenhänge wird uns Klarheit darüber verschaffen, welche Bedeutung den Patenten auf Grund des von ihnen ausgehenden Anreizes eines erwarteten Monopols, das den Risikofaktor der Neuerung herabsetzt, für die Neuerungstätigkeit des Patentinhabers zuzumessen ist. Für die gesamte mit den Patenten zusammenhängende Neuerungstätigkeit sind in unserem Zusammenhang[230] aber auch jene anderen potentiellen Neuerer wichtig, die selbst nicht mehr in den Schutz eines Patentes für ihre Neuerung gelangen, weil ihnen ein anderer zuvorgekommen ist, und die daraufhin zu Umgehungsneuerungen veranlaßt werden. Wir können diese Neuerungstätigkeit als „abgeleitet" bezeichnen, während die des Patentinhabers „direkte" Neuerungstätigkeit genannt werden kann. Mit beiden Arten müssen wir uns in unserer Analyse befassen. Beginnen wir mit der direkten Neuerungstätigkeit als dem zentralen Problem.

### 1. Der Einfluß auf die direkte Neuerungstätigkeit

#### *a) Die Eignungsbedingung*

Unsere bisherige Analyse hatte gezeigt, daß das mit der Neuerung verbundene Risiko um so geringer ist, je monopolähnlicher die nach der Neuerung erwartete Marktform ist, und daß die erwartete Marktform eines Monopols das Neuerungsrisiko am stärksten herabsetzt. Es hatte sich ergeben, daß Patente einen Einfluß auf die Konkurrenzverhältnisse ausüben, daß sie zumindest den potentiellen Neuerer von dem Zwang der vollkommenen Konkurrenz lösen und unter bestimmten Bedingungen zu monopolistischen Marktverhältnissen führen können. Daraus ergibt sich, daß die Bedeutung der Patente für die Neuerungstätigkeit abhängt von dem Vorhandensein der genannten Bedingungen. Ihre Bedeutung ist um so größer, je mehr ihre „monopolschaffenden" Bedingungen gegeben sind. Je weniger diese Gegebenheiten vorherrschen, desto geringer wird sich die monopolverheißende Eigenschaft der Patente auf die Unternehmererwartungen bei Neuerungen auswirken. Je weniger umwälzend die Mehrzahl der Neuerungen ist, je mehr sich die Vielzahl der Neuerungen auf Produktverbesserungen, auf unwesentliche Veränderungen der bestehenden Produktionsverfahren bezieht und je stärker die allgemeine Neuerungstätigkeit in der Wirtschaft ist, desto geringer ist die risikomindernde Kraft der Patente und damit ihr Einfluß auf die Neuerungstätigkeit einzuschätzen. Die Frage nach der Bedeutung dieser monopolschaffenden Bedingungen bei Patenten ist sowohl eine Frage nach ihrer Häufigkeit wie auch nach

---

[230] Der sich mit den Wirkungen der aus dem Patent *erwarteten* Marktform des Monopols beschäftigt. Siehe die weitere Problematik auf S. 162 ff.

dem Umfang der durch sie erreichten Machtpositionen, wobei jedoch mit zunehmendem Gewicht der letzten die erste an Einfluß verliert.

### *b) Alternative Möglichkeiten*

Patente entscheiden durch ihre monopolverheißende Eigenschaft nur dann über die Neuerungstätigkeit, wenn sie für den poteniellen Neuerer die einzigen Faktoren dieser Art darstellen. Auch in solchen Fällen also, in denen zu erwarten ist, daß Patente tatsächlich zur genannten Annäherung der Preisabsatzfunktionen[231] führen, verliert diese Tatsache für die Neuerungstätigkeit an Bedeutung, je mehr andere Faktoren in ähnlicher Weise „monopolschaffend“ wirken. Zu anderen Faktoren dieser Art können z. B. unter anderem durch Patente erworbene Machtpositionen gehören[232], wie überhaupt bereits vorhandene marktbeherrschende Stellungen von Großunternehmen die Bedeutung der Patente herabsetzen[233].

Für die meisten Neuerungen — mit Ausnahme solcher, die in ein völlig neues Gebiet fallen — kommen die ersten Nachahmer aus dem Industriezweig, auf den sich die Neuerung bezieht. Für Outsider (Unternehmen aus anderen Wirtschaftszweigen) stellen das Fehlen von Produktionsmöglichkeiten, die geringe Erfahrung im Management und das Fehlen von Absatzwegen in der Regel Nachahmungshindernisse dar. Besteht nun in dem betreffenden Industriezweig eine starke wirtschaftliche Konzentration, so ergibt sich in solchen Wirtschaftszweigen bei der unter den vorhandenen Firmen üblichen Preisdisziplin sogar für Neuerungen mit hohen Forschungs- und Entwicklungskosten genug Raum für eine Nachahmung, ohne daß die Neuerungsgewinne beseitigt werden. Es ergibt sich daraus, daß auch ein hoher Konzentrationsgrad auf dem Markt der Neuerung Patente als Anreiz zur Durchführung von Neuerungen überflüssig machen kann.

Ein ähnlicher Einfluß kann sich aber auch aus Komponenten ergeben, die mit der Neuerung selbst zusammenhängen. In den Fällen, in denen das mit der Neuerung hervorgebrachte neue technische Wissen geheimgehalten werden kann, ist hierin selbst eine den Patenten gleiche Wirkung zu sehen. An früherer Stelle hatten wir jedoch bereits darauf hingewiesen, daß der Anteil geheimzuhaltender Neuerungen nicht sehr

---

231 Vgl. dazu S. 65 ff.

232 Siehe S. 72, aber auch S. 162 ff.

233 So auch Schmookler, wenn er meint: „When the research laboratory of a going concern produces an invention, no need to build up a market position ordinarily exists for an enterprise large enough to carry on a real research programm generally occupies a market position of strength. Its outlets and supply sources are in being ... the incentive of the established form to patent is not overpowering. Vgl. *Schmookler,* Jacob: Invention and Economic Growth, Cambridge/Mass., 1966, S. 37.

hoch einzuschätzen ist. Wichtiger ist in diesem Zusammenhang vielmehr, daß Erfindungen oft nicht direkt verwertet werden können, sondern erst nach einer umfangreichen Entwicklungsphase zu Neuerungen führen. Den Bestandteil des technischen Wissens dieser Entwicklungsphase nannten wir „know-how“. Dieses für die Neuerung notwendige know-how bedeutet jedoch für die Nachahmer, daß sie die Neuerung erst nach geraumer Zeit nachahmen können, auch wenn diese nicht durch Patente geschützt ist.

Die Bedeutung des know-how als Barriere für eine schnelle Nachahmung ist unterschiedlich von Fall zu Fall. Ein neues Kinderspielzeug kann z. B. in wenigen Stunden nachgeahmt werden, während es Jahre dauern kann, bis das für die Produktion von Seide oder synthetischem Gummi erforderliche know-how erworben ist[234]. Grundsätzlich kann man wohl sagen, daß zwischen dem Umfang der ursprünglichen Entwicklungsarbeit und der Schwierigkeit, sich das für eine Nachahmung erforderliche know-how anzueignen, eine positive Korrelation besteht, so daß solche Entwicklungen der Tendenz nach den größten zeitlichen Zwischenraum zwischen Neuerung und Nachahmung aufweisen[235]. Diese Wirkung kann aber auch auf die Höhe der Investitionsausgaben, die zur Entwicklung, Produktion und zum Verkauf der Erfindung nötig sind, zurückgehen, so daß die Notwendigkeit zu einem Patent um so geringer anzusehen ist, je höher diese Ausgaben im Vergleich zu den finanziellen Ressourcen der anderen (potentiellen) Konkurrenten sind[236].

Generell läßt sich hier sagen, daß auch ohne die Schranke des know-how speziell bei Verfahrensneuerungen in vielen Fällen allein der Anfangsvorsprung in ausreichender Weise als risikomindernd angesehen werden kann. Als ein extremes Beispiel dafür, daß bei vielen Neuerungen ein zeitlicher Vorsprung von 2 oder 3 Jahren zur Erzielung von Neuerungsgewinnen genügt, sei der Fall der amerikanischen Reynolds International Pen Co. erwähnt, die nach 18 Monaten, als die Masse der Nachahmer auftrat, bereits das hundertfache der ursprünglichen Investitionskosten für ihren Kugelschreiber verdient hatte[237].

In den USA haben die langen Bearbeitungszeiten bei Patentanmeldungen zudem dazu geführt, daß bei weniger bedeutenden Neuerungen

[234] Vgl. zu diesem Beispiel *Markham,* Jesse W.: Competition in the Rayon Industry, Cambridge/Mass. 1952, S. 20—24 und 56 f. Ebenso auch *Vaughan,* Floyd L.: The United States Patent System, Norman 1956, S. 147 f.

[235] Darauf verweist auch *Scherer,* F. M.: The Economics of the Patent System, unveröffentlichtes Manuskript, o. O. 1968, S. 15.

[236] Siehe zu diesem Aspekt auch *Gharrity,* Norman, J.: The Significance of Use-Rates of Patented Inventions; in: PTC Journal, Vol. 10, Washington 1966, S. 207 ff. Vgl. bereits S. 60, Anm. 41).

[237] Siehe *Lipsey,* Richard, G. und *Steiner,* Peter O.: Economics, New York 1966, S. 305 ff.

die Vorsprungsvorteile die Patente nahezu völlig ersetzt haben. Zum Zeitpunkt der Patenterteilung waren die betreffenden Neuerungen bereits technisch überholt[238, 239].

Unsere Ausführungen über die Vorsprungsvorteile der Neuerer leiten über zur dritten Bedingung, die wiederum eng mit dem unter a) Gesagten verknüpft ist.

### *c) Defensive Neuerungstätigkeit*

Eine Folge der raschen technischen Umwälzung und des Wachstums des Wissens überhaupt ist das Ansteigen der Zahl von Alternativlösungen für ein bestimmtes technisches Problem[240]. Nur unter bestimmten Bedingungen — Erwerb der substitutiven Patente — kann hier ein Patent einem Unternehmer Schutz gewähren gegen solche Alternativ-Neuerungen. Der einzige Schutz der Unternehmen in diesem Falle besteht darin, im Wettlauf vorne zu bleiben, oder aber nicht zu weit hinterherzulaufen. In diesem Falle ist die Aussicht, ein Patentmonopol zu erwerben normalerweise nicht notwendig, um Neuerungen anzuregen[241]. Das Neuerungsrisiko wird unter solchen Marktbedingungen für den potentiellen Neuerer bedeutungslos oder unbedeutend werden. Denn die Tätigkeit der Konkurrenten, alternative Möglichkeiten zu finden, eine Tätigkeit, die aus dem Wachstum des Wissens resultiert, führt

---

[238] Seit etwa 1940 betrug die durchschnittliche Bearbeitungszeit einer Patentanmeldung bis zur Erteilung 3 bis 4 Jahre.

[239] Die Tendenz unserer Aussagen bestätigt auch ein Versuch von Bain, die Bedeutung verschiedener Marktzugangsbeschränkungen zu messen. Nach seiner Untersuchung spielten Patente in fast keinem der zwanzig betroffenen Zweige der verarbeitenden Industrie eine signifikante Rolle. Eine leichte Barriere schienen sie auf dem Markt für Metallcontainer, Gipsprodukte und in der Öl verarbeitenden Industrie darzustellen. Vgl. dazu *Bain,* Joe S.: Barriers to New Competition, a.a.O., S. 147 ff. Siehe hierzu unsere Einschränkungen auf S. 160.

[240] Ein herausragendes Beispiel dafür — neben vielen anderen — stellt die Vielfalt der Crackverfahren mit Hilfe von Katalysatoren in der Erdölverarbeitung im Anschluß an die Verfahrensneuerung von Houdry dar.

In den USA rechnet man damit, daß im Jahre 1969 18 v. H. des Gesamtumsatzes im Chemiebereich auf Erzeugnisse entfallen werden, die 1965, vier Jahre vorher also, noch nicht auf dem Markt waren. Nach Angaben eines bedeutenden Unternehmens aus der deutschen pharmazeutischen Industrie entfielen 90 v. H. seines Umsatzes im Jahre 1965 auf Produkte, die zwölf Jahre vorher noch nicht in seinem Produktionsprogramm enthalten waren (vgl. dazu *Weidlich,* H. A. und *Spengler,* A.: Patentschutz in der Wettbewerbswirtschaft, Köln-Berlin-Bonn-München 1967, S. 13).

Nach Angaben des Bundesministeriums für wiss. Forschung entfällt in der gesamten chemischen Industrie 60 v. H. des Umsatzes auf Produkte, die erstmalig nach 1948 hergestellt wurden. Vgl. Bundesministerium für wissenschaftliche Forschung, Bundesbericht Forschung II, Bonn 1967, S. 124.

[241] So auch *Scherer,* F. M., *Bachmann,* Otto J., *Herzstein,* S. E. et al.: Patents and the Corporation. A Report on Industrial Technology under Changing Public Policy, 2. Aufl., 1959, S. 136 ff.

dazu, daß auch der patentgeschützte Neuerer auf seinem Gebiet lediglich den Vorteil des frühen Starts hat — einen Vorteil, den er auch ohne Patent hat[242].

Ist letzteres der Fall, so ist auch die Bedeutung der Patente für die Neuerungstätigkeit gering einzuschätzen. Man kann hier von im Gegensatz zur aktiven reaktiver oder defensiver Neuerungstätigkeit sprechen. Reaktiv ist die Neuerungstätigkeit also dann, wenn sie aus dem Bemühen resultiert, sich gegen Expansionsversuche von Konkurrenten mit Hilfe von Neuerungen zur Wehr zu setzen, um nicht vom Markt verdrängt zu werden. Es ist dies „die Furcht vor dem Zurückbleiben", die hier zur Neuerungstätigkeit führt. Je stärker der Druck potentieller und tatsächlicher Konkurrenz ist, dem sich potentielle Neuerer ausgesetzt sehen, desto stärker wird auch die Furcht, aus dem Markt gedrängt zu werden, als stimulierender Faktor für die Neuerungstätigkeit[243]. Zwar bleibt auch unter solchen Verhältnissen das Risiko der Neuerung in seiner vollen Größe bestehen, es wird jedoch in seiner hemmenden Einwirkung auf die Neuerungstätigkeit überkompensiert durch den Wunsch des potentiellen Neuerers zu überleben[244]. Die Bedeutung der Patente für die Neuerungstätigkeit ist also dann gering, wenn bei Neuerungen die „Furcht vor dem Zurückbleiben" den Risikofaktor kompensiert.

An dieser Stelle muß jedoch beachtet werden, daß die reaktive oder defensive Neuerungstätigkeit wie auch das Streben, der erste auf dem Markt mit einem neuen Produkt zu sein, nicht ganz ohne Beziehung zu den Patenten gesehen werden kann[245]. In bedeutenden Fällen — z. B. im gesamten Industriezweig der Arzneimittel — schaffen erst Patente die Vorteile, als erster am Markt zu sein, und die Nachteile, im Wettlauf „hinterherzuhinken". Hier stellen die Patente die Initial-Zündung für eine Neuerungskonkurrenz dar, die sich in einem selbstnährenden Prozeß fortentwickelt[246]. Beispiele für eine solche Wirkung

[242] So auch *Schmookler*, Jacob: Invention and Economic Growth, a.a.O., S. 38.

[243] Vgl. auch dazu *Carter*, C. F. und *Williams*, B. R.: Investment in Innovation, London-New York-Toronto 1958, die zwischen aktiven und passiven Neuerungen unterscheiden, wobei die passiven Neuerungen in Antwort auf „direct market pressure, as shown by excess demand or by developing competition and falling profit margins" zustande kommen (S. 57).

[244] Vgl. dazu *Stedman*, J. C.: Invention and Public Policy; in: Law and Contemporary Problems, Vol. 12 (1947), S. 669. Siehe hierzu auch *Melman*, Seymore: The Impact of the Patent System on Research, Study No. 11 des Subcommittee on Patents, Trademarks, and Copyrights des amerikanischen Senats, Washington 1958, S. 62, nach dessen Meinung „Industrial firms will continue to enlarge their research in the useful arts as dictated by competitive needs, with or without patent privileges."

[245] Siehe hierzu die aus dem Abschließungseffekt der Patente resultierenden Wirkungen weiter unten.

[246] Allerdings hat gerade die konkrete Ausgestaltung des Patentrechts hier

der Patente stellen auch die Entwicklung des Fernsehens und der Neuerungswettbewerb in der amerikanischen pharmazeutischen Industrie nach dem zweiten Weltkrieg dar[247]. Ob jedoch in solchen Fällen vorhandener Neuerungswettbewerb nicht auch ohne Patente ausgelöst worden wäre, läßt sich in keinem Falle mit Sicherheit beantworten.

### 2. Patente als Anlaß für Umgehungsneuerungen

#### *a) DerAbschließungseffekt*

Wie schon früher ausgeführt, schließen Patente in jedem Falle den (Teil-)Markt der Neuerung und schalten so jede Nachahmung des neuen oder verbesserten Produktes bzw. des Produktionsverfahrens aus. Da in fortgeschrittenen Phasen der industriellen Entwicklung meist mehrere zugleich an der Lösung eines bestimmten technischen Problems arbeiten und in der Regel auch in nicht sehr großen zeitlichen Abständen die Lösung finden, werden durch den Patentschutz für solche Erfindungen, der ja nur dem ersten Anmelder[248] zugute kommt, alle anderen potentiellen Neuerer von eben dieser Neuerung ausgeschlossen[249].

Der daraus resultierende Zwang für die „ausgeschlossenen" Konkurrenten, einen ähnlichen, aber neuen Weg zur Lösung des betreffenden technischen Problems zu finden, um aus dem bereits gesammelten eigenen Kenntnissen doch noch Nutzen zu ziehen, führt zu immer neuen Impulsen für den Prozeß der industriellen Entwicklung. Isay[250] weist auf diese Funktion der Patente als Ursache zu Umgehungsneuerungen an Hand verschiedener Beispiele hin.

Eine Befragung der Patent Law Association von Los Angeles, die sich an ihre Mitglieder richtete, ergab, daß 67 v.H. der befragten Unterneh-

---

dazu geführt, daß Produktinnovationen die Form übertriebener Molekülmanipulationen angenommen haben. Von seiten der Pharmakologie und Antitrustbehörden ist der pharmazeutischen Industrie sogar der Vorwurf „nutzloser Molekülmanipulation" gemacht worden (vgl. dazu *Cooper,* M. H.: Profits in the Pharmazeutical Industry, Oxford 1966).

[247] Siehe dazu *Comanor,* William S.: Research and Competitive Product Differentiation in the Pharmaceutical Industry in the United States; in: Economica, N. S., Vol. 30 (1964), S. 372—384, wie auch *Maclaurin,* W. R., Patents and Technical Progress, a.a.O., S. 152.

[248] Der nicht der erste Erfinder zu sein braucht. In den USA dagegen erhält der erste Erfinder das Patent. Siehe dazu bereits S. 121.

[249] Es war an früherer Stelle bereits darauf hingewiesen worden, daß diese Tatsache einer der Gründe für Patentvereinbarungen unter konkurrierenden Unternehmen ist. Vgl. S. 88. Hier ist jedoch die Möglichkeit der Nachahmung durch substitutive Verfahrenserfindungen in der chemischen Industrie bis 1968 zu beachten.

[250] *Isay,* Hermann: Die Funktion der Patente im Wirtschaftkampf, Berlin 1927.

mer Umgehungserfindungen zu bestehenden Patenten getätigt hatten und daß 61 v.H. davon bessere Alternativen zu den patentierten Erfindungen erhalten hatten. 26 v.H. waren zu etwa gleich guten Lösungen gekommen. Weiterhin wiesen 75 v.H. der befragten Unternehmen darauf hin, daß sie aufgrund solcher Forschungsanstrengungen in neue Aufgabengebiete für Forschung und Entwicklung vorgestoßen wären[251].

Auch diesen Einfluß der Patente richtig zu werten, ist schwierig, denn ebenfalls gilt in diesem Zusammenhang die entscheidende Frage, ob nicht ohne Patente ein ähnlicher Effekt hinsichtlich der Neuerungstätigkeit eingetreten wäre. Auch hier muß wieder darauf hingewiesen werden, daß den Unternehmen andere Mittel (Alternativen) zur Verfügung stehen können, um Konkurrenten von einer Neuerung auszuschließen, und daß diese Mittel genauso als Anlaß zur Umgehungsneuerung der Konkurrenten wirken können wie die Patente. Ein einmal „angeheizter" Prozeß der Neuerungskonkurrenz kann sich selbstnährend fortentwickeln.

### *b) Effekte aus der Offenbarung des patentierten technischen Wissens*

Umgehungserfindungen sind nicht nur das Ergebnis der Tatsache, daß solche Unternehmungen, die kurz vor dem Ziel von einer fremden Patentanmeldung überrascht wurden, versuchen, aus ihren bereits angehäuften eigenen Kenntnissen durch Umgehung des Patentes doch noch Nutzen zu ziehen, sondern resultieren zum Teil auch aus dem Umstand, daß die mit einem Patent erkaufte Offenbarung der Erfindung potentielle und bisherige Konkurrenten anregt und in die Lage versetzt, zu Substitutionserfindungen zu gelangen. In welchem Maße diese Neuerungstätigkeit jedoch den Patenten zuzurechnen ist, hängt davon ab, ob die Offenbarung des betreffenden technischen Wissens nicht auch ohne Patente zustande gekommen wäre.

Zu dieser Frage wird allgemein die Ansicht vertreten, daß die Unternehmen in der Regel nur solche Erfindungen patentieren, bei denen die Wahrscheinlichkeit, sie geheimzuhalten, geringer ist als das Risiko, mit einer nicht patentgeschützten Erfindung an die Öffentlichkeit zu treten und dann dem Wettbewerb preisgegeben zu sein[252]. Dieser Meinung ist

---

[251] Vgl. *Carr,* Richard F.: Our Patent System works; in: PTC Journal, Vol. 4, Washington 1960, S. 69 f.

[252] Vgl. *Gather,* Gernot: Patente, a.a.O., S. 195; *Börlin,* Max: Die volkswirtschaftliche Problematik der Patentgesetzgebung, a.a.O., S. 177 ff. *Mellerowicz,* K.: Forschungs- und Entwicklungstätigkeit als betriebswirtschaftliches Problem, Freiburg i. B. 1958, S. 145; *Machlup,* Fritz: An Economic Review of the Patent System, Washington 1958 (deutsch: Die wirtschaftlichen Grundlagen des Patentrechts, Weinheim 1962) S. 24, nach dessen Meinung ein „inventor, who optimistically, thinks, he need not fear that others would

beizupflichten, denn die in der Patentschrift enthaltenen Informationen werden oft als Bedrohung der eigenen Erfindung gewertet, weil sie interessierten Konkurrenten zumindest Fingerzeige für Umgehungsversuche geben. Im Urteil der Unternehmensleitung wiegt dieser Nachteil manchmal so schwer, daß er den rechtlichen Schutz vor Nachahmern und den aus der Lizenzgewährung fließenden Nutzen überkompensiert[253]. So kann also gefolgert werden, daß Patente in einer Vielzahl von Fällen nur zur Offenbarung solcher Erfindungen führen, die ohnehin der Öffentlichkeit bekanntgeworden wären.

In solchen Fällen, in denen Unternehmungen damit rechnen müssen, daß die Konkurrenten an ähnlichen Erfindungen arbeiten, können Patente jedoch den Zeitpunkt der Offenbarung des technischen Wissens beeinflussen. In der BRD zum Beispiel, in der das Patent dem ersten Anmelder einer Erfindung verliehen wird, wird der Erfinder zu einer sofortigen Anmeldung seiner Erfindung gezwungen. Dies ist bei Gültigkeit des Ersterfinderrechts, wie es in den USA gegeben ist, nicht der Fall. Allerdings ergeben sich aus der konsequenten Verwirklichung des Anmelderprinzips für die Möglichkeit zu Umgehungserfindungen Nachteile, die die Gesamtbedeutung der durch Patente bewirkten Offenbarung technischen Wissens für Umgehungserfindungen gering erscheinen lassen. Denn Folge einer möglichst schnellen Anmeldung von Erfindungen zum Patent ist oft, daß eine ungenügend durchdachte Erfindung bekannt gegeben wird, die als Basis für die Aufnahme zu Forschungen für Umgehungserfindungen durch Konkurrenten nicht hinreichend ist.

Während letzteres Folge des Zwanges zur schnellen Veröffentlichung von Erfindungen ist, kann es auch Ergebnis einer bewußten Unternehmenspolitik sein, die darauf abzielt, durch ungenügende Offenbarung ihrer Erfindungen in den Patentschriften die Konkurrenten von Umgehungserfindungen abzuhalten. Beide Möglichkeiten setzen den Wert der aus der Offenbarung technischen Wissens durch Patente resultierenden Möglichkeiten zu erfinderischer Aktivität herab.

Fassen wir unsere Ausführungen zusammen, so können wir sagen, daß einerseits der den Patenten zuzuschreibende Teil an offenbartem technischem Wissen nur beschränkt ist, daß also auch der durch den Offenbarungseffekt der Patente angeregte Teil der Umgehungserfindungen nur in diesem beschränkten Umfang wirksam werden kann.

---

either find out his secret or come independently upon the same idea, will not go to the expense and trouble of taking a patent; he will disclose only what he fears cannot be kept secret."

[253] Siehe dazu auch *Strebel,* Heinz: Die Bedeutung von Forschung und Entwicklung für das Wachstum industrieller Unternehmen. Betriebswirtschaftliche Studien, Bd. 3, Berlin 1968, S. 196 f.

Andererseits verhindert eine unvollkommene Darstellung der Erfindungen in den Patentschriften, daß tatsächlich in dem auf Patente zurückzuführenden möglichen Ausmaß Umgehungserfindungen gemacht werden können.

### 3. Die Wandlung der Auswirkungen im Ablauf des Prozesses der industriellen Entwicklung

Die bisherigen Ausführungen haben ergeben, daß die Bedeutung der Patente für die unternehmerische Neuerungstätigkeit zum einen von der Eignung der Patente zur Schaffung monopolistischer Marktformen abhängt, zum anderen aber von dem Vorhandensein alternativer Möglichkeiten zur Herabsetzung des „Enteignungsrisikos" wie auch von der Alternative einer Wahl zwischen Neuerungstätigkeit und Nichtneuerungstätigkeit überhaupt.

Eine Untersuchung über die Relevanz „monopolschaffender" Bedingungen der Patente im Ablauf des Prozesses der industriellen Entwicklung läßt erkennen, daß der Einfluß der sogenannten Pionierpatente abgenommen hat, wobei jedoch zu beachten ist, daß die tatsächlichen im Prozeß der Industrialisierung entstandenen wenigen Pionierpatentmonopolstellungen in der Regel zu großen, mehrere Märkte beherrschenden Konzernen sich ausgeweitet haben, deren Gewicht für die Gesamtwirtschaft bedeutend war. Unterscheidet man im Ablauf des Industrialisierungsprozesses die Phasen der Subsistenzwirtschaft, der Stufe der mittleren Einkommen und der Stufe hoher Einkommen[254], wobei die

1. Subsistenzwirtschaft dadurch gekennzeichnet ist, daß hier der Konsum praktisch ausschließlich aus Nahrungsmitteln, Kleidung und Wohnung besteht, deren Preiselastizitäten vergleichsweise niedrig sind, der Verbrauch von Industrieprodukten, Dienstleistungen und nichtlebensnotwendigen Produkten praktisch keine Rolle spielt, *eine Trennung und Abgrenzung der Märkte besteht, die einer Monopolbildung relativ großen Vorschub leistet,* da die Preiselastizitäten der Nachfrage niedrig, die Einkommenselastizität sehr hoch sind;

2. für die Stufe der mittleren Einkommen typisch ist, daß hier Industrieprodukte und andere nicht lebensnotwendige Güter eine gewisse Rolle spielen, aber die Verteilung der Verbrauchsausgaben auf Lebensmittel, Kleidung, Wohnung einerseits und Industrieprodukte und Dienste andererseits relativ starr ist, die Zunahme der Verbrauchsausgaben sich also gleichmäßig verteilt, die Einkommenselastizitäten für beide Gütergruppen hoch sind, Preisvariationen eher innerhalb der

---

[254] Siehe dazu *Jochimsen:* Marktform und wirtschaftliche Entwicklung; in: ZfdgStw, Bd. 122 (1966), S. 34 ff.

Gruppen, nicht zwischen den Gruppen wirken, die Substitution innerhalb der Gruppen sich an den klassischen Beispielen inferiorer Güter besonders deutlich zeigt, die Ausgabenzunahme z. B. für Lebensmittel sich immer mehr auf bessere Qualitäten und andere Arten richtet und *wegen der steigenden Preiselastizität der Nachfrage die Neigung zur Monopolbildung sinkt;*

3. die Stufe hoher Einkommen dadurch charakterisiert ist, daß hier auch nicht mehr die relative Starrheit der Ausgabenstruktur existiert, ein immer größerer Anteil am Gesamteinkommen nichtlebensnotwendigen Gütern und Industrieprodukten zufließt, die Einkommenselastizität der Nachfrage für lebenswichtige Güter stark unter 1 sinkt und diejenige für dauerhafte Konsumgüter und Dienste einen Wert über 1 zeigt, Preiselastizitäten der Nachfrage ebenfalls allgemein steigen, so daß der *Substitutionswettbewerb eine wachsende Rolle spielt, die unternehmerische Politik der Abgrenzung der Märkte jetzt immer wichtiger wird,* da die objektive Abgrenzung abnimmt, während die Abgrenzbarkeit durch Werbung usw. zunimmt;

und setzt man die vorangegangenen Ausführungen über die Einwirkung der Patente auf die Konkurrenzverhältnisse und damit für ihren Einfluß auf die Unternehmererwartungen bei Neuerungen in Beziehung zu dieser Darstellung des Ablaufs des Prozesses der industriellen Entwicklung, so wird daraus unmittelbar das unterschiedliche Gewicht der Patente im Ablauf des Industrialisierungsprozesses ersichtlich. Die Möglichkeiten der Patente zur Monopolbildung sind in einer Subsistenzwirtschaft ungleich höher als auf der Stufe hoher Einkommen, denn bei hohen Durchschnittseinkommen konkurrieren tatsächlich alle Güterarten miteinander, wenn auch in unterschiedlichem Ausmaß. Auf niedriger Stufe dagegen ist die tatsächliche Substitutionsmöglichkeit zwischen den Märkten sehr gering. Die Teilmärkte sind weithin autonom. Auf der hohen Entwicklungsstufe lassen sich Monopolmärkte klassischer Art nicht mehr organisieren. Diese Aussagen ließen sich auch aus unseren statistischen Angaben[255] ableiten.

Unsere Ausführungen zeigten, daß auch im Falle des Vorliegens von Pionierpatenten die Unternehmen bestrebt sind, weitere zusätzliche Patente in ihrem Arbeitsbereich zu erwerben, um sich dadurch gegen die Risiken der schnellen technischen Entwicklung abzusichern. Mit der zunehmenden Seltenheit von wirklichen Pionierpatenten gewinnt die Tatsache der Zusammenfassung und Anhäufung von Patenten in einer Hand an Relevanz für die Entstehung wie auch Absicherung von wirtschaftlichen Machtpositionen.

---

[255] Vgl. S. 79 ff.

*Tabelle 5*

**Patentbesitz der im Jahre 1960**
**1000 größten Unternehmen[a)] in der BRD**

| Die ... größten Unternehmen | bis 30. 4. 1962 erteilte DBP | |
|---|---|---|
| | Anzahl | v. H.[b)] |
| 1 bis 50 | 48 010 | 24,8 |
| 51 bis 100 | 7 568 | 3,9 |
| 101 bis 500 | 18 126 | 9,4 |
| 501 bis 1000 | 10 114 | 5,2 |
| 1 bis 1000 | 83 818 | 43,3 |
| übrige inländische Inhaber ... | 109 908 | 56,7 |
| inländische Inhaber insgesamt ... | 19 3726 | 100 |

a) Die Größe der Unternehmen wurde gemessen am industriellen Umsatz der jeweiligen Industriegruppe. Die Einteilung in Industriegruppen erfolgte gemäß dem statistischen Warenverzeichnis für die Industriestatstik.

b) Gemessen an der Gesamtzahl der Inländern bis zum 30. April 1963 erteilten DBP.

*Quelle:* Konzentrationsenquete, Anlagenband, a. a. O., S. 769.

Relevant als Vorbedingung zur Neuerungstätigkeit kann die Möglichkeit der Zusammenfassung verschiedener substitutiver Patente in einer Hand in der Regel nur für Großunternehmen sein. Nur sie sind in der Lage auf Grund eigener Forschungstätigkeit die Lösungsmöglichkeiten eines bestimmten technischen Problems selbst zu erschöpfen und dafür Patente zu erlangen oder aber auf anderem Wege — Kauf, vertragliche Zusammenfassung oder Fusion mit andern Patentbesitzern — in den Besitz der verschiedenen substitutiven Patente zu gelangen. Nach den Untersuchungen der Konzentrationsenquete entfielen in der BRD auf die tausend größten Unternehmen 43,3 v.H. der bis 30. 4. 1962 erteilten Patente. In der elektrotechnischen Industrie hatten allein die 5 größten Unternehmen 13,3 v.H. der bis zum 30. 4. 1962 in diesem Industriezweig erteilten Patente inne (vgl. dazu die Tabellen 5 und 6).

Es läßt sich zusammenfassend festhalten, daß im Ablauf des Prozesses der industriellen Entwicklung die Bedeutung der Pionierpatente abgenommen hat und daß damit zugleich die Tatsache der Anhäufung substitutiver Patente in einer Hand als „monopolschaffende" Bedingung wichtiger geworden ist. Die Entwicklung führt zu einer einseitigen „Begünstigung" der Großunternehmen; denn nur ihnen ist überhaupt die Möglichkeit zur Zusammenfassung verschiedener substitutiver Patente gegeben. Dieser Aspekt gewinnt unter Einbeziehung der Ergebnisse der folgenden Ausführungen zusätzliche Bedeutung.

*Tabelle 6*

**Patentbesitz der im Jahre 1960 jeweils 5 und 10 größten Industrieunternehmen von 10 Industriegruppen in der BRD**

| Industriegruppen [a] | Anteil der 5 größten Unternehmen an den | | Anteil der 10 größten Unternehmen an den | |
|---|---|---|---|---|
| | bis 30. 4. 1962 erteilten DBP | am 30. 4. 1962 in Kraft befindl. DBP | bis 30. 4. 1962 erteilten DBP | am 30. 4. 1962 in Kraft befindl. DBP |
| | in v. H. [b] | | | |
| 36 Elektrotechnische Industrie | 13,3 | 11,0 | 16,3 | 13,8 |
| 40 Chemische Industrie | 5,6 | 7,4 | 6,6 | 8,8 |
| 32 Maschinenbau | 2,2 | 2,6 | 2,6 | 3,3 |
| 33 Fahrzeugbau | 1,3 | 1,2 | 2,7 | 2,7 |
| 31 Stahlbau (einschl. Leichtmetallbau) | 1,2 | 1,4 | 1,7 | 1,9 |
| 28 NE-Metallindustrie | 0,6 | 0,8 | 0,7 | 0,9 |
| 37 Feinmechanische und optische sowie Uhren-Ind. | 0,5 | 0,7 | 1,2 | 1,4 |
| 27 Eisenschaffende Industrie | 0,5 | 0,5 | 0,7 | 0,7 |
| 30 Ziehereien und Kaltwalzwerke, Stahlverformung | 0,1 | 0,2 | 0,6 | 0,6 |
| 58 Kunststoff verarbeitende Industrie | 0,2 | 0,2 | 2,0 | 2,5 |
| Summe | 25,5 | 26,0 | 35,1 | 36,6 |
| 30 Industriegruppen insgesamt | 27,0 | 27,8 | 37,1 | 39,0 |

a) Die Einteilung in Industriegruppen nach dem statistischen Warenverzeichnis für die Industriestatistik entspricht nicht der sachlichen Gliederung in Patentklassen (so sind die Patente von Großunternehmen teilweise in mehr als 20 Patentklassen eingetragen).

b) Gemessen am Patentbesitz der inländischen Inhaber von DBP.

*Quelle:* Konzentrationsenquete, Anlagenband, a. a. O., S. 770.

Gerade die Großunternehmen aber scheinen den Patenten sowohl aus Gründen, die auf dem Vorhandensein alternativer Schutzmöglichkeiten vor Nachahmern basieren, wie auch infolge starker defensiver Neuerungstätigkeit einen sehr geringen Wert für die Neuerungstätigkeit beizumessen. Diese Vermutung läßt sich durch empirische Beobachtungen und Untersuchungen bestätigen.

Es ist festzustellen, daß seit dem zweiten Jahrzehnt dieses Jahrhunderts mit zunehmender Industrialisierung in allen Industrieländern eine Stagnation bzw. ein Rückgang in den Patentanmeldungen pro Kopf eingetreten, aber ein ungeheurer Anstieg der Ausgaben von For-

*Tabelle 7*

**Patenterteilung in Deutschland (DR bzw. BRD) und den USA in den Jahren von 1900—1965**

| Jahr | Patenterteilungen | | | |
|---|---|---|---|---|
| | DR bzw. BRD | | USA | |
| | (1) absolut | (2) 1900 = 100 | (3) absolut | (4) 1900 = 100 |
| 1900 | 8 784 | 100 | 24 644 | 100 |
| 1910 | 12 100 | 138 | 35 141 | 142 |
| 1920 | 14 452 | 164 | 37 060 | 150 |
| 1930 | 26 731 | 304 | 45 296 | 183 |
| 1935 | 16 142 | 184 | 40 618 | 164 |
| 1940 | | | 42 238 | 171 |
| 1945 | | | 25 695 | 104 |
| 1950 | 2 383 | 27 | 43 040 | 175 |
| 1951 | 27 767 | 316 | 44 326 | 180 |
| 1952 | 37 179 | 424 | 43 616 | 177 |
| 1955 | 14 760 | 168 | 30 432 | 123 |
| 1956 | 18 150 | 207 | 46 817 | 190 |
| 1959 | 22 556 | 257 | 52 571 | 213 |
| 1960 | 19 666 | 224 | 47 354 | 192 |
| 1964 | 19 597 | 224 | 47 376 | 192 |
| 1965 | 16 780 | 191 | 62 857 | 255 |

*Quelle:* Spalte (1): Bl. f. PMZ, Märzhefte der Jg. 1901—1967; Spalte (3): Für die Jahre 1900—1956: U.S. Bureau of Census, Historical Statistics of the United States, Washington D.C. 1960, S. 607; für die Jahre 1959 ff.: Bl. f. PMZ, Märzhefte der Jg. 1961 ff.

schung und Entwicklung zu beobachten ist. Für unsere Betrachtung ist von Bedeutung, daß diese Phase des Prozesses der industriellen Entwicklung zugleich durch ein immer stärkeres Hervortreten der Großunternehmung als Träger der wirtschaftlichen Entwicklung und damit

*Tabelle 8*

**Industriefinanzierte Forschungs- und Entwicklungsausgaben[a] in verschiedenen Staaten in den Jahren 1920 bis 1965**

| Jahr | Ausgaben | | |
|---|---|---|---|
| | USA (in Mill. Doll.) (1) | BRD (in Mill. DM) (2) | UK (in Mill. Pfd.) (3) |
| 1920 | 48 | | |
| 1927 | 120 | | |
| 1933 | 170 | | |
| 1941 | 510 | | |
| 1942 | 560 | | |
| 1943 | 410 | | |
| 1944 | 420 | | |
| 1945 | 430 | | |
| 1946 | 840 | | |
| 1947 | 1 050 | | |
| 1948 | 1 150 | 200 | |
| 1949 | 990 | | |
| 1950 | 1 180 | 200 | |
| 1951 | 1 300 | 200 | |
| 1952 | 1 430 | 300 | |
| 1953 | 2 210 | 400 | |
| 1954 | 2 320 | 400 | |
| 1955 | 2 460 | 600 | |
| 1956 | 3 277 | 792 | 185 |
| 1957 | 3 396 | 942 | |
| 1958 | 3 630 | 1 155 | |
| 1959 | 3 983 | 1 360 | 266,3 |
| 1960 | 4 428 | 1 569 | |
| 1961 | 4 668 | 1 873 | |
| 1962 | 5 030 | 2 150 | 391,4 |
| 1963 | 5 360 | 2 670 | |
| 1964 | 5 792 | 3 279 | |
| 1965 | 6 438 | 4 060 | |

a) Für die BRD einschl. Gemeinschaftsforschung und -entwicklung.

*Quelle:* Spalte (1): Die Werte für 1920—1933 umfassen die gesamten Aufwendungen der Industrie für Forschung und Entwicklung — also auch die *nicht*-industriefinanzierten — und sind entnommen aus Brozen, Yale, The Future of Industrial Research and Development; in: JB, Vol. 34 (1960), S. 206.

Angaben für 1941—1952 siehe U.S. Bureau of Census, Statistical Abstract of the United States, 1960, Washington, D.C., 1960, S. 538; 1953—1965 vgl. OECD, Reviews of Science Policy: United States, Paris 1968, S. 183, zitiert nach National Science Foundation, Basic Research, Applied Research, and Development in Industry, 1965. A Final Report on a Survey of R & D Funds, 1965, and R & D Scientists and Engineers, Jan. 1966, Washington 1967, S. 20.

Spalte (2): Für die Jahre 1948—1959: Stifterverband für die Deutsche Wissenschaft (Hrsg.), Wissenschaftsausgaben der Wirtschaft, Ergebnisse der Registrierungen des Stifterverbandes 1948—1963 (Arbeitsschrift B 1966), Essen - Bredeney 1966, S. 14 f; für die Jahre 1960—1965: Echterhoff-Severitt, H., Wissenschaftsaufwendungen in der BRD; in: Wirtschaft und Wissenschaft 1969 (Nr. 1), S. 15.

Spalte (3): OECD, Reviews of National Science Policy: United Kingdom - Germany, Paris 1967, S. 259.

*Tabelle 9*

**Zahl der Patentanmeldungen im Vergleich zu den Forschungs- und Entwicklungsausgaben a) in den USA von 1941—1958**

| Patentanmeldungen | | Forschungs- und Entwicklungsausgaben | | Patentanmeldungen pro Mill. Dollar Forschungs- und Entwicklungsausgaben |
|---|---|---|---|---|
| Zeitraum | Jahresdurchschnitt | Jahr | Ausgaben in Mill. Dollar | |
| 1941 – 1943 | 47 794 | 1941 | 900 | 53,10 |
| 1942 – 1944 | 47 794 | 1942 | 1 070 | 45,24 |
| 1943 – 1945 | 55 843 | 1943 | 1 210 | 46,15 |
| 1944 – 1946 | 67 697 | 1944 | 1 380 | 49,06 |
| 1945 – 1947 | 74 815 | 1945 | 1 520 | 49,22 |
| 1946 – 1948 | 75 113 | 1946 | 1 780 | 42,20 |
| 1947 – 1949 | 70 625 | 1947 | 2 260 | 31,25 |
| 1948 – 1950 | 67 865 | 1948 | 2 610 | 26,00 |
| 1949 – 1951 | 65 098 | 1949 | 2 610 | 24,94 |
| 1950 – 1952 | 64 085 | 1950 | 2 870 | 22,33 |
| 1951 – 1953 | 65 759 | 1951 | 3 360 | 19,57 |
| 1952 – 1954 | 71 341 | 1952 | 3 750 | 19,02 |
| 1953 – 1955 | 75 552 | 1953 | 4 000 | 18,89 |
| 1954 – 1956 | 76 426 | 1954 | 4 140 | 18,46 |
| 1955 – 1957 | 75 430 | 1955 | 5 400 | 13,97 |
| 1956 – 1958 | 75 333 | 1956 | 65 00 | 11,62 |
| 1957 – 1959 | 76 762 | 1957 | 8 200 | 9,36 |
| 1958 – 1960 | 78 560 | 1958 | 10 230 | 7,68 |

*Quelle:* Machlup, Fritz, The Production and Distribution of Knowledge in the United States, Princeton (N.J.) 1962, S. 173.

a) Es muß allerdings bei dieser Tabelle berücksichtigt werden, daß in den Forschungs- und Entwicklungsausgaben auch die des Staates enthalten sind, die in den letzten Jahren einen immer größeren Anteil an den Gesamtausgaben eingenommen haben* und die zum größten Teil nicht zu Patenten führen**. Schalten wir diesen Einflußfaktor dadurch aus, daß wir die Gesamtzahl der Patentanmeldungen allein auf die industrie-finanzierten Forschungs- und Entwicklungsausgaben beziehen***, so ändert sich nichts an der Tendenz, daß die Zahl der Patentanmeldungen pro Mill. Dollar Forschungs- und Entwicklungsausgaben abgenommen hat. Vgl. dazu die aus Tabelle 8 und Tabelle 9 abgeleitete Entwicklung für dieses Verhältnis.

* Z. B. betrug der Anteil der vom Staat finanzierten Forschungs- und Entwicklungsausgaben in der Industrie im Jahre 1965 54,6 v. H. Die Entwicklung verlief in den Jahren 1953—1965 folgendermaßen:

| 1953 | 1954 | 1955 | 1956 | 1957 | 1958 | 1959 | 1960 | 1961 | 1962 | 1963 | 1964 | 1965 |
|---|---|---|---|---|---|---|---|---|---|---|---|---|
| 39,3 | 43 | 47 | 50,4 | 56 | 56,7 | 56,8 | 57,9 | 57,2 | 56,1 | 57,6 | 57,1 | 54,6 |

Vgl. OECD, Reviews of National Science Policy: United States, Paris 1968, S. 183.

** Die Zahl der Patenterteilungen an die US-Regierung betrug im Jahr 1957 963. In den früheren Jahren war sie folgende:

| 1931 | 1935 | 1940 | 1945 | 1950 | 1951 | 1952 | 1953 | 1954 | 1955 | 1956 |
|---|---|---|---|---|---|---|---|---|---|---|
| 28 | 22 | 40 | 87 | 622 | 659 | 695 | 658 | 658 | 689 | 982 |

Vgl. U.S. Bureau of Census, Historical Statistics of the United States, a. a. O., S. 607.

*** Es kann hier unberücksichtigt bleiben, daß in der Gesamtzahl der Patentanmeldungen auch Patentanmeldungen von Staat und anderen Wirtschaftssubjekten bzw. Institutionen (z. B. Universitäten), deren Forschungs- und Entwicklungsaufwand nicht in den industrie-finanzierten Ausgaben enthalten ist, erfaßt sind.

*Tabelle 10*

**Zahl der Patentanmeldungen im Vergleich zu den industrie-finanzierten Forschungs- und Entwicklungsausgaben in den Jahren 1941—1958**

| Jahr | Patentanmeldungen pro Mill. Dollar industrie-finanzierter Forschungs- und Entwicklungsausgaben |
|---|---|
| 1941 | 93,73 |
| 1945 | 173,99 |
| 1950 | 54,31 |
| 1951 | 50,58 |
| 1952 | 49,89 |
| 1953 | 34,19 |
| 1954 | 32,94 |
| 1955 | 30,66 |
| 1956 | 23,02 |
| 1957 | 22,60 |
| 1958 | 21,64 |

*Quelle:* Eigene Berechnungen aus Tabelle 9, Spalte (2), und Tabelle 8, Spalte (2).

zunehmenden wirtschaftlichen Konzentrationsgrad gekennzeichnet ist[256]. Eng damit verbunden ist der Übergang des technischen Fortschritts vom Einzelerfinder bzw. kleinen und mittleren Unternehmen zu eben diesen Großunternehmen[257]. Die folgenden Tabellen zeigen diese Entwicklung deutlich auf.

---

[256] Eine grobe Messung des Konzentrationsgrades am Umsatzanteil der jeweils 100 größten a) Unternehmen (und Unternehmensverbindungen) b) am Gesamtumsatz der Industrie zeigt für die USA und die BRD folgendes Ergebnis:

| | USA | BRD |
|---|---|---|
| 1950 . . . . . . . | 34 | |
| 1954 . . . . . . . | | 24,8 (33,6) b) |
| 1959 . . . . . . . | 41 | |
| 1960 . . . . . . . | | 29,9 (38,8) b) |

a) gemessen am industriellen Umsatz

b) einschließlich der Kapitalbeteiligungen von über 50 %.

Vgl. dazu für die USA: Federal Trade Commission, Industrial Concentration and Product Diversification in the 1000 largest Manufacturing Companies: 1950, Washington 1957, S. 2, und The Fortune Directory, The 500 Largest U. S. Industrial Corporations, Chicago 1960; für die BRD: Konzentrationsenquete, Anlagenband, a.a.O., S. 519 und 542.

[257] Vgl. die ausführliche Darstellung auf S. 166 ff.

*Tabelle 11*

**Ausgaben für Forschung und Entwicklung in den einzelnen Wirtschaftszweigen nach Unternehmensgrößen im Jahre 1965 in den USA**
(in v.H. der Gesamtausgaben des jeweiligen Wirtschaftszweiges)

| Wirtschaftszweig | Unternehmen mit Beschäftigten von | | |
|---|---|---|---|
| | unter 1000 | 1000–4999 | 5000 und mehr |
| Nahrungsmittel | a) | 17 | 74 |
| Textil und Bekleidung | a) | 23 | 68 |
| Holz und Möbel | a) | 18 | 39 |
| Papiererzeugnisse | a) | 24 | 66 |
| Chemie | a) | 13 | 78 |
| Erdölgewinnung und -raffination | a) | 2 | 95 |
| Gummierzeugnisse | 10 | 6 | 84 |
| Porzellan, Keramik, Glas | a) | 9 | 84 |
| Grundmetalle | a) | 16 | 79 |
| Metallverarbeitung | 19 | 21 | 60 |
| Maschinenbau | 6 | 13 | 81 |
| Automobile und andere Transportmittel | a) | 1 | 99 |
| Elektroerzeugnisse | 5 | 7 | 88 |
| Flugzeuge und Flugzeugteile | 1 | 3 | 96 |
| Feinmechanische und optische Erzeugnisse | 12 | 23 | 65 |

a) nicht gesondert ermittelt.

*Quelle:* National Science Foundation, Basic Research, Applied Research, and Development in Industry, 1965, a. a. O., S. 22.

Die immer stärker werdende Bedeutung der Großunternehmung für den technischen Fortschritt läßt sich u. a. an der Verteilung der Patente auf Einzelerfinder und Unternehmen aufzeigen[258].

[258] Hier ist jedoch zu beachten, daß die Angaben für die an Aktiengesellschaften erteilten Patente aufgrund der abnehmenden Patentneigung nur ein grobes Bild über den technischen Fortschritt abgeben. Als umfassende Kritik zu dieser Art von Patentstatistiken vgl. die Ausführungen von *Schmookler,* Jacob: Invention and Economic Growth, a.a.O., S. 18 ff.

*Tabelle 12*

**Entwicklung der an Einzelerfinder und Unternehmen[a] erteilten Patente während der Jahre 1901 bis 1957 in den USA**

| Jahr | Patenterteilungen | | | |
|---|---|---|---|---|
| | absolut | | in v. H. | |
| | an Einzelerfinder | an Unternehmen | an Einzelerfinder | an Unternehmen |
| 0 | 1 | 2 | 3 | 4 |
| 1957 | 15 154 | 26 627 | 35,5 | 62,3 |
| 1956 | 16 643 | 29 192 | 35,5 | 62,4 |
| 1955 | 11 914 | 17 828 | 39,1 | 58,6 |
| 1954 | 12 531 | 20 620 | 37,0 | 61,0 |
| 1953 | 16 284 | 23 524 | 40,2 | 58,2 |
| 1952 | 18 538 | 24 375 | 42,5 | 55,5 |
| 1951 | 19 192 | 24 468 | 42,8 | 55,2 |
| 1950 | 18 960 | 23 442 | 44,0 | 54,5 |
| 1949 | 14 957 | 19 663 | 42,6 | 56,0 |
| 1948 | 9 812 | 13 752 | 49,7 | 57,4 |
| 1947 | 7 784 | 12 117 | 38,7 | 60,2 |
| 1946 | 7 444 | 14 071 | 34,2 | 64,3 |
| 1945 | 8 981 | 16 245 | 35,0 | 63,6 |
| 1944 | 9 636 | 17 414 | 34,3 | 62,2 |
| 1943 | 11 654 | 18 546 | 37,5 | 59,7 |
| 1942 | 14 534 | 23 305 | 37,8 | 60,7 |
| 1941 | 16 322 | 24 744 | 39,7 | 60,2 |
| 1940 | 16 724 | 24 571 | 41,7 | 58,2 |
| 1939 | 18 583 | 24 440 | 43,2 | 56,7 |
| 1938 | 16 303 | 21 698 | 42,9 | 57,0 |
| 1937 | 15 994 | 21 655 | 42,4 | 57,7 |
| 1936 | 16 639 | 23 110 | 41,8 | 58,1 |
| 1935 | 17 757 | 22 839 | 43,7 | 56,2 |
| 1934 | 19 731 | 24 660 | 44,4 | 55,5 |
| 1933 | 22 813 | 26 010 | 46,6 | 53,3 |
| 1932 | 26 274 | 27 147 | 49,1 | 50,8 |
| 1931 | 26 618 | 25 110 | 51,4 | 48,5 |
| 1930 | 23 726 | 21 500 | 52,4 | 47,6 |
| 1929 | 25 367 | 19 900 | 56,0 | 44,0 |
| 1928 | 23 357 | 19 000 | 55,1 | 44,9 |

*Tabelle 12* (Fortsetzung)

| 0 | 1 | 2 | 3 | 4 |
|---|---|---|---|---|
| 1927 | 25 417 | 16 300 | 60,9 | 39,1 |
| 1926 | 28 633 | 16 100 | 64,0 | 36,0 |
| 1925 | 30 332 | 16 100 | 65,3 | 34,7 |
| 1924 | 29 174 | 13 400 | 68,5 | 31,5 |
| 1923 | 27 016 | 11 600 | 70,0 | 30,0 |
| 1922 | 27 369 | 11 000 | 71,3 | 28,7 |
| 1921 | 27 098 | 10 700 | 71,7 | 28,3 |
| 1916 | 31 742 | 12 150 | 72,3 | 27,7 |
| 1911 | 24 756 | 8 100 | 75,3 | 24,7 |
| 1906 | 24 750 | 6 420 | 79,5 | 20,5 |
| 1901 | 20 896 | 4 650 | 81,8 | 18,2 |

a) ausschließlich Unternehmen in Gesellschaftsform (corporation).
*Quelle:* U.S. Bureau of Census, Historical Statistics of the United States, a. a. O., S. 607.

Der technische Fortschritt selbst — dies ist in unserem Zusammenhang ein weiteres wichtiges Kennzeichen dieser Phase des Prozesses der industriellen Entwicklung — hat sich vom mehr handwerklich-empirischen zum wissenschaftlich fundierten Wissensfortschritt entwickelt[259] (vgl. dazu die Tab. 13, 14 und 15), was wiederum teilweise eng mit der größeren Bedeutung der Großunternehmung für den technischen Fortschritt korreliert ist[260]. Erfindungen werden in diesem Prozeß

[259] Nach einer Untersuchung von *Stafford,* Alfred B.: Trends of Invention in Material Culture, Diss., Chicago 1950, kann für die Zeit von 1916—1945 ein deutlicher Trend der Erfindungstätigkeit hin zu den Bereichen der Chemie und der Elektronik festgestellt werden: „Outstanding is the shift of inventive interest from groups III, IV, und V to groups I and II. The meaning behind the statistics is rather obvious. The increasing activity of group I (Chemistry) and group II (Electronics) represents the exploitation of the vast potentials for invention which were developing in the sciences of chemistry and physics during the nineteenth and early twentieth centuries. The classes of inventions included in the other groups tend to derive from the more practical arts and mechanical science“ (S. 153).

[260] Auf die mit dieser Aussage verbundenen Probleme soll hier nicht näher eingegangen werden. Wir verweisen dafür auf die Arbeiten von *Schmookler,* Jacob: Invention and Economic Growth, a.a. O.,S. 39, *Galbraith,* K.: American Capitalism, a.a.O., S. 87, *Melman,* Seymour: The Impact of the Patent System on Research, a.a.O., S. 36, *Kaplan,* A. D. H.: Big Enterprise in a Competitive System, Washington 1954, S. 199, *Lilienthal,* David: Big Business — A New Era, New York 1952, S. 69; ferner auf *Jewkes,* John u. a.: The Sources of Invention, a.a.O., S. 71 ff., *Hamberg,* D.: Invention in the Industrial Research Laboratory; in: JP, Vol. 71 (1963), S. 95 ff., die einen anderen Standpunkt vertreten. Siehe aber die spätere Behandlung dieses Problems auf S. 166 ff. dieser Arbeit.

*Schaubild 5*

**Aufgliederung der erteilten Patente auf Einzelerfinder und Unternehmen[a] in den USA[b]**

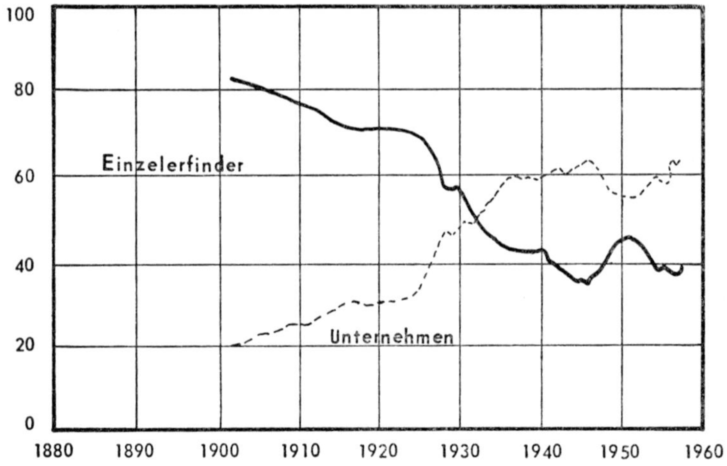


a) ausschließlich Unternehmen in Gesellschaftsform (Corporations)

b) Für die BRD bzw. das DR scheint die Entwicklung sich noch stärker zu Lasten des Einzelerfinders vollzogen zu haben, wenn man das Ergebnis einer Stichprobenerhebung von Schätzle betrachtet. Da für Deutschland ähnliche Statistiken, wie sie für die USA existieren, nicht vorhanden sind, hat Schätzle sich mit einer Untersuchung der in den Patentschriften der Jahre 1910 und 1961 als Erfinder und Anmelder genannten Personen beholfen, wobei er davon ausging, daß bei Personengleichheit in Erfindung und Anmeldung auf einen unabhängigen Einzelerfinder und bei Personenverschiedenheit auf eine Unternehmung geschlossen werden konnte. Die Ergebnisse dieses Vorgehens können durchaus als grober Maßstab für die Verteilung der Erfindungstätigkeit auf unabhängige Erfinder und Unternehmen angesehen werden. Die Entwicklung ist danach in folgender Weise vorgegangen:*

| | Unabhängiger Erfinder | Unternehmung |
|---|---|---|
| 1910 | 61,4 v. H. | 38,6 v. H. |
| 1961 | 16,9 v. H. | 83,1 v. H. |

* Vgl. Schätzle, Gerhard, Forschung und Entwicklung als unternehmerische Aufgabe, a. a. O., S. 132.

Beim Vergleich der amerikanischen Statistik mit den deutschen Ergebnissen muß man allerdings berücksichtigen, daß in der amerikanischen Statistik ausschließlich Unternehmen in Gesellschaftsform enthalten sind, daß sich die amerikanischen Zahlenangaben auf Patenterteilungen — bei den deutschen Prozentsätzen sind es Patentanmeldungen — beziehen und daß sie auch die an Ausländer erteilten Patente umfassen, wohingegen die deutschen Angaben sich nur auf die von Inländern angemeldeten Patente erstrecken (der Prozentsatz der an Ausländer erteilten Patente beträgt nur etwa 5 v. H., während in der BRD 1961 38 v. H. aller Anmeldungen auf Ausländer entfielen).

immer mehr auf Grund von Fortschritten im Grundlagenwissen gemacht. „Gerade in den Bereichen, die die Triebkräfte der heutigen industriellen Entwicklung bilden — Elektrotechnik, Chemie, Atomforschung — ist ein Experimentieren „ins Blaue hinein" im Gegensatz zu den älteren „empirical arts" — Mechanik, Textilien — nicht möglich. Fortschritte im Grundlagenwissen bilden hier immer häufiger eine notwendige Voraussetzung, um neue Teilgebiete der Technik (Kunstfasern, Elektronik, Kernenergie) erschließen zu können[261].“ So gewonnene Erfindungen lassen sich in der Regel nicht ohne weiteres in der Produktion verwerten. Umfangreiche Entwicklungsarbeiten spielen im Gesamtprozeß des technischen Fortschritts eine immer wichtigere Rolle[262].

Setzen wir die aufgezeigten Wandlungen im Prozeß der industriellen Entwicklung in Beziehung zu der Tatsache der Stagnation bzw. des Rückgangs der Patentanmeldungen in dieser Phase des Prozesses, so

---

[261] *Schätzle,* Gerhard: Forschung und Entwicklung als unternehmerische Aufgabe, a.a.O., S. 29 f. Vgl. dazu auch *Carter,* C. F., und *Williams,* B. R.: Industry and Technical Progress, London — New York — Toronto, Neuauflage 1958, S. 110, die drei Gruppen von Industriezweigen unterscheiden, nämlich:

1. Traditionelle Industriezweige (Urproduktion, Baugewerbe, Baumwolle-, Wolle- und Juteverarbeitung; Töpferei, Papier-, Möbel- und Schuhherstellung, Druckereigewerbe und Schmiedewaren),
2. Ingenieurmäßige Industriezweige (Werkzeug-, Pumpen-, Motoren-, Flugzeug- und Maschinenbau sowie Herstellung schwerer elektrischer Ausrüstungen),
3. Moderne Industriezweige (Chemie, Schwachstromtechnik, Elektrotechnik, Kunststoffe und nukleare Produkte), wobei Grundlagenwissen für die modernen Industriezweige die größte und für die traditionellen Industriezweige die geringste Bedeutung hat. Die ingenieurmäßigen Industriezweige sind dazwischen einzuordnen.

[262] Wenn wir die Bedeutung der Entwicklungsphase innerhalb des Gesamtprozesses des technischen Fortschritts an den für sie aufgewandten Kosten messen wollen, läßt sich nach einer Untersuchung von Carter und Williams feststellen, daß in der englischen Industrie als häufigster Wert für das Verhältnis in den Ausgaben für Forschung und Entwicklung 1 : 10 genannt wurde (vgl. *Carter,* C. F. und *Williams,* B. R.: Industry and Technical Progress, a.a.O., S. 19 f).

Nach Angaben der National Science Foundation betrug das Verhältnis in der amerikanischen Flugzeugindustrie 1 : 9, in der Elektroindustrie 1 : 3 und im Maschinenbau 1 : 4. Vgl. National Science Foundation, Science and Engineering in American Industry, Report on a 1956 Survey, Washington 1959, S. 15. Siehe hierzu auch Schmookler, nach dessen Ansicht

1. „the shift of inventive attention away from the more empirical toward the more scientific fields — for example, from machinery toward chemical and electronic products and processes“ (s. auch Tabelle 13) „— has probably been accompanied by more systematic study by industry of the phenomena involved, that is, by an increase in the amount of research preceeding the average invention“;
2. „a growing amount of techniques and formulas for designing whole classes of products, toward creating engineering theories, so that the inventive process (as we have used the term) tends to be bypassed“;
3. „because inventions have tended to become more complex and costly to introduce in recent decades, the effort expanded in development per invention has proably expanded.“ *(Schmookler,* Jacob: Invention and Economic Growth, a.a.O., S. 29).

Nach Angaben der OECD betrug im Jahre 1964 der Anteil der Entwicklungsausgaben in den USA etwa 63 v. H., in Großbritannien 61 v. H., in Frankreich 48,8 v. H., in Italien 41,5 v. H. und in den Niederlanden 37,5 v. H. OECD, Reviews of National Science: United States, a.a.O., S. 39).

*Tabelle 13*

**Aufgliederung der vom U.S.-Patentamt erteilten Patente nach den drei Grob-Klassifizierungen „Mechanical" „Electrical" und „Chemical" in den Jahren 1952—1959** (in v.H.)

| Jahr | Erteilte Patente in den einzelnen Klassen (in v. H.) | | |
|---|---|---|---|
| | Mechanical | Electrical | Chemical |
| 1952a) | 76 | 15 | 14 |
| 1953 | 72 | 14 | 14 |
| 1954 | 69 | 16 | 15 |
| 1955 | 70 | 15 | 15 |
| 1956 | 66 | 18 | 16 |
| 1957 | 65 | 18 | 17 |
| 1958 | 62 | 20 | 18 |
| 1959b) | 62 | 20 | 18 |

a) Nur für die Monate Juli bis Dezember 1952.
b) Nur für die Monate Januar bis 17. November 1959.

*Quelle:* Sanders, Barkev S., Rossman, Joseph, und Harris, James L., The Growing Importence of Chemical in Comparison with Mechanical Patents; in: PTC Journal, Vol. 4, Washington 1960, S. 90.

dürfte es kaum gewagt scheinen, daraus auf ein abnehmendes Verhältnis von patentierten Erfindungen und damit auf eine abnehmende Bedeutung der Patente für die Neuerungstätigkeit zu schließen[263].

---

[263] In der amerikanischen Literatur wird dieser Standpunkt von der überwiegenden Mehrheit der Autoren, die sich mit diesen Problemen beschäftigen, vertreten. Vgl. dazu *Dirlam,* Joel B.: Patents and Progress: Is Our Patent Law Obsolete? in: Duns Review, 1957, S. 92 ff., *Melman,* Seymour: The Impact of the Patent System on Research, a.a.O., S. 24 ff.; *Gilfillan,* S. C.: The Prediction of Technical Change; in: REST, Vol. 34 (1952), S. 374 ff., *Kahn,* Alfred E.: The Role of Patents; in: *Miller,* J. P. (Hrsg.): Competition, Cartels and their Regulation, Amsterdam 1962, S. 319.

Für die amerikanischen Verhältnisse hat allerdings die verschärfte Antitrustpolitik, die sich insbesondere gegen die Großunternehmen als Patentbesitzer richtete, einen besonderen Einfluß auf diese Entwicklung gehabt. Vgl. hierzu vor allem auch *Meyers,* H. R.: The United States Patent System in Historical Perspective; in: PTC Journal, Vol. 3, Washington 1959, S. 33—52.

Aus den Angaben des U. S. Senate, Subcommittee on Patents Trademarks, and Copyrights, Hearings on the American Patent System, Oct. 1955, Wash./ D.C. 1956, S. 182, geht hervor, daß in der Zeit von 1925—1929 von den in Verletzungsklagen eingeschlossenen Patenten 33 v. H. für ungültig erklärt wurden, daß es während der Jahre 1935—1939 bereits 51 v. H. und im Zeitraum von 1945—1949 gar 65 v. H. waren.

Vgl. dazu auch *Scherer,* F. M. u. a.: Patents and the Corporation, a.a.O., S. 56 ff; ebenso *Schmookler,* Jacob: Invention and Economic Growth, a.a.O., S. 30 ff.

*Tabelle 14*

**Ausgaben für Forschung und Entwicklung nach Industriezweigen in den USA 1957 und 1965**

| Industriezweig | Ausgaben | | |
|---|---|---|---|
| | absolut in Mill. Dollar | | in v. H. der Gesamtausgaben der US-Industrie |
| | 1957 | 1965 | 1965 |
| Flugzeuge und Raketen | 2 574 | 5 120 | 36,1 |
| Elektroerzeugnisse | 1 804 | 3 167 | 22,3 |
| Chemie | 705 | 1 377 | 9,7 |
| Transportmittel | 707 | 1 238 | 8,7 |
| Maschinenbau | 669 | 1 129 | 8,0 |
| Erdölgewinnung und -raffination | 211 | 435 | 3,1 |
| Feinmechanische und optische Erzeugnisse | 249 | 387 | 2,7 |
| Grundmetalle | 108 | 216 | 1,5 |
| Gummierzeugnisse | 107 | 166 | 1,2 |
| Nahrungsmittel | 73 | 150 | 1,1 |
| Metallverarbeitung | 135 | 145 | 1,0 |
| Porzellan, Keramik, Glas | 69 | 119 | 0,8 |
| Papier und verwandte Erzeugnisse | 35 | 76 | 0,5 |
| Textil und Bekleidung | 15 | 34 | 0,2 |
| Holz und Möbel | 14 | 13 | 0,1 |
| Restliche | 255 | 426 | 3,0 |
| Insgesamt | 7 731 | 14 197 | 100,0 |

*Quelle:* National Science Foundation, Basic Research, Applied Research, and Development in Industry, 1965, a. a. O., S. 21.

Keineswegs kann daraus die Folgerung gezogen werden, daß sich darin nur ein abnehmendes Verhältnis von Aufwendungen zu Erträgen widerspiegelt[264]; denn die stark ansteigenden Ausgaben der privaten Industrie für Forschung und Entwicklung lassen kaum den Schluß zu, daß ihre

[264] Siehe zu dieser Meinung *Stafford,* Alfred B.: Is the Rate of Invention Declining? in: American Journal of Sociology, Vol. 57 (1952), S. 540; ebenso *Schmookler,* Jacob: The Level of Inventive Activity, in: REST, Vol. 36 (1954), S. 183; derselbe: Patent Application Statistics as an Index of Inventive Activity; in: Journal of the Patent Office Society, Vol. 35 (1953), S. 539 ff.

*Tabelle 15*

**Ausgaben für unternehmenseigene Forschung und Entwicklung nach Wirtschaftsgruppen in der BRD im Jahre 1965**

| Wirtschaftsgruppe a) b) c) d) | Ausgaben | |
|---|---|---|
| | absolut (in DM) | in v. H. |
| 20 Chemische Industrie u. Mineralölverarbeitung | 1 283 834 | 32,33 |
| 25 Elektrotechnik, Feinmechanik u. Optik, Herst. v. EBM-Waren, Musikinstrumenten, Sportgeräten, Spiel- und Schmuckwaren | 1 152 280 | 29,02 |
| 24 Stahl-, Maschinen- u. Fahrzeugbau | 827 277 | 20,84 |
| 23 Eisen- und NE-Metallerzeugung, Gießerei, Stahlverformung | 389 816 | 9,82 |
| 27 Leder-, Textil- und Bekleidungsgewerbe | 76 256 | 1,92 |
| 21 Kunststoff-, Gummi- u. Asbestverarbeitung | 57 705 | 1,46 |
| 11 Bergbau | 31 916 | 0,81 |
| 22 Gewinnung, Verarbeitung von Steinen und Erden, Feinkeramik, Glasgewerbe | 27 540 | 0,69 |
| 10 Energiewirtschaft e) | 18 940 | 0,48 |
| 28/29 Nahrungs- und Genußmittelgewerbe | 12 987 | 0,33 |
| 26 Holz-, Papier- und Druckgewerbe | 12 061 | 0,31 |
| 0,3—7 Sonstige f) | 79 117 | 1,99 |
| Insgesamt | 3 969 999 | 100,0 |

a) Zuordnung nach der Systematik des Statistischen Bundesamtes.

b) Unternehmen, die mehreren Wirtschaftsgruppen angehören, wurden jeweils mit dem gesamten Unternehmen derjenigen Wirtschaftsgruppe zugeordnet, bei der das Schwergewicht liegt.

c) In der Regel wurden Unternehmen erst ab 50 Beschäftigte erfaßt.

d) Tochtergesellschaften wurden nicht gesondert erfaßt (s. Anm. b).

e) Einschließlich Elektrizitäts-, Gas- und Wasserwerke.

f) 0 = Land- und Forstwirtschaft, 3 = Baugewerbe, 4 = Handel, 5 = Verkehr, 6 = Kreditinstitute und Versicherungsgewerbe, 7 = Dienstleistungen von Unternehmen und freien Berufen.

*Quelle:* Zusammengestellt und errechnet nach Echterhoff-Severitt, H., Wissenschaftsaufwendungen in der Bundesrepublik Deutschland; in: Wirtschaft und Wissenschaft, Heft 1 (1969), S. 16.

Ergebnisse in progressivem Verlauf zu Fehlschlägen führen. Es läßt sich jedoch feststellen, daß die einzelne patentierte Erfindung sehr viel komplexer geworden ist. Scherer u. a. führen an, daß sich zwischen 1929 und 1953 in den USA der Umfang der veröffentlichten Patentbeschreibung um etwa 60 Prozent vergrößert hat. Sie meinen aber ebenfalls, daß dadurch nicht die konstant gebliebene Zahl der jährlichen Patentanmeldungen erklärt werden kann[265].

Die wenigen (ausschließlich aus den USA) vorliegenden empirischen Untersuchungen bestätigen unsere Schlußfolgerungen. Nach einer Untersuchung von Frederico[266] über amerikanische Unternehmen läßt sich bei isolierter Betrachtung der 176 größeren Unternehmen feststellen, daß der Anteil dieser Unternehmen an den insgesamt erteilten Patenten in der Zeit von 1939 bis 1955 abgenommen hat. Und zwar verringerte sich der Anteil dieser Unternehmen, die 1955 Umsätze von 150 Mill. Dollar oder mehr aufwiesen, von 21,8 v.H. in der Zeit zwischen 1939 und 1951 auf 20,68 v.H. zwischen 1952 und 1954 und auf 19,18 v.H. im Jahre 1955.

In einer Befragung über die Bedeutung der Patente für ihr Unternehmen, die von einer Forschungsgruppe der Harvard Business School angestellt wurde, sagten 11 v.H. der auf die Frage antwortenden Patentbesitzer, daß Patente „außerordentlich wichtig" wären. 22 v.H. meinten dagegen, daß Patente „nicht sehr wichtig" wären. Von dieser Gruppe erwähnten jedoch zwei Fünftel, daß Patente in der früheren Entwicklung ihres Unternehmens eine größere Rolle gespielt hätten. Die Antworten der restlichen Unternehmen lagen in ihren Aussagen zwischen denen der ersten beiden Gruppen, hatten jedoch gemeinsam, daß sie Patente nicht für „von vorrangiger Bedeutung" hielten[267].

Eine andere Untersuchung, die von den Mitgliedern der Patent Bar Association in Los Angeles unternommen wurde und sich ausschließlich an deren Klienten richtete, ergab, daß von den Antworten 50 v.H. Patente für sehr wichtig hielten. Sie sagten, daß sie weniger in Forschung und Entwicklung investieren würden, wenn es keine Patente gäbe. Unter diesen Beantwortern waren 27 von insgesamt 34 Einzel-

---

265 Vgl. *Scherer,* F. M. u. a.: Patents and the Corporation, a.a.O., S. 135 ff. Siehe hierzu auch die Angaben des U. S. Senate, American Patent System, Hearings before the Subcommittee on Patents, Trademarks, and Copyrights, a.a.O., S. 194.
In einer ausführlichen Analyse hat sich mit diesen Zusammenhängen *Schmookler,* Jacob: Invention and Economic Growth, a.a.O., S. 25 ff., auseinandergesetzt. Siehe auch Anm. 1 auf S. 12 seines Buches.

266 *Frederico,* P. J.: Distribution of Patents Issued to Corporations (1939 bis 1955), Study No. 3 des Subcommittee on Patents, Trademarks, and Copyrights des amerikanischen Senats, Washington 1957, S. 9.

267 Siehe dazu *Scherer,* F. M. u. a.: Patents and the Corporation, a.a.O., S. 116.

erfindern, 74 von 141 Unternehmen mit weniger als 100 Beschäftigten, aber nur 35 von den insgesamt 105 größeren Unternehmen[268], die auf die Frage antworteten. In einer weiteren Befragung, die von Sanders[269] u. a. unternommen wurde, sagten 70 v.H. der befragten Unternehmer aus, daß sie auch ohne Patentschutz weiter produzieren und ihre Produkte auf den Markt bringen würden.

Die möglichen Ursachen für die aus diesen Antworten ersichtliche geringe Bedeutung der Patente für Großunternehmen hatten wir oben ausführlich geschildert. An dieser Stelle sei auf den elften Jahresbericht von Mac Graw-Hill aus dem Jahre 1956 hingewiesen, aus dem hervorging, daß etwa 50 v.H. aller Bericht erstattenden Unternehmen Forschung auf dem Gebiete neuer Produkte durchführten, daß nur 11 v.H. sich in ihrer Forschungsarbeit mit neuen Verfahren befaßten, daß aber bei 41 v.H. die Forschungstätigkeit auf Produktverbesserungen ausgerichtet war[270]. Gerade Produktverbesserungen sind in der Masse der Fälle Zeugnis defensiver Neuerungstätigkeit, die in der Regel keiner Anreize durch Patente bedarf[271]. Welche Bedeutung der Änderung und der Ausweitung des Produktionsprogrammes zukommt, geht auch aus einer Untersuchung von Oppenländer für die BRD hervor (vgl. Tabelle 16)[272].

Eine aufschlußreiche Untersuchung über den Einfluß der Patente auf die Neuerungstätigkeit der Unternehmen haben in jüngster Zeit Dale und Huntoon unternommen[273]. In ihrer Analyse, die 375 Großunternehmen aus 15 Industriezweigen einbezog, kamen sie zu dem Ergebnis, daß in den einzelnen Industriezweigen bei Unternehmen mit hohem Patentbesitz das Umsatzwachstum höher war, als bei Unternehmen mit geringem Patentbesitz. Dabei wurden die Unternehmen in den einzelnen Industriezweigen nach der Höhe der von ihnen im Jahre 1955 gehaltenen Patente in zwei Gruppen eingeteilt, wobei die eine aus Unternehmen mit hoher, die andere aus den Unternehmen mit geringer

---

[268] Vgl. dazu *Carr,* Richard F.: Our Patent System works, a.a.O., S. 74.

[269] *Sanders,* Barkev S., *Rossman,* Joseph, *Harris,* James L.: Attitudes of Assignees Toward Patented Inventions; in: PTC Journal, Vol. 2, Washington 1958, S. 463—504.

[270] Siehe National Science Foundation, Proceedings of a Conference on Research and Development and Its Impact on the Economy, Washington 1958, S. 123.

[271] Vgl. dazu bereits *Ravenshear,* A. F.: The Industrial and Commercial Influence of the English Patent System, London 1908, S. 52 ff.

[272] *Oppenländer,* Karl-Heinrich: Residualmessungen des technischen Fortschritts und sein Zusammenhang mit Investitionsanlässen. Berechnungen für 27 Industriebereiche im Zeitraum 1950—1965; in: JFO-Studien, 13. Jg. (1967), S. 103 ff.

[273] *Dale,* Robert F. und *Huntoon,* James K.: Cost-Benefit Study of the Domestic and International Patent Systems; in: PTC Journal, Vol. 11, Washington 1967, S. 351—406.

*Tabelle 16*

**Investitionsanlässe in der verarbeitenden Industrie der Bundesrepublik Deutschland — Durchschnitt des Zeitraumes 1959/1965**

| Lfd. Nr. | Industriehauptgruppen und Industriegruppen | Bei . . . % der meldenden Firmen[a)] | | |
|---|---|---|---|---|
| | | Ausgleich des Arbeitskräftemangels | Umstellung auf neue Produktionsmethoden | Änderung bzw. Ausweitung des Produktionsprogramms |
| 1 | 1. Verarbeitende Industrie | 50 | 30 | 51 |
| | 2. Industriehauptgruppen: | | | |
| 2 | Grundstoff- u. Produktionsgüterindustrie | 41 | 27 | 47 |
| 3 | Investitionsgüterindustrie u. metallverarbeitende Gebrauchsgüterindustrie | 56 | 40 | 64 |
| 4 | Verbrauchsgüterindustrie | 60 | 23 | 36 |
| 5 | Nahrungs- u. Genußmittelindustrie | 52 | 18 | 38 |
| | 3. Industriegruppen: a) Innerhalb der Grundstoff- u. Produktionsgüterindustrie | | | |
| 6 | Industrie der Steine und Erden | 48 | 30 | 44 |
| 7 | Eisenschaffende Industrie | 29 | 34 | 42 |
| 8 | NE-Metallindustrie | 69 | 24 | 39 |
| 9 | Chemische Industrie | 21 | 27 | 52 |
| 10 | Mineralölverarbeitung | 15 | 19 | 91 |
| 11 | Kautschuk- u. Asbestverarb. | 79 | 53 | 57 |
| 12 | Sägewerke und Holzverarbeitung | 63 | 14 | 32 |
| 13 | Zellstoff- und Papierzeugung | 47 | 14 | 51 |
| | b) Innerhalb der Investitionsgüterindustrie und der metallverarbeitenden Gebrauchsgüterindustrie | | | |
| 14 | Stahl- und Eisenbau | 52 | 20 | 27 |
| 15 | Maschinenbau | 51 | 27 | 57 |
| 16 | Fahrzeugbau | 50 | 56 | 84 |
| 17 | Elektronische Industrie | 67 | 53 | 71 |

*Tabelle 16* (Fortsetzung)

| Lfd. Nr. | Industriehauptgruppen und Industriegruppen | Bei . . . % der meldenden Firmen[a)] | | |
|---|---|---|---|---|
| | | Ausgleich des Arbeitskräftemangels | Umstellung auf neue Produktionsmethoden | Änderung bzw. Ausweitung des Produktionsprogramms |
| 18 | Feinmechanische, optische sowie Uhrenindustrie | 55 | 34 | 50 |
| 19 | Eisen-, Blech- und Metallwarenindustrie sowie Stahlverformung | 68 | 24 | 36 |
| | c) Innerhalb der Verbrauchsgüterindustrie | | | |
| 20 | Feinkeramische Industrie | 82 | 21 | 24 |
| 21 | Glasindustrie | 38 | 24 | 37 |
| 22 | Holzverarbeitung | 54 | 32 | 36 |
| 23 | Papier- und Pappeverarbeitung | 59 | 12 | 52 |
| 24 | Kunststoffverarbeitung | 39 | 28 | 70 |
| 25 | Lederindustrie | 80 | 15 | 15 |
| 26 | Textilindustrie | 65 | 26 | 28 |
| 27 | Bekleidungsindustrie | 70 | 23 | 19 |

a) Die Summe der Prozentsätze ergibt nicht 100 %, da die Firmen mehrere Einflüsse nennen konnten.

*Quelle:* Oppenländer, Karl-Heinrich, Residualmessungen des technischen Fortschritts und sein Zusammenhang mit Investitionsanlässen, a. a. O., S. 107.

„Patentneigung" bestand. Das Umsatzwachstum der Jahre 1955—1965 war für die erste Gruppe in 12 von 15 Industriezweigen höher als für die zweite[274] (vgl. Tab. 17).

Die Frage, ob diese Beziehung zwischen Patenten und Umsatzwachstum nicht letztlich auf Variable wie Unternehmensgröße und Höhe der Forschungs- und Entwicklungsausgaben, die stark mit den Patenten korreliert sind, zurückzuführen ist, wird von den Autoren durch weitere

[274] Bemerkenswerterweise befand sich unter den 3 Industriezweigen, die eine negative Beziehung zwischen Umsatzwachstum und Patentneigung aufwiesen, die Arzneimittelindustrie, in der von Patenten ein sehr großer Gebrauch gemacht wird. *Kahn*, Alfred W.: The Role of Patents, a.a.O., S. 326 f., nennt gerade diesen Industriezweig als einen jener, die auf Grund starken Patentbesitzes seit dem 2. Weltkrieg durchgehend höhere Gewinne aufwiesen als andere Industriezweige, die nur geringen Gebrauch von Patenten machen (Maschinenindustrie, Papierherstellung, Reifenindustrie).

*Tabelle 17:* **Unternehmens-Umsatzwachstum und Patentneigung**

| Industriezweige (abgek. Bezeichn.) | Nummern der SIC-Gruppierung[a)] | Patentneigung | Umsatz-Wachstum 1955-1965 in v. H. | | Marktanteilsveränderung[b)] der Unternehmen mit hoher Patentneigung |
|---|---|---|---|---|---|
| | | | Unternehmen mit hoher Patentneigung | Unternehmen mit geringer Patentneigung | |
| Tobacco | 211-213 | 0,00 | 62 | 49 | + 1,8 |
| Lumber | 241 | 0,02 | 165 | 93 | + 5,4 |
| Paper | 261, 262, 266 | 0,03 | 112 | 94 | + 2,2 |
| Chemical | 281 | 2,00 | 107 | 68 | + 5,2 |
| Drugs | 283 | 0,80 | 116 | 176 | − 6,0 |
| Soaps, Cosmetics | 284 | 0,25 | 161 | 134 | + 3,9 |
| Petroleum | 291-295 | 0,35 | 80 | 39 | + 3,0 |
| Concrete, Gypsum | 326 | 1,00 | 78 | 29 | + 7,9 |
| Nonferous Metal | 333 | 0,30 | 58 | 31 | + 4,8 |
| Fabricated Metal | 341-349 | 0,95 | 69 | 47 | + 3,6 |
| Farm Machinery | 352 | 1,40 | 102 | 121 | − 2,2 |
| Electrical Machinery | 361 | 2,30 | 77 | 95 | − 0,8 |
| Radio, TV | 365 | 0,65 | 127 | 37 | + 6,8 |
| Instruments | 383 | 2,60 | 126 | 67 | + 6,3 |
| Miscellaneous | 391-398 | 1,50 | 92 | 31 | + 8,5 |

a) Einteilung nach: The News Front Directory of the 3000 Leading U.S. Corporations, New York 1960, die die Unternehmen in etwa 60 „Standard Industrial Classification (SIC)" Gruppierungen untergliedert.
b) „Markt" ist hier der gesamte Umsatz der ausgewählten Unternehmen dieses Industriezweiges.
*Quelle:* Dale, Robert F. und Hunton, James K., A Cost Benefit Study of the Domestic and International Patent Systems, a.a.O., S. 360.

Untersuchungen beantwortet. Dabei ergibt sich, daß die Unternehmensgröße nicht zu der Beziehung zwischen Patenten und Umsatzwachstum beiträgt. Auch die Untersuchung der Beziehungen zwischen Höhe der Ausgaben für Forschung und Entwicklung und Umsatzwachstum ergab keinen signifikanten Zusammenhang. Dagegen war dies jedoch der Fall zwischen Patentneigung und Höhe der Forschungs- und Entwicklungsausgaben, woraus sich ableiten ließ, daß beide Faktoren in etwa gleichem Maße das Umsatzwachstum der Jahre 1955—1965 beeinflußt hatten, mit einem geringfügig stärkeren Effekt der Patente.

Eine nähere Überprüfung dieser Folgerung, wobei die Beziehung zwischen den Unternehmen, die hohe Patentneigung und hohe Forschungs- und Entwicklungsausgaben, bzw. den Unternehmen mit niedriger Patentneigung und niedrigen Forschungs- und Entwicklungsausgaben zugleich aufwiesen, und ihrem Umsatzwachtum der Jahre 1955—1965 getestet wurde, führte zu dem Ergebnis, daß bei den Unternehmen, die sowohl stark im Forschungs- und Entwicklungsbereich investierten als auch umfassend ihre Forschungsergebnisse patentierten, ein höheres Umsatzwachstum festzustellen war.

Wenn auch die Ergebnisse dieser quantitativen Untersuchung infolge der vielen Unsicherheiten und der ungleichen Daten — wie die Autoren selbst betonen — mit Vorsicht zu behandeln sind[275], scheint es doch nicht über die Grenzen dieser Analyse hinauszugehen, wenn man aus ihren Ergebnissen folgert, daß die Patente zu einem Teil die Höhe der Ausgaben für Forschung und Entwicklung stimulieren. Dieser Teil läßt sich jedoch quantitativ nicht erfassen, sondern ist nur qualitativ bestimmbar[276].

Diese Feststellung gilt auch gegenüber den wenigen anderen amerikanischen Untersuchungen, die den Anteil an den industriefinanzierten Forschungs- und Entwicklungsausgaben in den USA, der durch Patente stimuliert wird, quantitativ zu erfassen suchen, wie etwa die von Gillfillan, nach dessen Ansicht die Patente, auch wenn sie immer mehr an Gewicht im Vergleich zu anderen Einflußfaktoren verlieren, zur Zeit nicht ganz die Hälfte der genannten Forschungs- und Entwicklungsausgaben der amerikanischen Industrie beeinflussen[277], oder auch die von Gorn, der in Übereinstimmung mit den Ergebnissen von Gillfillan schätzt, daß ungefähr 2 Milliarden Dollar Forschungs- und Entwick-

---

[275] Dies zeigt z. B. das negative Ergebnis für die Arzneimittelindustrie in der Untersuchung an, das u. a. dadurch erklärt werden kann, daß für sie besondere Verhältnisse gelten, die in der Untersuchung nicht berücksichtigt werden konnten.

[276] Siehe unsere Ausführungen auf S. 160 f.

[277] *Gilfillan,* S. C.: Invention and the Patent System, Hearings before the Joint Economic Committee Congress of the United States, 88th Congress, 2nd Session, Washington 1964.

lungsausgaben in den USA auf die Patente zurückzuführen sind[278]. Alle diese Versuche sind mehr oder weniger grobe Schätzungen.

Speziell für die USA ist eine zusätzliche Tatsache von besonderer Relevanz für die abnehmende Bedeutung der Patente in den jüngsten Perioden des Industrialisierungsprozesses. Im letzten Jahrzehnt hat die von der U.S. amerikanischen Industrie durchgeführte Forschungs-, Entwicklungs- und Neuerungstätigkeit auf Wissenschaftsgebieten, die fast ausschließlich für Tätigkeitsbereiche der öffentlichen Hand relevant sind — wie sie etwa die Weltraumfahrt darstellt oder aber auch andere militärische oder nichtmilitärische Tätigkeitsbereiche bilden — einen immer größeren Anteil unter den Anstrengungen zum technischen Fortschritt in der amerikanischen Wirtschaft eingenommen. Der Anteil der vom Staat finanzierten Forschungs- und Entwicklungstätigkeit in der U.S. amerikanischen Industrie stieg von 1953 bis 1965 von 39,3 v.H. auf 54,6 vH.[279]. Für den Großteil dieses technischen Fortschritts haben Patente keine Bedeutung, da einerseits das gewonnene technische Wissen z. T. als Staatsgeheimnis betrachtet wird, die Patente also praktisch durch eine Alternative ersetzt werden, zum andern die gewonnenen Ergebnisse auch ohne Geheimhaltung keine Nachahmer anziehen, da ausschließlich der Staat[280] in der Lage ist, die gewonnenen Erkenntnisse zu verwerten. Obwohl seit 1956 über die Hälfte der von der U.S. amerikanischen Industrie durchgeführten Forschungs- und Entwicklungsaufgaben vom Staate finanziert wurde, betrug der Anteil der Patenterteilungen, den die U.S. amerikanische Regierung z. B. 1957 an der Gesamtheit der Patenterteilungen dieses Jahres hatte, gerade 2 v.H. [281].

Soweit der staatliche Einfluß auf dem Gebiet des technischen Fortschritts auch in anderen Industrienationen diese Entwicklung nimmt, muß notwendigerweise die Bedeutung der Patente als Anreiz für die Gesamtheit der Aufwendungen zum technischen Fortschritt ganz allgemein geringer werden. Diese Entwicklung ist aber gleichbedeutend mit einer Verdrängung marktwirtschaftlicher Elemente auf dem Gebiete der Produktion und Verwertung des technischen Fortschritts. Insofern kann dieser Aspekt im Rahmen dieser Arbeit, die sich mit den Beziehungen zwischen Patenten und marktwirtschaftlicher industrieller Entwicklung auseinandersetzt, nur als zusätzliches außerhalb ihres

---

278 *Gorn*, Elmer J.: Economic Value of Patents; in: The Encyclopedia of Patent Practice and Invention Management, New York 1964, S. 221—227.

279 Siehe zu den Zahlenangaben bereits S. 141, Anm. * dieser Arbeit.

280 Berücksichtigt man, daß dies auch ausländische Staaten sein können, so wären damit potentielle Nachahmer vorhanden. Gegen deren Nachahmung (Spionage) hilft aber bei den genannten Projekten auch nicht der Patentschutz der relevanten technischen Erkenntnisse.

281 Siehe bereits S. 141, Anm. **.

eigentlichen Untersuchungsobjektes liegendes Moment am Rande gestreift werden.

Unter Berücksichtigung aller bisher vorgebrachten Bedingungen für die Neuerungstätigkeit kann gefolgert werden, daß Patente in erster Linie für die Neuerungstätigkeit der kleineren und mittleren und/oder neuen Unternehmung sowie für den unabhängigen Erfinder bedeutsam sind[282]. Denn ihnen fehlen im allgemeinen die Absatzwege und die Bereitschaft des Marktes, ihre Produkte abzunehmen. Im Ergebnis dauert es für sie sehr viel länger, mit Neuerungen in neue Märkte einzudringen, und demgemäß sind auch ihre in den ersten Jahren realisierten Gewinne sehr viel geringer als die ihrer größeren Konkurrenten. Hinzu kommt, daß ihre Marktstellung sehr viel leichter zu erschüttern ist, wenn gut eingeführte Konkurrenten mit nachgemachten Produkten Vergeltungsmaßnahmen starten, woraus sich ergibt, daß kleine und mittlere Unternehmen ebenso wie auch neue Unternehmen im Hinblick auf die Vornahme von Neuerungen sehr viel risikoempfindlicher sind als Großunternehmen[283].

Im Prinzip können in solchen Fällen Patente diese Nachteile kompensieren und so den kleineren Unternehmen erlauben, auf dem Gebiet der Neuerungen mit den Giganten zu konkurrieren. Zahlreiche Beispiele sind dafür eindrucksvolles Zeugnis[284]. Dennoch kann den Patenten in der Realität auch diese Bedeutung nicht uneingeschränkt eingeräumt werden. Wie unsere früheren Ausführungen offenbarten[285], ist die Stärke eines Patents nicht zuletzt von der Stärke des Patentinhabers abhängig, so daß für den unabhängigen Erfinder und die kleinere und mittlere Unternehmung „the system often does a very poor and unfair job of protecting and rewarding ... and that it may even be said to tend to give the most effective protection to the powerful companies who need it least[286].“ Aber trotz dieser Tatsache, daß die Patente nur manchen den erhofften Nutzen bringen, motivieren sie doch mehr, Neuerungen durchzuführen. So kann man mit Machlup sagen, daß die Patente in diesen Fällen der Gesellschaft erlauben, Nutzen zu ziehen aus dem Überoptimismus der unabhängigen Erfinder und der kleinen und mittleren Unternehmen[287].

---

282 Siehe hierzu auch *Carr*, Richard F.: Our Patent System works, a.a.O., S. 58.

283 Vgl. dazu auch unsere späteren Ausführungen auf S. 169.

284 So auch *Schmookler*, Jacob: Invention and Economic Growth, a.a.O., S. 35 f. Ebenso *Scherer*, F. M.: The Economics of the Patent System, a.a.O., S. 24 f.

285 Siehe S. 112 ff.

286 *Kahn*, Alfred E.: The Role of Patents, a.a.O., S. 322.

287 Vgl. dazu *Machlup*, Fritz: The Optimum Lag of Imitation behind Innovation, Sonderdruck aus: Festskrift til Frederick Zeuthen, Kopenhagen 1958, S. 251 f.

Im Zusammenhang mit den sich wandelnden Bedingungen der Hervorbringung des technischen Fortschritts im Prozeß der industriellen Entwicklung werden aber immer mehr jene Fälle relevant, in denen die Bedeutung der Patente für den unabhängigen Einzelerfinder und die kleine und/oder neue Unternehmung deshalb abnimmt, weil es ihnen unmöglich wird, überhaupt in den Besitz von Patenten zu gelangen. Im Falle von teurer Grundlagenforschung, die insbesondere auf den Gebieten der Chemie und Elektronik[288] notwendige Voraussetzung neuer Verfahren und Produkte ist, kann der Patentschutz nur dem Großunternehmen zugutekommen, weil das Klein- und Mittelunternehmen ebenso wie das neue Unternehmen die dafür erforderlichen finanziellen Mittel nicht aufbringen kann[289]. Ähnliches gilt auch für den Teil der teuren angewandten Forschung, aber auch für die weniger kostspielige Zweckforschung, wenn ihr Ergebnis abhängige Erfindungen sind, die auf patentierten Ergebnissen von Grundlagenwissen beruhen, das ausschließlich von den Großunternehmen hervorgebracht wird[290]. Soweit also die Großunternehmen den Klein- und Mittelunternehmen im Ablauf des technischen Entwicklungsprozesses auf dem Gebiet der technischen Forschung überlegen werden, wird auch die Bedeutung der Patente für die letzteren geringer werden.

Unsere späteren Ausführungen werden sich noch intensiv mit den Argumenten auseinandersetzen, die die Überlegenheit der Großunternehmen auf dem Gebiet der modernen Forschung und besonders der Entwicklung zum Ausdruck bringen[291]. Im Ergebnis können aber auch sie nicht ausschließen, daß auch die kleine Unternehmung heute noch in bestimmten Fällen Forschung und Entwicklung erfolgreich betreiben kann. Es gibt auch in den höheren Phasen der Industrialisierung noch Produkt- und Verfahrenserfindungen, die mit geringem Aufwand durchgeführt werden können und die dennoch Neuerungsgewinne erbringen. Nicht alle — dieser und anderer — technischen Möglichkeiten können von den Großunternehmen wahrgenommen werden, so daß die kleine wie auch die neue Unternehmung auf solchen Wegen durchaus mit Hilfe von Patenten eine starke Marktstellung erobern kann[292]. In

---

288 Siehe aber gerade hier z. B. den den Klein- und Mittelunternehmen vorbehaltenen Bereich des Feinmeßgerätebaus in Belgien. Vgl. auch ähnliche Beispiele auf S. 171.

289 So auch *Lenel*, Hans-Otto: Ursachen der Konzentration, 2. Aufl., a.a.O., S. 121. Vgl. auch die Ausführungen in der Konzentrationsenquete über das Ausmaß von Grundlagenforschung bei Groß- und Kleinunternehmen; (Konzentrationsenquete, Anlagenband, a.a.O., S. 780).

290 Vgl. dazu die Problematik zur Erlangung einer Lizenz bei abhängigen Patenten auf S. 83 f.

291 Vgl. S. 166 ff.

292 Siehe dazu die Beispiele von *Frost*, George E.: Patent Rights and the Stimulation of Technical Change, a.a.O., S. 68 ff. und seine weiteren Aussagen.

diesen Fällen stellen Patente tatsächlich noch heute starke Anreize für Forschung, Entwicklung und Neuerung dar.

## IV. Ergebnis

Als Ergebnis unserer Analyse können wir festhalten, daß die Bedeutung der Patente für die Unternehmererwartungen bei Neuerungen im Ablauf des Prozesses der industriellen Entwicklung aufgrund der aufgezeigten Bedingungen geringer geworden ist. Dabei ist zu berücksichtigen, daß der Einfluß der Patente, wie wir früher bereits bemerkten, im einzelnen sehr unterschiedlich sein kann, daß er von Phase zu Phase des sich im Ablauf der Industrialisierung wandelnden technischen Entwicklungsprozesses, von Art zu Art der Neuerung, von Industriezweig zu Industriezweig und von potentiellem Neuerer zu potentiellem Neuerer variiert.

Eine entscheidende Rolle für Neuerungen ist den Patenten in der jüngeren Phase des Industrialisierungsprozesses in erster Linie in jenen Fällen beizumessen, in denen Unternehmen in für sie neue Märkte eindringen wollen und wobei sie sich mit den dort etablierten Unternehmen auseinandersetzen müssen, und vor allem in jenen Situationen, in denen völlig neue Wege auf dem Gebiet des technischen Fortschritts begangen werden. Diese „Grenzfälle" der unternehmerischen Neuerungstätigkeit erfordern auch für gut eingeführte Großunternehmen besondere Anreize, wie sie mit Patenten gegeben sein können. Solche Grenzfälle sind tatsächlich vorhanden, und die Hoffnung, selbst einmal Wegbereiter eines bahnbrechenden technischen Fortschritts unter dem Schutz eines Patentes sein zu können, ist in vielen Fällen der Grund dafür, daß von den Unternehmen den Patenten ein sehr großer Wert beigemessen wird[293]. Auf die Wichtigkeit der Patente für umwälzende Neuerungen wiesen auch diejenigen der in den verschiedenen Untersuchungen befragten Unternehmen hin, die den gegenwärtigen (zum Zeitpunkt der Befragung vorhandenen) Einfluß der Patente für ihre Neuerungsentscheidung für gering hielten.

Es ist unbestritten, daß ohne die Patente eine Reihe der umwälzendsten technischen Fortschritte nicht oder sehr viel später auf den Prozeß der industriellen Entwicklung befruchtend eingewirkt hätten. Neuerungen dieser Art mögen weit entfernt von allen bisher bekannten Wegen

---

[293] Vgl. dazu die Ergebnisse der Befragung durch *Scherer*, F. M. u. a.: Patents and the Corporation, a.a.O., S. 148 f. Siehe auch *Markham*, Jesse W.: Inventive Activity: Government Controls and the Legal Environment; in: National Bureau of Economic Research, The Rate and Direction of Inventive Activity; Economic and Social Factors, Princeton (N. J.) 1962, S. 602.

des industriellen Wissens liegen, größere technologische und marktmäßige Unsicherheiten in sich bergen und höhere Entwicklungskosten sowie längere Entwicklungszeiträume erfordern als die große Menge der industriellen Neuerungen. Nur unter außergewöhnlich günstigen Umständen, insbesondere der Erwartung, die Früchte aus der Neuerung in vollstem Umfange abzuernten, dürften solche Neuerungen von den Unternehmern durchgeführt werden. Naheliegende Beispiele dieser Art von Neuerungen sind das Schwarz-Weiß-Fernsehen und die Entwicklung der Xerographie nach den Plänen von Chester Carlson[294], die Entwicklung der Strahlturbine[295] und die elektrischen Lampen[296].

In der Tat lassen sich viele Beispiele anführen, in denen Patente für die Entwicklung bestimmter Industriezweige eine entscheidende Rolle gespielt haben. Fallstudien in den USA zeigen, daß dies z. B. zutrifft für die Aluminiumerzeugung, die Schuhmaschinenindustrie, Spiegelglasherstellung, Produktion photographischer Apparaturen, Zigarettenindustrie, Seiden- und Gipswarenerzeugung[297]. In all diesen Fällen haben Patente zu einer starken Konzentration wirtschaftlicher Macht geführt, die dann aus anderen Gründen weiterbestand bzw. sich verstärkte. Betrachten wir diese Tatsache, dann können wir sagen, daß die Patente sich zum Teil selbst überflüssig gemacht haben bzw. ihre Bedeutung vermindert haben, und zwar dadurch, daß sie zur Entstehung von marktbeherrschenden Positionen und/oder starken Wirtschaftskonzentrationen in früheren Phasen des Prozesses der industriellen Entwicklung beigetragen haben und somit in der Folgezeit Barrieren für Nachahmer geschaffen haben, die ähnlich wie Patente wirken.

[294] Vgl. dazu *Maclaurin*, W. R.: Patents and Technical Progress, a.a.O., S. 142—157, sowie *Blackstone*, Erwin: The Copying Machine Industry. A Case Study. Unveröffentlichtes Manuskript, Diss., University of Michigan 1968.

[295] Siehe *Schlaifer*, Robert: Development of Aircraft Engines, Boston 1950, S. 103 f. und 336 f.

[296] Vgl. *Bright*, Arthur A.: The Electric-Lamp Industry, New York 1949, S. 468—476.

[297] Vgl. die Darstellung auf S. 113 dieser Arbeit.

*Viertes Kapitel*

# Patentbedingte Machtpositionen und Neuerungstätigkeit

Die vorangegangenen Ausführungen beschäftigten sich mit den Zusammenhängen, die sich aus der von den Patenten abgeleiteten erwarteten Marktform des Monopols ergaben. Eine Gesamtwürdigung der Bedeutung der Patente für den Prozeß der industriellen Entwicklung erfordert jedoch auch ein Eingehen auf die Folgewirkungen, die mit durch Patente tatsächlich erworbenen wirtschaftlichen Machtstellungen zusammenhängen. Hier ist einmal die Frage der Beziehungen zwischen den patentbedingten Marktformen des Monopols und des Oligopols und dem technischen Fortschritt, zum anderen aber auch des Verhältnisses von Unternehmensgröße und technischer Entwicklung relevant. Aus der Behandlung beider Aspekte ergeben sich weitere Folgerungen für den Ablauf des marktwirtschaftlichen Industrialisierungsprozesses.

Unsere früheren Ausführungen über die Bedeutung der Patente für die Marktformen hatten deutlich gemacht, daß Patente in den wenigsten Fällen zu vollkommenen Monopolen führen, sondern daß sie in erster Linie zur Bildung oligopolistischer Großunternehmen in Form von Konzernen wie auch zur Entstehung von Kartellen beigetragen haben. Aus dieser Tatsache ergibt sich für unsere Analyse neben der Frage nach dem Einfluß der Marktform auf die Neuerungstätigkeit auch die nach der Wirkung der Unternehmensgröße auf die Neuerungstätigkeit, wobei wir uns sehr wohl bewußt sind, daß in der Realität zumeist Großunternehmung und Oligopol oder Monopol zusammenfallen. Diese Verknüpfung braucht aber nicht immer gegeben zu sein.

## A. Neuerungstätigkeit und bestehende Marktform

Die Frage, welche Marktform den technischen Fortschritt am meisten vorantreibt, ist bisher in unterschiedlichster Weise beantwortet worden. Die Auseinandersetzung darüber hat sowohl der polypolistischen Konkurrenz, dem Oligopol wie auch dem Monopol den positivsten Einfluß auf den technischen Fortschritt zugeschrieben. Versuchen wir dieses Problem näher zu analysieren, so ist es zweckmäßig, das Gesamtproblem nach zwei Teilaspekten zu untergliedern; der erste umfaßt die Frage nach der *Neigung* zum technischen Fortschritt, der zweite die Frage nach der (finanziellen) *Möglichkeit* zum technischen Fortschritt.

### I. Finanzierung des technischen Fortschritts

Unterstellt man, daß die Höhe der Gewinne einer Unternehmung abhängig von der Stärke des Wettbewerbs ist[1], so sind dem Monopol von der Finanzierungsseite her die größten Möglichkeiten zur Einführung des technischen Fortschritts gegeben. Je stärker sich die Marktverhältnisse der polypolistischen Konkurrenz annähern, desto geringer sind die Mittel der betreffenden Unternehmen, die zur Finanzierung des technischen Fortschritts zur Verfügung stehen[2]. Es läßt sich unter dem Aspekt der Möglichkeit zum technischen Fortschritt sagen, daß die Bedingungen zur Einführung des technischen Fortschritts um so günstiger sind, je weitgehender der Preiswettbewerb ausgeschaltet werden kann. Dies ist in stärkstem Maße verwirklicht in der Marktform des Monopols.

Auch die wenigen amerikanischen empirischen Untersuchungen kommen zu diesem Ergebnis. In einer Studie über die amerikanische Radioindustrie kommt Maclaurin zu der Feststellung, daß Gewinne eine notwendige Voraussetzung für die Durchführung von Forschungsprogrammen sind, daß aber Gewinne in ausreichendem Maße nur bei gewissem Schutz vor Wettbewerb erzielt werden können[3]. Er verweist hierbei auf den Fall der American Telephone and Telegraph Company, die mit ihrer Monopolstellung im Telephongeschäft der USA zu weitreichenden Forschungen auf dem Gebiet der Nachrichtentechnik in der Lage war, wie auch auf die Entwicklung des Schwarz-Weiß-Fernsehens, die nur mit Hilfe monopolistischer Gewinne möglich war[4]. Dennoch läßt sich nicht übersehen, daß in der Realität auch kleinere und mittlere Unternehmen, die in polypolistischem Wettbewerb stehen, Forschung und Entwicklung betreiben und Neuerungen in großem Umfang durchführen; denn viele gewinnbringende Forschungs- und Entwicklungsprojekte bleiben durchaus im finanziellen Bereich dieser kleineren Unternehmen auf polypolistisch organisierten Märkten[5].

[1] Siehe S. 49 ff.

[2] Vgl. dazu aber auch die Ausführungen von *Machlup*, Fritz: The Production and Distribution of Knowledge in the United States, a.a.O., S. 177 f.

[3] Vgl. dazu *Maclaurin*, W. R.: Invention and Innovation in the Radio Industry, New York 1949, S. 251.

[4] Vgl. *Maclaurin*, W. R.: Invention and Innovation in the Radio Industry, a.a.O., S. 224.

[5] Siehe dazu S. 166 ff.

## II. Neigung zum technischen Fortschritt

Die Neigung zum technischen Fortschritt wird durch die mit der Neuerung verbundenen Anreize zur Gewinnmaximierung bzw. Erhaltung und Festigung der bestehenden Marktposition wie auch nicht zuletzt durch persönliche Momente bestimmt. Sie ist je nach Art des technischen Fortschritts — neues Verfahren, neues Produkt, verbessertes Produkt — in den einzelnen Marktformen unterschiedlich.

Betrachten wir den technischen Fortschritt in der Form des neuen Produktes, so ist hier die bestehende Marktform — sei sie nun Monopol, Oligopol oder Polypol — am unwichtigsten für die Einführung des technischen Fortschritts. Alle Unternehmen befinden sich in diesem Falle in gleicher Weise in der Situation eines „newcomers". Allerdings bietet die Marktform des Monopols und des Oligopols oft — wenn sie nämlich von Großunternehmen eingenommen wird, wie dies in der Realität meist gegeben ist — den Vorteil bestehender gut ausgebauter Absatzorganisationen und eines „good will", die bei der schnellen Durchdringung eines neuen Marktes diesen Unternehmen zugute kommen[6].

Polypolistische Unternehmen verfügen in der Regel nicht über diese Vorteile. Solche Vorteile dürften sich am günstigsten auf die Einführung neuer Produkte im Oligopol auswirken, da hier der Wettbewerbsdruck die einzelnen Unternehmer zwingt, Marktchancen, die der technische Fortschritt bietet, unverzüglich wahrzunehmen. Diese Situation ist dagegen im Monopolfall nicht relevant, so daß hier ein geringerer Anreiz zur Einführung neuer Produkte gegeben ist, der sich in einer zeitlichen Verzögerung der Einführung des technischen Fortschritts niederschlagen kann.

Auch bei einer Produktverbesserung ist anzunehmen, daß wettbewerblich ausgerichtete Marktverhältnisse eher zu deren Durchsetzung führen, als dies bei einem Monopol der Fall ist. Denn die bei Produktverbesserungen auftretenden Substitutions- und Partizipationseffekte[7] sind für den Monopolisten in gleicher Weise unbedeutend. Substitutionseffekt bedeutet im Zusammenhang mit einer Produktverbesserung, daß das Unternehmen, welches das verbesserte Produkt einführt, zu einem Teil damit bisherige Nachfrage von seinen vorher angebotenen Produkten abzieht. Für Unternehmen, deren Marktanteil an den bisherigen Produkten unter starkem Wettbewerbsdruck steht, wobei fortwährend die Gefahr der Marktanteilsverringerung vorhanden ist, bietet die Produktverbesserung gute Möglichkeiten, durch

---

[6] Vgl. S. 127 ff.

[7] Vgl. dazu *Gutenberg*, Erich: Grundlagen der Betriebswirtschaftslehre, zweiter Band: Der Absatz, 7. Aufl., Berlin — Göttingen — Heidelberg, 1964, S. 398 ff.

Konkurrenten gefährdete Nachfrage nach bisherigen Produkten auf die verbesserten Produkte zu lenken und somit den eigenen Marktanteil zu halten oder sogar zu vergrößern. Der Monopolist sieht sich einer Gefährdung seines Marktanteils nicht gegenüber und hat demzufolge nur in sehr geringem Maße die Neigung, verbesserte Produkte hervorzubringen.

Auch der Partizipationseffekt ist ausschließlich für nicht monopolistische Unternehmungen ein Anreiz zur Schaffung verbesserter Produkte. Denn die Möglichkeit, daß mit Hilfe des verbesserten Produktes Käufer von anderen Unternehmen abgezogen werden können, hat für den Monopolisten keine Bedeutung, da er die einzige Unternehmung am Markt ist. Dagegen ist für den Oligopolisten in dem Partizipationseffekt verbesserter Produkte die bedeutsamste Einflußmöglichkeit im Kampf um den gegenseitigen Marktanteil zu sehen.

Der technische Fortschritt in Form eines neuen oder verbesserten Produktionsverfahrens bietet für die Unternehmer aller Marktformen einen Anreiz zur Investition. Im Monopolfalle können dabei die höchsten Gewinne erzielt werden. Jedoch wird hier oft die Einführung des neuen Verfahrens später erfolgen, als dies der Fall wäre unter oligopolistischen Marktverhältnissen, wo der Wettbewerbsdruck für eine schnelle Anwendung neuer Verfahren sorgt. Der Monopolist wird nämlich in stärkerem Maße den Restwert seiner veralteten Anlagen bei seiner Entscheidung berücksichtigen, als es der Oligopolist tun kann, und in der Regel erst dann das neue Verfahren anwenden, wenn die Differenz zwischen Bruttokostenersparnis und noch nicht reproduzierten Kosten der alten Anlage positiv ist[8]. Diese wird spätestens dann positiv, wenn der Restwert der veralteten Anlagen auf Null gesunken ist. Zudem erhält für den monopolistischen Unternehmer die Möglichkeit, daß das neue Verfahren nur bei größerer Absatzmenge[9] als bisher angewandt werden kann, eine zusätzliche Bedeutung. Nur wenn die Preise der mit dem neuen Verfahren erzeugten Güter konstant bleiben, ergeben sich für den Monopolisten im neuen Gleichgewicht — gegeben durch den Schnittpunkt der Grenzerlös- mit der Grenzkostenkurve — höhere Gewinne als vorher. Mit konstanten Preisen bei Absatzerweiterung ist jedoch grundsätzlich nur bei horizontaler Nachfragekurve, d. h. vollkommener Konkurrenz, zu rechnen. So wird der Monopolist also auch aus dieser Überlegung heraus nur bedingt, nämlich nur dann, wenn das neue Produktionsverfahren bereits bei der bisherigen Produktionsmenge zu einer Senkung der Durchschnittskosten führt, eine starke Neigung zur Einführung des neuen Verfahrens haben[10].

---

[8] Vgl. dazu auch *Noll*, Werner: Volkswirtschaftliche Auswirkungen eines kostensparenden technischen Fortschritts, a.a.O., S. 162.

[9] Man spricht hier von Massenproduktionsvorteilen.

[10] Vgl. auch *Voigt*, Fritz: Industrie- und Gewerbepolitik, a.a.O., o. S.

Fassen wir unsere Überlegungen zusammen, so läßt sich sagen, daß die beiden relevanten Kriterien für Investitionen in technischen Fortschritt, Investitionsmöglichkeit und Investitionsneigung, in der Marktform des Oligopols in der günstigsten Weise kombiniert sind. Hier ist sowohl — in Anbetracht der Finanzierungsmöglichkeiten — weitgehend der Preiswettbewerb ausgeschaltet als auch — was die Investitionsneigung angeht — ein starker Druck von der Konkurrentenseite zur Einführung des technischen Fortschrittes vorhanden[11].

Gestalten wir unsere Aussagen über die Verhaltensweise des Monopolisten etwas realitätsnäher, so müssen wir wohl einräumen, daß auch der Monopolist in der Regel mit Konkurrenten rechnen muß, und zwar mit solchen aus anderen Märkten, die zum Zeitpunkt der Vornahme von Forschung, Entwicklung und Neuerung noch unbekannt sind, oder aber mit völlig neuen Unternehmungen, die vorher noch gar nicht existierten[12]. Unter dieser Annahme gelten die für das Oligopol abgeleiteten Aussagen in abgeschwächtem Maße auch für das (unvollkommene) Monopol.

## B. Die Bedeutung der Unternehmensgröße für den technischen Fortschritt

In der Literatur hat die Frage, ob Großunternehmen mehr zum technischen Fortschritt beitragen als die kleinen und mittleren Unternehmen, heftige Diskussionen ausgelöst, die in jüngerer Zeit insbesondere wieder durch einen Beitrag von Villard[13] neu entfacht worden sind. Auf drei Argumente kann die Ansicht jener Autoren zurückgeführt werden, die die Großunternehmung der kleinen und mittleren Unternehmung als überlegen im Bereiche der Forschung, Entwicklung und Neuerung ansehen. Das eine Argument rechnet der Großunternehmung Kostenvor-

---

[11] Siehe so auch *Markham*, Jesse W.: Economic Analysis and the Research Decision, a.a.O., S. 67—70. Adams weist als Gegenbeispiel auf den „oligopolistischen" amerikanischen Stahlmarkt hin, auf dem das LD-Verfahren zunächst im Jahre 1954 von einem kleinen Hersteller, der McLouth Steel Co. of Michigan, dann 1957 von der mittelgroßen Unternehmung Jones & Laughlin und erst 1963 vom größten Hersteller, der U. S. Steel, eingeführt wurde. (Siehe *McAdams*, Walter: Big Steel, Invention and Innovation Reconsidered; in: QJ, Vol. 81 (1967), S. 457 ff.). Dieser Markt war jedoch eher durch monopolistische Verhaltensweisen gekennzeichnet; denn er war seit Jahrzehnten das Schulbeispiel eines durch Preisführerschaft gekennzeichneten Oligopols, in dem ein wirksamer Wettbewerb nicht existierte.

[12] Vgl. S. 59 f.

[13] Vgl. *Villard*, Henry, H.: Competition, Oligopoly, and Research, a.a.O., S. 483—497.

teile bei Forschung und Entwicklung zu, das andere mißt der Großunternehmung besondere Vorteile bei der Neuerung bei, das dritte sieht bei der Großunternehmung Möglichkeiten zu besserem Risikoausgleich und stützt sich auf die Tatsache der gesicherten Position der Großunternehmung[14].

In der Tat sprechen insbesondere die beiden letzten Argumente für die Überlegenheit der Großunternehmung, während die Behauptung von den Kostenvorteilen der großen Forschungs- und Entwicklungsabteilung keine allgemeine Gültigkeit beanspruchen kann, vielmehr nur von Fall zu Fall vorhanden ist. So ergeben sich Kostenvorteile der Großunternehmung (economies of scale), wenn neue technische Kenntnisse auf Grund komplizierter Versuchsapparaturen, durch Einsatz großer Forschergruppen, durch Anwendung umfangreicher Versuchsserien sowie durch Anstellung zahlreicher hochqualifizierter Spezialisten gewonnen werden müssen[15].

In allen diesen Fällen lassen sich die technischen Kenntnisse mit zunehmender Unternehmungsgröße kostengünstiger produzieren oder zumindest besteht unter diesen Bedingungen die Notwendigkeit, Forschungs- und Entwicklungstätigkeit in einem bestimmten Mindestumfang[16] zu erzeugen, dessen Finanzierungsmittel von einer kleineren Unternehmung nicht aufgebracht werden können.

Unsere früheren Aussagen hatten bereits darauf hingewiesen, daß im Ablauf des Industrialisierungsprozesses der Trend zu immer komplizierteren und teureren Versuchsanlagen besteht. Insbesondere für die Entwicklungsphase ist dieser Zug festzustellen, da hier immer mehr die Notwendigkeit zahlreicher und umfangreicher Experimente zunimmt. Vor allem auf diesem Gebiet ist die Großunternehmung der kleinen überlegen. Auch der Einsatz von Spezialisten ist in einer Großunternehmung eher möglich aufgrund des großen Potentials der vorhandenen Angestellten für Forschungs- und Entwicklungsarbeiten, wie sich auch aus dem großen Umfang durchgeführter Forschungs- und Entwicklungsarbeiten der Vorzug der Wechselwirkung zwischen mehreren Forschungsprojekten und der wechselseitigen Zusammenarbeit zwischen dem Forschungspersonal für die Großunternehmung ergibt[17].

---

[14] Siehe dazu die Ausführungen von *Duesenbery,* James S.: The Effects of Monopolistic and Quasi-Monopolistic Practices; in: Hearings before the United States, 86th Congress, First Session, Part 7, Washington 1959, S. 2326.

[15] Vgl. dazu auch *Schätzle,* Gerhard: Forschung und Entwicklung als unternehmerische Aufgabe, a.a.O., S. 170.

[16] Eine Produktion von technischem Wissen unterhalb dieses Mindestumfangs wäre unrentabel.

[17] Siehe dazu *Schätzle,* Gerhard: Forschung und Entwicklung als unternehmerische Aufgabe, a.a.O., S. 168.

Dennoch ist selbstverständlich in vielen Fällen auch die kleine Unternehmung in der Lage, Forschung und Entwicklung — vor allem angewandte Forschung — erfolgreich zu betreiben, und zwar in all jenen Fällen, in denen es nicht großer Versuchsausrüstungen, großer Forschergruppen etc. bedarf. Diese Bedingungen scheinen auch in den höheren Phasen des Prozesses der industriellen Entwicklung noch vorhanden zu sein[18].

Weniger günstig ist die Situation der kleineren Unternehmung bei der Verwertung der Forschungsergebnisse. Hier weist die Großunternehmung Vorteile auf, die die kleine Unternehmung nicht haben kann. Es ist dies die Möglichkeit der Großunternehmung, fast alle anfallenden Forschungsergebnisse — seien sie erwartet oder unerwartet — irgendwie auf Grund ihres in der Regel umfangreichen Produktionsprogrammes verwenden zu können[19]. Diese Tatsache hat vor allem Bedeutung für die Grundlagenforschung, in der zum einen nicht von vornherein der Nutzen der anfallenden Ergebnisse vorausgesagt werden kann und zum anderen die tatsächlichen Ergebnisse oft für mehrere Produkte zugleich verarbeitet werden können[20].

---

[18] Der entgegengesetzten Meinung ist Galbraith, der Forschung und Entwicklung nur noch in technisch bedingtem Minimalumfang für erfolgreich hält (vgl. *Galbraith*, John Kenneth: American Capitalism, a.a.O., S. 86).

Nach einer Untersuchung von Jewkes, Sawers und Stillerman entstanden von 61 bedeutenden Erfindungen des 20. Jahrhunderts — zwei Drittel davon wurden nach 1930 gemacht — nur 12 in großen Laboratorien. Über die Hälfte der Erfindungen, nämlich 36, kamen von Einzelerfindern, kleinen und mittleren Unternehmen wie auch Universitäten. Die übrigen Erfindungen waren nicht eindeutig zu klassifizieren. Vgl. *Jewkes*, John u. a.: The Sources of Invention, a.a.O., S. 166. Die von den Autoren aus diesen Ergebnissen abgeleiteten Aussagen für die Bedeutung des Individuums für den Innovationsprozeß sind jedoch offensichtlich übertrieben; denn 21 % der von ihnen aufgeführten Erfindungen wurden von unabhängigen Erfindern, 71 % von Unternehmungen und 8 % von Universitäten entwickelt. Vgl. *Kahn*, A. E.: The Role of Patents, a.a.O., S. 341.

Zudem läßt sich ohnedies die Frage stellen, ob die Ergebnisse dieser Autoren angesichts des sich beschleunigenden technologischen Wandels Aussagen für die gegenwärtigen oder gar zukünftigen Verhältnisse zulassen; denn etwa 60 v. H. der von Jewkes, Sawers und Stillerman untersuchten Fälle entfallen auf die Zeit vor 1940.

Eine ähnliche Analyse hat Hamberg durchgeführt und festgestellt, daß von seinen 27 untersuchten Erfindungen nur 7 in großen Forschungsinstituten entstanden sind (*Hamberg*, S.: The Effects of Monopolistic and Quasi-Monopolistic Practices, a.a.O., S. 2354 f.).

Vgl. hierzu auch die Ausführungen von Stillermann und Hamberg in den amerikanischen Hearings über die Konzentration in der Wirtschaft (Economic Concentration: Hearings before the Subcommittee on Antitrust and Monopoly of the Committee of the Judiciary, United States Senate, 90th Congress, 1st Session, pursuant to S. Res. 26, U. S. Government Printing Office, Wash. 1964, Vol. 3, S. 1078, 1082, 1281 und 1351).

[19] Siehe dazu auch die auf die Elektroindustrie bezogenen Ausführungen von *Nelson*, R.: The Simple Economics of Basis Scientific Research; in: JP, Vol. 67 (1959), S. 302 ff.

Als wichtigster Grund für die Überlegenheit der Großunternehmung im Bereich von Forschung und Entwicklung muß die Möglichkeit des Risikoausgleichs und ihre weniger risikoempfindliche Stellung angesehen werden. Diese Meinung wird auch allgemein in der Literatur vertreten[21]. Mit zunehmender Höhe der Aktiva einer Unternehmung nimmt die Gefahr des finanziellen Ruins ab, wenn der auf die Aktiva bezogene Anteil der Forschungsausgaben konstant bleibt[22]. Dies ist jedoch nur gegeben, wenn mit dem größeren Forschungsbudget mehrere Projekte durchgeführt werden. Erfolge und Fehlschläge aus den Forschungsprojekten können sich dann zumindest die Waage halten. Die Großunternehmung arbeitet in diesem Falle als ihre eigene Versicherungsgesellschaft[23].

Auch ohne diesen Risikoausgleich wäre die Großunternehmung infolge ihrer geringeren Risikoempfindlichkeit eher in der Lage, Fehlschläge auf dem Gebiet von Forschung und Entwicklung zu „verkraften". Ihre höheren Gewinne und besseren Finanzierungsmöglichkeiten lassen die Großunternehmung bei einem Fehlschlag nicht so leicht in finanzielle Bedrängnis geraten, wie dies bei kleinen Unternehmen der Fall ist. Es ist Schätzle beizupflichten, wenn er meint, daß man „sich nicht täuschen lassen„ darf, „indem man nur die erfolgreichen kleinen Unternehmungen und Neugründungen beobachtet. Will man Forschungsrenten und Wachstumsraten der kleinen Unternehmungen mit denen der großen Unternehmungen vergleichen, dann darf man bei den kleinen nicht nur die Überlebenden betrachten, denn bei den großen Unternehmungen geht in die Beobachtung ja auch der Saldo von Erfolg und Mißerfolg ein"[24].

---

[20] Nach den Ergebnissen des Konzentrationsberichtes wurde in der BRD Grundlagenforschung nur von Großunternehmen und Konzernen betrieben (nur in der pharmazeutischen Industrie befaßten sich auch mittlere Unternehmen mit Grundlagenforschung). Vgl. *Konzentrationsenquete*, Anlagenband, a.a.O., S. 773.

[21] Vgl. *Duesenberry*, James S.: The Effects of Monopolistic and Quasi-Monopolistic Practices, a.a.O., S. 2326; *Shubik*, Martin, Strategy and Market Structure, New York 1959, S. 254; *Mansfield*, Charles S.: The Riskiness of Research and Development Performed by Large Firms; in: PTC Journal, Vol. 7, Washington 1963, S. 472; *Albach*, Horst: Wirtschaftlichkeitsrechnung bei unsicheren Erwartungen, a.a.O., S. 156; *Schätzle*, Gerhard: Forschung und Entwicklung als unternehmerische Aufgabe, a.a.O., S. 173.

[22] So *Shubik*, Martin, Strategy and Market Structure, a.a.O., S. 254.

[23] Vgl. *Arrow*, Kenneth, Economic Welfare and the Allocation of Resources for Invention; in: National Bureau of Economic Research, The Rate and Direction of Inventive Activity: Economic and Social Factors, Princeton (N. J.) 1962. S. 616.

[24] Vgl. *Schätzle*, Gerhard, Forschung und Entwicklung als unternehmerische Aufgabe, a.a.O., S. 174.

Unsere Ausführungen werden bestätigt bei einer Betrachtung, wie sich die bedeutendsten Produktneuerungen in den USA auf die einzelnen Unternehmensgrößen verteilen. Die technisch-wissenschaftliche Zeitschrift „Industrial Research“, die an jedem Jahresende die hundert bedeutendsten Produkte der vergangenen 12 Monate auszeichnet, vergab im Jahre 1965 75 v. H. dieser Preise an Großunternehmen. Davon entfielen auf Westinghouse 8, auf General Electric 7, General Telephone & Electronics 4 und Boeing ebenfalls 4. Insgesamt kamen 32 v. H. der ausgezeichneten Produkte aus den Forschungs- und Entwicklungsabteilungen von 7 Großunternehmen[25]. Für das Jahr 1968 wurden von „Industrial Research“ an General Electric sogar 9, an Westinghouse und Union Carbide je 6 Preise vergeben[26].

Diese Aussagen widersprechen nicht den in jüngster Zeit in verstärktem Maße unternommenen Versuchen, empirisch nachzuweisen, daß zwischen Unternehmensgröße und Ausmaß von Forschung und Entwicklung keine strenge Abhängigkeit besteht[27]. Denn die meisten dieser Untersuchungen umfassen nur die Großunternehmen — das sind die wenigen hundert Unternehmen, deren Jahresumsatz mehr als 55 Mill. Dollar beträgt oder die mehr als 5000 Beschäftigte haben und eine formale Forschungs- und Entwicklungs-Organisation besitzen — und stellen hier Größe der Unternehmung und Höhe des Forschungs- und Entwicklungsaufwandes in Beziehung. Die kleinen Unternehmungen werden also völlig außen vor gelassen[28].

---

[25] Vgl. *Silcher,* F.: Kooperation und Konzentration im Gemeinsamen Markt. Referate und Diskussionen, hrsg. von der Studienvereinigung Kartellrecht e. V., Köln 1968, S. 24 f.

[26] Siehe *Sölter,* Arno: Technischer Fortschritt und Unternehmensgröße, Nr. 6 der Berichte des Deutschen Industrieinstituts, 3. Jg. 1969, S. 13.

[27] Eine ganze Reihe von Arbeiten hat sich mit diesem Problem beschäftigt. Vgl. dazu *Worley,* James S.: Industrial Research and the New Competition; in: JP, Vol. 69 (1961), S. 183—186; *Schmookler,* Jacob: Bigness, Fewness, and Research, a.a.O., S. 628—632; *Mansfield,* Edwin: Size of Firm, Market Structure, and Innovation, a.a.O., S. 290—311; *Hamberg,* D.: Size of Firm, Oligopoly and Research: The Evidence; in: CanJ, Vol. 30 (1964), S. 62—75; *Scherer,* F. M.: Size of Firm, Oligopoly, and Research: Comment; in: CanJ, Vol. 31 (1965), S. 256—266; *Markham,* J. W.: Market Structure, Business Conduct, and Innovation; in: AER, Papers and Proceedings, Vol. 55 (1965), S. 323—332; *Scherer,* F. M.: Firm Size, Market Structure, Opportunity, and the Output of Patented Inventions; in: AER, Vol. 55 (1965), S. 1097—1123; *Comanor,* W. S.: Market Structure, Product Differentiation, and Industrial Research; in: QJ, Vol. 81 (1967), S. 639—657.

Vgl. auch die Aussagen von Scherer, Schmookler und Cooper in den US-amerikanischen Hearings über die Konzentration in der Wirtschaft (Economic Concentration: Hearings before the Subcommittee on Antitrust and Monopoly of the Committee of the Judiciary, a.a.O., Vol. 3, S. 1188, 1257 und 1293).

[28] So z. B. *Hamberg,* D.: Size of Firm, Oligopoly, and Research: Comment, a.a.O., *Worley,* James S.: Industrial Research and the New Competition, a.a.O., oder auch Scherer, F. M.: Firm Size, Market Structure, Opportunity, and the Output of Patented Inventions, a.a.O.

Die wenigen Spezialuntersuchungen, die über die Forschungs- und Entwicklungstätigkeit kleiner Unternehmen vorhanden sind, zeigen, wie neben der Unternehmensgröße insbesondere noch der Industriezweig — das Alter des Industriezweiges und seine technologischen Möglichkeiten — für die Forschungs-, Entwicklungs- und Neuerungstätigkeit eine entscheidende zusätzliche Determinante darstellt. Dies wird etwa deutlich in der Studie des Stanford Research Institute über die amerikanische Elektronikindustrie. In diesem Wirtschaftszweig, der sektorenweise das Bild atomistischer Marktstrukturen bietet, stellt das noch ziemlich unerschlossene technologische Potential der Industrie ein so weites Betätigungsfeld für Forschung und Entwicklung dar, daß sogar Zwergunternehmen in der Lage sind, wichtige neue Produkte zu entwickeln. Es bestehen in diesem Wirtschaftszweig auch für die kleinsten Unternehmen reiche Forschungs- und Entwicklungsmöglichkeiten[29].

Untersuchungen über den Zusammenhang zwischen Unternehmensgröße und technischem Fortschritt, wie sie oben genannt wurden, können also kaum zu eindeutigen Ergebnissen führen, wenn sie nicht zusätzliche für den technischen Fortschritt bedeutsame Faktoren mit in die Analyse einbeziehen. Scherer hat in seiner Studie[30] neben dem Konzentrationsgrad noch die technologischen Möglichkeiten der jeweiligen Industrie als Hilfsvariable eingeführt. Diese Hilfsvariable konkurrierte stark mit der Konzentrationsvariablen um den Erklärungswert für die Forschungs- und Entwicklungstätigkeit. Die höher konzentrierten Industrien seiner Auswahl waren zugleich die technisch fortschrittlichsten. Daraus ließ sich sowohl ableiten, daß die höher konzentrierten Industrien technisch progressiver sind, weil sie höher konzentriert sind, als auch daß sie höher konzentriert sind, weil sie technisch progressiver sind. Die Frage, in welcher Richtung die Kausalität wirkt, konnte nicht beantwortet werden.

Als letzter und wichtigster Punkt für die Berechtigung unserer Aussagen über die Bedeutung der Großunternehmen für den technischen Fortschritt ist anzuführen, daß die Untersuchungen zwar keine strenge Abhängigkeit zwischen den genannten Größen feststellen lassen, daß sie aber alle erkennen lassen, daß die Neigung, Forschung und Entwicklung zu betreiben, bei den Großunternehmungen sehr viel stärker ist als bei den kleinen und mittleren Unternehmen. Die insbesondere bei den US-amerikanischen Hearings über den Zusammenhang zwischen Unternehmensgröße und technischem Fortschritt vorliegende Fragestellung lief z. B. darauf hinaus zu klären, ob die moderne Tech-

---

29 Vgl. *Kaufer*, Erich, Die Ökonomie von Forschung und Entwicklung, a.a.O., S. 480 f.

30 *Scherer*, F. M.: Market Structure and the Employment of Scientists and Engineers; in: AER, Vol. 57 (1967), S. 524—531.

nologie nicht auch dezentralisierende Effekte auslöst und ob es nicht durch den technologischen Wandel auch den kleineren Unternehmen möglich wird, effizient zu produzieren. Daß Großunternehmen den technischen Fortschritt fördern, wurde als gültige Meinung unterstellt.

## C. Folgerungen

Fragen wir jetzt nach dem Einfluß patentbedingter Machtpositionen auf die Neuerungstätigkeit, so müssen die Wirkungen, die sich für die Neuerungstätigkeit der marktbeherrschenden Patentbesitzer selbst ergeben, von denen unterschieden werden, die für andere Unternehmen hinsichtlich ihrer Neuerungstätigkeit daraus entstehen. Für erstere sind vor allem die Fälle relevant, in denen Patente zu Monopolstellungen geführt haben.

### I. Neuerungstätigkeit patentbedingter Machtpositionen

In der Mehrzahl der Fälle sind oligopolistische Marktstellungen in der Hand von Großunternehmen das Ergebnis der Patente. Oligopolistische Großunternehmungen sind, wie wir oben aufzeigten, die Triebkräfte des technischen Fortschritts. Soweit die Patente zur Entstehung oligopolistischer Großunternehmensmarktstrukturen beigetragen haben. haben sie in Sekundärwirkung mit die Voraussetzung zu einem sich selbst nährenden Prozeß der technischen Entwicklung geschaffen, indem sie selbst ihre ursprüngliche Bedeutung als Anreiz[31] für den technischen Fortschritt verloren haben[32].

Häufig haben die Patente aber gerade bei den Oligopolisten zu einer Zusammenarbeit u. a. in Form eines Kartells geführt und damit zur Bildung von Kollektivmonopolen beigetragen. Die aus solchen Machtpositionen resultierenden Bedingungen für die Neuerungstätigkeit sind nicht in allen Fällen so günstig wie bei oligopolistischen Marktformen. Auf die Einschränkungen hinsichtlich der Neuerungsneigung eines Monopolisten waren wir früher bereits ausführlich eingegangen, hatten aber darauf hingewiesen, daß die geringe Neigung zu Neuerungen nur beim vollkommenen Monopolisten vorhanden ist. Der in der Realität zumeist anzutreffende unvollkommene Monopolist wird sich in seiner Neigung zur Anwendung von Neuerungen stark dem Verhalten des Oligopolisten annähern.

---

[31] Die verminderte Anreizbedeutung bezieht sich wohlbemerkt nur auf die den Prozeß vorantreibenden Unternehmen.

[32] Vgl. dazu S. 161.

Problematischer ist die Frage nach dem Einfluß von Patentkartellen auf die Neuerungstätigkeit. Es wird in der Literatur die Meinung vertreten, daß bei derartigen Vereinbarungen das Interesse der Oligopolisten an der technischen Weiterentwicklung geringer wird, weil sie ihre Forschungsergebnisse der Gemeinschaft zur Verfügung stellen müssen und somit daraus keine eigenen Vorteile mehr ziehen können[33]. Dies ist jedoch nur in bestimmten Fällen so, und zwar wohl besonders dann, wenn der Kartellvertrag vorsieht, daß die Kartellmitglieder ihre Forschungsergebnisse einander unentgeltlich zur Verfügung stellen müssen. Grundsätzlich ist erst einmal festzuhalten, daß die erfolgte Kartellbildung die Voraussetzung dazu bietet, daß die einzelnen Mitglieder die erwarteten Vorteile der Forschungskonzentration ausnutzen können. Ergebnis einer solchen Nutznießung wäre eine leistungsfähigere Forschungstätigkeit, wobei geld- und zeitraubende Doppelarbeiten vermieden würden, die insbesondere durch die Verbreitung und Verwertung vertraulichen technischen Wissens profitierte[34].

Ob im jeweiligen Fall die gegebenen Möglichkeiten, die auch in finanzieller Hinsicht noch günstige Voraussetzungen bieten, ausgenutzt werden, hängt von den Abmachungen im Kartellvertrag ab. Wird z. B. die Preiskonkurrenz vertraglich verboten, so wird dadurch bereits der Wettbewerb unter den Mitgliedern auf Produktneuerungen abgedrängt. Aber auch wenn dies nicht der Fall ist oder wenn sogar in entgegengesetzter Weise vom Kartellvertrag bestimmte Tätigkeitsbereiche festgelegt und somit den einzelnen Mitgliedern bestimmte Forschungsbereiche vorenthalten werden, ist zu prüfen, ob nicht jene Verhaltensweise unter den Kartellmitgliedern, die aus dem Bewußtsein einer baldigen Kartellauflösung resultiert und die Voigt in der „Eigendynamik der Kartelle" ausgebildet sieht, Anlaß für Forschungsanstrengungen der Kartellmitglieder ist. Die Eigendynamik drückt sich nämlich darin aus, daß meist schon bei der Gründung eines Kartells der Sprengstoff für seinen Bruch gelegt wird und daraus resultierend die erhöhten Gewinne der Kartellmitglieder in Hinblick auf den zu erwartenden Wettbewerb nach dem Bersten der Marktvereinbarung vorwiegend zur Einführung des technischen Fortschritts verwendet werden, „und zwar um so forcierter, je kurzlebiger die Marktvereinbarungen den Beteiligten erschienen, d. h. je unterschiedlicher die technische Ausrüstung der am Kartell beteiligten Unternehmen war ..."[35] Nach Voigt zeichnet sich gerade der kartellierte Teil der Wirtschaft dadurch

[33] Siehe dazu etwa *Vaughan*, Floyd L.: The United States Patent System, a.a.O., S. 39—167.

[34] So auch *Börlin*, Max: Die volkswirtschaftliche Problematik der Patentgesetzgebung, a.a.O., S. 45.

[35] Vgl. *Voigt*, Fritz: Unternehmenszusammenschlüsse, (III) Staatliche Politik, a.a.O., S. 574.

aus, daß hier „der technische Fortschritt meist besonders stürmisch" war und daß „eine viel zu große Investitionstätigkeit" herrschte, „die im Verlauf des Industrialisierungsprozesses hier ständige Überkapazität zum Ergebnis hatte, je mehr diese Datenkonstellation im Interesse der künftigen Wettbewerbsfähigkeit die einzelnen Unternehmen fast zwingend zu einem andersartigen Verhalten anreizte, als es sonst in der Marktwirtschaft ohne diese Eigenart der Kartellspannung und der erhöhten Möglichkeit zur Selbstfinanzierung üblich ist".[36]

Für Patentkartelle sind jedoch Eigenheiten wirksam, welche dafür sprechen, daß eine derartige „Eigendynamik der Kartelle" nur in vermindertem Maße Gültigkeit besitzt. Gerade von Patentkartellen läßt sich feststellen, daß sie in der Regel sehr langlebig sind. Dies trifft vor allem für internationale Kartelle zu, bei denen die Möglichkeiten zur Entstehung einer Kartellspannung aufgrund der gut abgrenzbaren und ausgedehnten (meist heimischen) Märkte der einzelnen Kartellmitglieder weitgehend ausgeschaltet sind[37]. Aber auch nationale Patentkartelle neigen weniger zum Auseinanderbrechen als andere Arten von Kartellen, da in den Patenten ein besonders starkes Mittel des inneren Organisationszwanges gegeben ist. Diese Tatsache war bereits an früherer Stelle ausführlicher behandelt worden[38].

Infolge der besonderen Eigenheiten von Patentkartellen scheint der für die anderen Arten von Kartellen typische, aus der Eigendynamik resultierende Zwang zur technischen Forschung bei diesen weniger stark zu sein. Jedoch läßt sich u. E. daraus nicht ableiten, daß Patentkartelle den technischen Fortschritt weniger vorantreiben als andere Arten von Kartellen oder nichtkartellierte Bereiche der Wirtschaft. Wie bereits erwähnt, bietet die Kartellbildung in jedem Falle für die Mitglieder die Voraussetzung zur Ausnutzung der Vorteile der Forschungskonzentration..

Darüberhinaus ist festzustellen, daß bei Patentkartellen zwar die für die anderen Arten von Kartellen gültige, auf bessere Produktionsverfahren des kartellierten Produktes gerichtete Forschungstätigkeit, die Folge der Kartellspannung ist, weitgehend fehlt, daß dafür aber die Anstrengungen zur Einführung technischer Fortschritte auf nicht vom Kartellvertrag erfaßten Produktionsgebieten sehr bedeutend sind.

---

[36] *Voigt,* Fritz: Unternehmenszusammenschlüsse, (III) Staatliche Politik, a.a.O., S. 574.

[37] Vgl. die ausführliche Auseinandersetzung über die Tatsache der Langlebigkeit bei Patentkartellen von *Neumeyer,* Frederik: Patentkarteller, Stockholm 1947. Siehe dazu auch die Ausführungen desselben in seinem Aufsatz über die Bedeutung der Patente in internationalen Kartellen (*Neumeyer,* Frederik: Die Rolle von Patenten in internationalen Kartellen, a.a.O.).

[38] Siehe dazu bereits S. 93 ff.

Denn gerade die an Patentkartellen beteiligten Unternehmen sind vorwiegend Mehrproduktunternehmen der Fertigwarenindustrie, die ihre aus dem Kartell abgeschöpften Gewinne zu Forschungsanstrengungen auf den anderen Gebieten ihres weitverzweigten Produktionsprogrammes verwenden.

## II. Auswirkungen auf Konkurrenten

Betrachten wir nun die Auswirkungen, die patentbedingte Machtpositionen auf die Neuerungstätigkeit tatsächlicher oder potentieller Konkurrenten haben. Früher hatten wir bereits darauf hingewiesen, daß Patente in jedem Falle unabhängig von ihrer Bedeutung zur Schaffung monopolistischer Marktstellungen die homogene Konkurrenz ausschalten. Es läßt sich daraus jedoch nicht ohne weiteres auf eine Einschränkung der gesamtwirtschaftlichen Neuerungstätigkeit schließen, denn — wie wir zeigten — werden die durch ein Patent von einer bestimmten Neuerung ausgeschlossenen Unternehmen oft zu Umgehungserfindungen angeregt[39].

Bei patentbedingten Machtpositionen ist für potentielle Konkurrenten aber der Abschreckungseffekt oft größer als der Anreiz zu Umgehungserfindungen. Dies ist insbesondere der Fall gegenüber Großunternehmen, die Besitzer einer Vielzahl von Patenten sind. Unter diesen Umständen zu Alternativerfindungen zu gelangen, die mit keiner der unzähligen patentierten Erfindungen der Großunternehmung kollidieren, ist für Konkurrenten sehr häufig fast unmöglich. Wenn man berücksichtigt, daß nur ein geringer Prozentsatz der Patente der betreffenden Großunternehmen verwertet wird, ist dieser Abschließungseffekt von Patentballungen unter gesamtwirtschaftlichem Aspekt teilweise sehr bedenklich. Nach Schätzungen einiger befragter Großunternehmen in der BRD ergab sich, daß bei diesen nur etwa 10 bis 25 v. H. der Patente verwertet werden[40]. Nach Angaben von Rossman und Sanders betrug dieser Anteil für die USA etwa 50 v. H.[41]. Zu ähnlichen Ergebnissen kam die amerikanische Untersuchung von Sche-

---

[39] Vgl. dazu S. 132 ff.

[40] Siehe hierzu Konzentrationsenquete, Anlagenband, a.a.O., S. 778.

[41] *Sanders*, Barkev S., und *Rossman*, Joseph: Variations in Patent Utilization by Different Types of Companies; in: PTC Journal, Vol. 3, Conference No., Washington 1959, S. 58 und 110 ff.

Sehr viel vager sind die Angaben des amerikanischen Senates über die Verwertung der Patente. Von den insgesamt im Jahre 1959 gültigen 600 000 Patenten in den USA waren danach etwa 150 000 bis höchstens 300 000 Patente in Gebrauch (vgl. U. S. Senate, Committee on the Judiciary, Subcommittee on Patents, Trademarks and Copyrights, Study No. 29, The Examination System in the Patent Office, Washington 1962, S. 36 f.).

rer, Bachmann u. a., die für Unternehmen mit über 500 Mill. Dollar Umsätzen eine Auswertungsquote von 51 v. H. feststellten[42], und eine spätere Arbeit der Patent, Copyright, and Trademark Foundation der George Washington Universität, die von Sanders erstellt wurde, nach der von den Großunternehmen (Unternehmen mit mehr als 100 Patenten oder weniger, aber über 100 Mill. Dollar Umsätzen) 51,1 v.H. aller Patente ausgenutzt wurden[43]. Eine jüngere Untersuchung von Schmookler, die sich ebenfalls auf die USA bezieht, bestätigt die Ergebnisse[44].

Die Gründe für eine solche Nichtausführung von Patenten können vielfältigster Natur sein. Teilweise wurden sie bereits bei unseren Ausführungen über die Beziehung zwischen Marktform und technischem Fortschritt angedeutet. Rossman und Sanders fanden z. B. bei ihrer Untersuchung heraus, daß in 40 v. H. der Fälle Wettbewerbsnachteile, in 30v. H. fehlende Nachfrage und in 15 v. H. der Fälle rapide Veralterung die Gründe für die Nichtverwertung der Patente waren[45]. Es lassen sich aber auch andere Beweggründe anführen, wie z. B. Furcht vor dem Substitutionseffekt neuer Güter[46] und unerwünschter nachfragesenkender Effekt einer Qualitätsverbesserung[47]. Die aus solchen Erwägungen resultierende Praxis des systematischen Anhäufens — sei es durch Kauf oder eigene Forschungsanstrengungen — von Verbesserungspatenten zu eigenem Patentbesitz in der Absicht, diese Erfindungen nicht zu verwerten, ist unter dem angelsächsischen Begriff des „blocking“ bekannt. Der zweite in diesem Zusammenhang relevante Tatbestand ist der des „fencing“, dessen man sich bedient, um der Gefahr einer Weiterentwicklung bei den Konkurrenten und dem damit verbundenen Druck, eigene Verbesserungen zu verwenden, aus dem Wege zu gehen; d. h. man meldet selbst alle möglichen Verbesserungen zum Patentbesitz des Konkurrenten an oder kauft die Patente von dritter Seite auf, um den Wettbewerber von der Weiterentwicklung seiner Technik abzuschneiden[48].

Patente verhindern in diesen letztgenannten Fällen, daß gesamtwirtschaftlich erwünschte Erfindungen verwertet werden, weil sie poten-

[42] *Scherer,* F. M. u. a.: Patents and the Corporation, a.a.O., S. 110.

[43] *Sanders,* Barkev, S.: Patterns of Commercial Exploitation of Patented Inventions by Large and Small Companies; in: PTC Journal, Vol. 8, Washington 1964, Tabellen 1 und 3, S. 50 und 65.

[44] Vgl. *Schmookler,* Jacob: Invention and Economic Growth, a.a.O., S. 51 ff.

[45] *Sanders,* Barkev S. und *Rossman,* Joseph: Variations in Patent Utilization by Different Types of Companies, a.a.O., S. 54 ff.

[46] Siehe dazu bereits S. 130 ff.

[47] Vgl. hierzu auch den Katalog, den Börlin in diesem Zusammenhang aufstellt (*Börlin,* Max: Die volkswirtschaftliche Problematik der Patentgesetzgebung, a.a.O., S. 164).

[48] Siehe dazu auch *Lieberknecht,* Otfried: Patente, Lizenzverträge und Verbot von Wettbewerbsbeschränkungen, a.a.O., S. 19 f.

tiellen Konkurrenten die Möglichkeit nehmen, auf dem betreffenden Gebiet tätig zu werden. In der Literatur werden einige derartige Fälle von „blocking“ und „fencing“ erwähnt[49], so z. B. die Unterdrückung eines ewig brauchbaren Zündholzes durch die amerikanische Diamond Match Company[50] oder die Unterdrückung einer ewig brennenden Glühlampe[51] oder einer fast unendlich haltbaren Rasierklinge. Für die beiden ersten oft angeführten Beispiele gibt es jedoch keine haltbaren Beweise[52]. Vielmehr ist es wahrscheinlich, daß sie Übertreibungen weniger krasser Fälle sind, wie sie etwa teilweise aus den Praktiken des internationalen Glühlampenkartells bekannt geworden sind[53]. Nach allgemein verbreiteter Ansicht jedoch dürften derartige Nicht-Verwertungen qualitativ besserer Produkte oder Verfahren nicht allzu häufig sein, da kaum ein Unternehmen damit rechnen kann, auf längere Sicht trotz bedeutender und vieler Patente ohne Substitutionskonkurrenz zu bleiben[54]. Dieser Tatbestand führt uns zu einer differenzierteren Betrachtung der Auswirkung von Patentballungen auf die Konkurrenten. Der Gedanke an potentielle Konkurrenz veranlaßt die Großunternehmen mit großem Patentbesitz in der Regel untereinander Lizenzvereinbarungen abzuschließen, so daß sie meist an einer Unzahl von Lizenzverträgen beteiligt sind[55], wodurch sich z.B. in forschungsinten-

---

49 Vgl. *Edwards,* C. D.: Maintaining Competition-Requisites of a Government Policy, New York-Toronto-London 1949, S. 227 f., Anm. 62, *Mason,* E. S.: Controlling World Trade, Cartels and Commodity Agreements, New York und London 1946, S. 23 f., *Stocking,* George W. und *Watkins,* M. W.: Cartels in Action, a.a.O., S. 359 Anm. 138, *Berge,* W., Cartells, Challenge to a Free World, 2. Aufl., Washington D. C. 1944, S. 186 und 190 f.

50 Vgl. *Berge,* W.: Cartels, Challenge to a Free World, a.a.O., S. 186 und 190 f.

51 Siehe *Mason,* E. S.: Controlling World Trade, Cartels and Commodity Agreements, a.a.O., S. 23 f. Nach *Lenel,* Hans-Otto: Ursachen der Konzentration, a.a.O., 1. Aufl., S. 199, ist die Tatsache, daß man z. B. in Deutschland von Sperrpatenten nicht viel gehört hat, eher durch geringere Publizität als durch geringe Bedeutung zu erklären.

52 Siehe dazu auch *Meinhardt,* P.: Inventions Patents and Monopoly, a.a.O., S. 254.

53 *Stocking,* G. W. und *Watkins,* M. W.: Cartels in Action, a.a.O., S. 353 ff. 359 ff. und 362.

54 So etwa *Sanders,* Barkev S.: Patterns of Commercial Exploitation of Patented Inventions by Large and Small Corporations, a.a.O., S. 53 f., wenn er meint: „In popular literature on patents and inventions, one frequently finds references to a common practice on the part of large corporations buying patented inventions and shelving them to prevent their exploitation which would be inimical to their investments. This writer is unable to recall one instance where such allegation is supported by adequate documentation.“ Ebenso *Kahn,* A. E.: Fundamental Deficiencies of the American Patent Law; in: AER, Vol. 30 (1940), S. 490 Anm. 32, *Meinhardt,* P., Inventions Patents and Monopoly, a.a.O., S. 256 f., *Polanyi,* M.: Patent Reform; in: The Review of Economic Studies, Vol. 11 (1944), S. 70 Anm. 5, *Folk,* G. E.: Patents and Industrial Progress, a.a.O., S. 264.

55 Nach der Konzentrationsenquete waren in der BRD Großunternehmen

siven Bereichen ergibt, daß die Wirkungen der Ausschließlichkeitsrechte im Verhältnis der Großunternehmen aufgehoben sind. Eine solche Entwicklung läßt sich jedoch nicht für das Verhältnis der Großunternehmen zu den kleinen und mittleren Unternehmen feststellen, so daß —wie es die Konzentrationsenquete zeigte — daraus resultierend der Besitz einer Vielzahl verbundener Patente bei den Großunternehmen und die Vereinbarungen mit Wettbewerbern über eine Zusammenarbeit sowie über den Austausch technischer Erfahrungen mittelbar eine stärkere Behinderung kleiner und mittlerer Unternehmen darstellen als die gelegentliche Ausübung des Verbotsrechtes an sich oder die Begründung einer Lizenzabhängigkeit.

in einigen Fällen Partner von 1000—2000 Verträgen. Die Verträge bezogen sich etwa zur Hälfte auf genommene und erteilte Lizenzen auf Patente und Know-how. Insbesondere Großunternehmen der chemischen und der elektrischen Industrie des In- und Auslandes waren an zahlreichen Vereinbarungen über einen gegenseitigen Austausch von Lizenzen und technischen Erfahrungen beteiligt. Vgl. Konzentrationsenquete, Anlagenband, a.a.O., S. 778.

*Fünftes Kapitel*

# Zusammenfassung der Ergebnisse

Dem Gesamtkomplex der industriellen Entwicklung, der durch eine Vielfalt von zusammen und gegeneinander wirkenden Kräften gekennzeichnet ist, welche durch ihr Zusammen-, Gegen- und Wechselspiel den Prozeß der industriellen Entwicklung als Wachstums- und Differenzierungsprozeß bedingen, sind die Patente als Prozeßregler zuzuordnen. Durch ihre Beziehungen zum technischen Fortschritt vermögen sie den Prozeß der industriellen Entwicklung sowohl direkt in seiner Natur als sekundärer Wachstumsprozeß als auch indirekt in seinem Wesen als Differenzierungsprozeß zu beeinflussen.

Das aus der Möglichkeit zur Nachahmung resultierende Enteignungsrisiko wie auch das allgemeine Verwertungsrisiko bei der Durchsetzung des technischen Fortschritts in Form der Neuerung kann durch Patente beseitigt, in jedem Fall herabgesetzt werden. Denn Patente verhindern die homogene Konkurrenz bei Neuerungen und vermögen durch Erschwerung der heterogenen Konkurrenz zur Ursache monopolistischer Verhaltensweisen bei Neuerungen zu werden. Letzteres kann einmal durch die umwälzende Bedeutung der einem Patent zugrunde liegenden Erfindung (Pionierpatent), zum anderen durch die Zusammenfassung der einzelnen substitutiven Patente in der Hand eines Unternehmens bzw. Unternehmensverbandes bedingt sein. Eine solche Zusammenfassung von Patenten ist sowohl durch eigene Forschungen der betreffenden Unternehmen als auch durch Kauf von Erfindungen sowie durch Zusammenschlüsse verschiedener patentbesitzender Unternehmen möglich.

Verschiedene Momente sprechen für eine relativ große Bedeutung von Patentansammlungen durch Zusammenschlüsse verschiedener Patentbesitzer sowohl in Form von Kartellen als auch von Konzernen, wobei Kartelle in der Regel das Ergebnis einer Koalition gleichstarker Patentbesitzer darstellen, dagegen kapitalmäßige Zusammenschlüsse sich zumeist zwischen ungleich starken Unternehmen ergeben. Sowohl im Fall der aus Pionierpatenten wie der aufgrund von Patentballungen resultierenden starken Marktstellung der Patentbesitzer geben die Patente weitere Möglichkeiten zur sachlichen und zeitlichen Ausdehnung der bereits bestehenden Marktmacht, so daß sich feststellen läßt, daß Patente im Ablauf des historischen Prozesses der industriellen Entwicklung zur Entstehung starker Wirtschaftskonzentrationen und marktbeherrschender Großunternehmen beigetragen haben.

Die Erwartung eines monopolistischen Einflusses von Patenten vermindert für den potentiellen Neuerer das aus der Möglichkeit zur Nachahmung resultierende Risiko bei der Verwertung des technischen Fortschritts. Gerechtfertigt ist jedoch eine solche Erwartung über einen monopolistischen oder zumindest oligopolistischen Einfluß der Patente in stärkerem Maße für bestehende Großunternehmen als für kleine und mittlere und bzw. oder neue Unternehmen. Die Gründe dafür sind zum einen direkt im Patentrecht zu sehen, zum anderen in der unterschiedlichen Eignung der einzelnen Unternehmensgrößen zur Durchführung von Forschung, Entwicklung und Neuerung, woraus sich eine unterschiedliche Möglichkeit des Erwerbs von Patenten bei den einzelnen Unternehmensgrößen ergibt. Dennoch gilt, daß die Patente im Falle der kleinen, mittleren und/oder neuen Unternehmung wie auch im Falle des unabhängigen Erfinders, wenn sie auch nur manchen den erhofften Nutzen bringen, doch mehr motivieren, Neuerungen durchzuführen.

Die im Falle von Patenten relativ häufigen Konzentrationstendenzen verschiedener Patentbesitzer und die unterschiedliche Begünstigung der einzelnen Unternehmensgrößen durch die Patente sind als Komponenten des marktwirtschaftlichen Differenzierungsprozesses anzusehen. Mit den aus diesem Prozeß hervorgehenden, zu einem Teil auf die Patente zurückzuführenden oligopolistischen oder gar monopolistischen Großunternehmens-Marktstrukturen zugleich nimmt die Bedeutung der Patente als Mittel zur Verminderung oder Ausschaltung des Enteignungsrisikos bei Neuerungen ab, so daß sich mit zunehmender Bedeutung der Patente für die Differenzierungskomponente des marktwirtschaftlichen Industrialisierungsprozesses (Konzentration) ein abnehmender Einfluß der Patente auf die Wachstumskomponente (Neuerungen) feststellen läßt. Denn die Bedeutung der Patente für die Neuerungstätigkeit ist zum einen davon abhängig, ob dem potentiellen Neuerer andere Mittel mit dem gleichen die Nachahmer zurückhaltenden Effekt, wie ihn die Patente aufweisen können, zur Verfügung stehen. Es ist dies die Möglichkeit zu Alternativen. Derartige Alternativen lassen sich sowohl auf den jeweils gegebenen technischen Entwicklungsstand der Wirtschaft wie auch die vor der Neuerung für den potentiellen Neuerer gegebenen Marktverhältnisse zurückführen.

Zum anderen werden Patente als Mittel zur Senkung oder Ausschaltung des Enteignungsrisikos bei Neuerungen für den potentiellen Neuerer dann unbedeutend, wenn das Enteignungsrisiko bei Neuerungen selbst an Gewicht verliert. Dies ist dann der Fall, wenn andere Risiken das Enteignungsrisiko überkompensieren, wie es bei defensiver

Neuerungstätigkeit gegeben ist. Defensive Neuerungstätigkeit entsteht aus der Furcht vor dem Zurückbleiben und resultiert aus dem Zwang, sich gegen Expansionsversuche von Konkurrenten mit Hilfe von Neuerungen zur Wehr zu setzen, um nicht aus dem Markt gedrängt zu werden.

Die Möglichkeit zu Alternativen und die Tatsache defensiver Neuerungstätigkeit sind Bedingungen, welche die monopolverheißende Eigenschaft von Patenten als Anreiz zu Neuerungen geringer werden lassen. Zusammen mit der im zeitlichen Ablauf des Industrialisierungsprozesses festzustellenden sinkenden Bedeutung von Pionierpatenten und dem wachsenden Gewicht von Patentballungen als Ursache von Marktbeherrschung im Zusammenhang mit Patenten sind sie vorwiegend relevant für monopolistische und oligopolistische Großunternehmens-Marktstrukturen.

Auch für die aus dem Ausschließungseffekt der Patente und der durch Patente eröffneten Offenbarung neuen technischen Wissens resultierenden Anreize zur Neuerungstätigkeit von Konkurrenten eines patentbesitzenden Unternehmens gilt die Frage, wieweit sie direkt auf Patente zurückzuführen sind und ob nicht ohne Patente ein ähnlicher Effekt hinsichtlich der Neuerungstätigkeit eingetreten wäre. Im Falle des Ausschließungseffektes ist darauf hinzuweisen, daß den Unternehmen andere Mittel (Alternativen) zur Verfügung stehen, um Konkurrenten von einer Neuerung auszuschließen und daß diese Mittel genauso als Anlaß zur Umgehungsneuerung wirken können wie die Patente. Ein einmal angeheizter Prozeß der Neuerungskonkurrenz kann sich selbstnährend fortentwickeln (defensive Neuerungstätigkeit).

Aufgrund der oben genannten Bedingungen (Alternativen, defensive Neuerungstätigkeit, größere Bedeutung der Patentballungen), die in erster Linie für Großunternehmen relevant sind, nimmt mit dem für den industriellen Entwicklungsprozeß kennzeichnenden zunehmenden Konzentrationsgrad (Differenzierung hinsichtlich der Unternehmensgröße und -arten), der zum Teil auf die Patente zurückzuführen ist, die Bedeutung der Patente als Anreiz zur Vornahme von Neuerungen ab. Lediglich bei einem Teil von Neuerungen, nämlich solchen, in denen Unternehmen in für sie neue Märkte eindringen wollen und wobei sie sich mit den dort etablierten Unternehmen auseinandersetzen müssen, und vor allem solchen, in denen völlig neue Wege auf dem Gebiet des technischen Fortschritts begangen werden, gelten auch für die Großunternehmen die Patente als jene notwendige Bedingung zur Vornahme von Neuerungen, die sie für die kleine und mittlere Unternehmung wie auch für die neue Unternehmung in jedem Falle darstellen, wobei sie aber für letztere aus den genannten Gründen nicht auch zugleich im selben Maße hinreichende Bedingung wie im Falle der Großunternehmen sind.

Derartige „Grenzfälle“ unternehmerischer Neuerungstätigkeit sind tatsächlich vorhanden, und die Hoffnung, selbst einmal Wegbereiter eines bahnbrechenden technischen Fortschritts unter dem Schutz eines Patents sein zu können, ist in vielen Fällen der Grund dafür, daß von den Unternehmen den Patenten ein sehr großer Wert beigemessen wird. Es ist unbestritten, daß ohne die Patente eine Reihe der umwälzendsten technischen Fortschritte nicht oder sehr viel später befruchtend auf den Prozeß der industriellen Entwicklung eingewirkt hätten. Neuerungen dieser Art mögen weit entfernt von allen bisher bekannten Wegen des technischen Wissens liegen, größere technologische und marktmäßige Unsicherheiten in sich bergen und höhere Entwicklungskosten sowie längere Entwicklungszeiträume erfordern. Nur unter außergewöhnlich günstigen Umständen, insbesondere der Erwartung, die Früchte aus der Neuerung in vollstem Umfange abzuernten, dürften solche Neuerungen von den Unternehmen durchgeführt werden.

Als Ergebnis der Analyse über die Bedeutung der Patente für die Neuerungstätigkeit infolge ihrer monopolverheißenden Eigenschaft läßt sich feststellen, daß der Einfluß der Patente für die Unternehmererwartungen bei Neuerungen im Ablauf des Prozesses der industriellen Entwicklung geringer geworden ist. Zum Teil haben sich die Patente selbst überflüssig gemacht bzw. ihre Bedeutung vermindert, und zwar dadurch, daß sie zur Entstehung von marktbeherrschenden Positionen und/oder starken Wirtschaftskonzentrationen in früheren Phasen des Prozesses der industriellen Entwicklung beigetragen haben und somit in der Folgezeit Barrieren für Nachahmer geschaffen haben, die ähnlich wie Patente wirken.

Soweit Patente zu wirtschaftlichen Machtpositionen beigetragen haben, erfordert eine Gesamtwürdigung der Bedeutung der Patente für den Prozeß der industriellen Entwicklung auch ein Eingehen auf die Beziehungen zwischen den patentbedingten Marktformen des Monopols und des Oligopols und dem technischen Fortschritt sowie auf das Verhältnis von Unternehmensgröße und technischer Entwicklung. Zu den Beziehungen zwischen patentbedingten Marktformen und technischem Fortschritt läßt sich sagen, daß die beiden relevanten Kriterien für Investitionen in technischen Fortschritt, Investitionsmöglichkeit und Investitionsneigung, in der Marktform des Oligopols in der günstigsten Weise kombiniert sind.

Aus den Untersuchungen über die Bedeutung der Unternehmensgröße für den technischen Fortschritt ergab sich, daß infolge von Vorteilen bei der Verwertung des technischen Fortschritts, aufgrund der

Möglichkeiten zu besserem Risikoausgleich und der Tatsache der gesicherteren Position — weniger eindeutig dagegen aufgrund von Kostenvorteilen bei Forschung und Entwicklung — die Großunternehmung eine Überlegenheit auf dem Gebiete der Erzeugung und Verwertung des technischen Fortschritts aufweist.

Aus diesen Ergebnissen ließ sich hinsichtlich der Neuerungstätigkeit patentbedingter Machtpositionen ableiten, daß im Falle marktbeherrschender Patentbesitzer, die in der Regel oligopolistische Großunternehmen sind, die Patente in Sekundärwirkung mit die Voraussetzung zu einem sich selbstnährenden Prozeß der technischen Entwicklung geschaffen haben, in dem sie selbst ihre ursprüngliche Bedeutung als Anreiz für den technischen Fortschritt verloren haben. Auch bei den im Zusammenhang mit Patenten häufigen Zusammenschlüssen von Oligopolisten zu Kartellen, ließ sich ableiten, daß die einzelnen Oligopolisten ihre Gewinne vorwiegend zur Einführung des technischen Fortschritts verwenden.

Bezüglich der Auswirkungen, die patentbedingte Machtpositionen auf die Neuerungstätigkeit tatsächlicher oder potentieller Konkurrenten haben, konnte festgestellt werden, daß insbesondere bei Patentballungen von Großunternehmen, bei denen ein großer Teil der Patente nicht ausgeführt wird, aufgrund des Abschreckungseffektes gegenüber Konkurrenten die Möglichkeit besteht, daß gesamtwirtschaftlich erwünschte Erfindungen nicht verwertet werden, weil es eben für die Konkurrenten sehr häufig fast unmöglich ist, zu Alternativerfindungen zu gelangen, die mit keiner der unzähligen patentierten Erfindungen der Großunternehmung kollidieren. Nach allgemein verbreiteter Ansicht jedoch dürften Nicht-Verwertungen qualitativ besserer Produkte oder Verfahren nicht allzu häufig sein, da kaum ein Unternehmen damit rechnen kann, auf längere Zeit trotz bedeutender und vieler Patente ohne Substitutionskonkurrenz zu bleiben. Vielmehr ist die Bedeutung patentbedingter Machtpositionen für die Neuerungstätigkeit der Konkurrenten darin zu sehen, daß sie eine starke Behinderung kleiner und mittlerer Unternehmen auf dem Gebiete des technischen Fortschritts darstellen, während die Wirkungen der Ausschließlichkeitsrechte zwischen den Großunternehmen großenteils aufgehoben sind, da sie in der Regel untereinander eine Vielzahl von Lizenzverträgen abschließen.

Es ergibt sich daraus, daß Patente mit der Entstehung und Ausdehnung von wirtschaftlichen Machtpositionen und zunehmender Konzentration in der Wirtschaft in den überwiegenden Fällen nur insoweit Bedeutung haben, als sie die starke Marktstellung der Großunternehmen, die auf ihrer großenteils *unabhängig von den Patenten* erfolgenden hohen Forschungs-, Entwicklungs- und Neuerungstätigkeit beruht, zusätzlich festigen und fortdauern lassen.

# Literaturverzeichnis


*Åkerman*, Johan: Theory of Industrialism, Lund 1960

*Albach*, Horst: Wirtschaftlichkeitsrechnung bei unsicheren Erwartungen. Beiträge zur betriebswirtschaftlichen Forschung, hrsg. von E. Gutenberg, W. Hasenack, K. Hax und E. Schäfer, Bd. 7, Köln und Opladen 1959

*Alderson*, W., V. *Terpstra* und St. J. *Shapiro* (Hrsg.): Patents and Progress. The Sources and Impact of Advancing Technology, Homewood (Ill.) 1965

*Anerswald*, Heinz-W.: Das Patentmonopol und der Kartellgesetzentwurf; in: WuW, 7. Jg. (1957), S. 220—230

*Arbeitskreis Hax* der Schmalenbach-Gesellschaft: Wesen und Arten unternehmerischer Entscheidungen; in: ZfbF, N.F., 16. Jg. (1964), S. 685—715

*Arndt*, H.: Konkurrenz und Monopol in Wirklichkeit; in: JbfNuSt, Bd. 161 (1949), S. 222—296

— Anpassung und Gleichgewicht am Markt; in: JbfNuSt, Bd. 170 (1958), S. 217—286 u. 434—465

*Arrow*, Kenneth: Economic Welfare and the Allocation of Resources for Invention; in: National Bureau of Economic Research, The Rate and Direction of Inventive Activity: Economic and Social Factors, Princeton (N.J.) 1962, S. 609—626

*Bain*, Joe S.: Workable Competition in Oligopoly: Theoretical Considerations and Some Empirical Evidence; in: AER, Papers and Proceedings, Vol. 40 (1950), S. 35—47

— Price Theory, New York 1953

— Conditions of Entry and the Emergence of Monopoly; in: Chamberlin, Edward H. (Hrsg.), Monopoly and Competition and their Regulation, London 1954, S. 215—241

— Barriers to New Competition, Cambridge (Mass.) 1956

*Barnett*, H. G.: Innovation — the Basis of Cultural Change, New York — Toronto — London 1953

*Baumol*, William: On the Theory of Oligopoly; in: Economica, Vol. 25 (1958) S. 187—198

— Business Behavior, Value, and Growth, New York 1959

*v. Beckerrath*, Herbert: Der moderne Industrialismus, Jena 1936

*Behrendt*, Peter: Die lange Dauer der Patenterteilungsverfahren in internationaler Sicht; in: GRUR, Auslands- und Internationaler Teil, Jg. 1963, S. 417—421

*Bellmann*, R.: Dynamic Programming, Princeton (N.J.) 1957

*Bennett*, W. B.: The American Patent System, Louisiana 1943

*Berge*, W.: Cartels, Challenge to a Free World, 2. Aufl., Washington, D.C., 1944

*Berglas*, Eitan: Investment and Technological Change; in: JP, Vol. 73 (1965), S. 173—180

*Berle*, Alf K. und L. *Sprague de Camp*: Inventions, Patents, and their Management, Princeton (N.J.) und London 1959

*Berthmann*, Kurt: Die Kostenbegünstigung des wirtschaftlich Schwächeren im neuen Patentgesetz; in: GRUR, 41. Jg. (1936), S. 841—844

*Blackstone*, Erwin: The Copying Machine Industry. A Case Study. Unveröffentlichtes Manuskript, Diss., University of Michigan 1968

*Börlin*, Max: Die volkswirtschaftliche Problematik der Patentgesetzgebung, Diss., St. Gallen 1954

*Bohlig*, Manfred: Die Auswirkungen des amerikanischen Antitrustrechts auf Patente und Patentlizenzen im Ausland; in: GRUR, Auslands- und Internationaler Teil, Jg. 1959, S. 421—431

*Bombach*, Gottfried: Zur Theorie des wirtschaftlichen Wachstums; in: WA, Bd. 70 (1953 I), S. 110—165

— Optimales Wirtschaftswachstum und Gleichgewichtswachstum; in: Henn, Rudolf, Bombach, Gottfried, v. Böventer, Edwin (Hrsg.), Optimales Wachstum und Standortverteilung, SchrdVfS, N.F., Bd. 27, Berlin 1962, S. 47—60

— Wirtschaftswachstum; in: HdSW, Bd. 12, Nachtrag, Stuttgart—Tübingen—Göttingen 1965, S. 763—801

*Borchardt*, Knut: Die Veränderlichkeit der Konsumgüterstruktur in der wachsenden Wirtschaft; in: Albach, Horst, Beckmann, Martin, Borchardt, Knut und Krelle, Wilhelm, Theorien des einzelwirtschaftlichen und des gesamtwirtschaftlichen Wachstums, SchrdVfS, N.F., Bd. 34, Berlin 1965, S. 113—130

*Boulding*, K. E.: Implications for General Economics of More Realistic Theories of the Firm; in: AER, Papers and Proceedings, Vol. 42 (1952), S. 196—220

*Brandt*, K.: Struktur der Wirtschaftsdynamik, Frankfurt a. M. 1952

— Konzentration und wirtschaftliche Entwicklung; in: Arndt, H. (Hrsg.), Die Konzentration in der Wirtschaft, Bd. III, SchrdVfS, N.F., Bd. 20/III, Berlin 1960, S. 1471—1521

*Brems*, H.: Product Equilibrium under Monopolistic Competition, Cambridge (Mass.) 1951

— Cartels and Competition; in: WA, Bd. 66 (1951), S. 51—69

*Bright*, Arthur A.: The Electric-Lamp Industry, New York 1949

*Brozen*, Yale: Invention and Imitation; in: AER, Papers und Proceedings, Vol. 41 (1951), S. 239—257

— Determinants of the Direction of Technological Change; in: AER, Papers and Proceedings, Vol. 43 (1953), S. 288—312

— The Future of Industrial Research and Development; in: JB, Vol. 34 (1960), S. 434—441

*Bruton*, H. J.: Innovations and Equilibrium Growth; in: EJ, Vol. 66 (1956), S. 455—466

*Bundesamt* für gewerbliche Wirtschaft: Bericht über das Ergebnis einer Untersuchung der Konzentration in der Wirtschaft (Bericht und Anlagenband), Frankfurt a. M. 1964

*Bundesministerium* für wissenschaftliche Forschung: Bundesbericht Forschung I und II, Bonn 1965 und 1967

*Bush,* Vannevar: Proposals for Improving the Patent System, Study Nr. 1 des Subcommittee on Patents, Trademarks, and Copyrights des amerikanischen Senats, Washington 1956

*Buxbaum,* Richard: Die dem Patentmonopol innewohnenden Beschränkungen; in: WuW, 16. Jg. (1966), S. 193—217

*Carr,* Richard F.: Our Patent System Works; in: PTC Journal, Vol. 4, Washington 1960, S. 55—76

*Carter,* C. F. und B. R. *Williams:* Investment in Innovation, London—New York—Toronto 1958

— Industry and Technical Progress, London—New York—Toronto, Neuauflage 1958

*Chamberlin,* Edward H.: The Theory of Monopolistic Competition, 7. Aufl., Cambridge (Mass.) 1956

*Clark,* Colin: The Conditions of Economic Progress, 1. Aufl., London 1940, 3. Aufl., London und New York 1957

*Clark,* J. M.: Business Acceleration and the Law of Demand. A Technical Factor in Economic Cycles; in:JP, Vol. 25 (1917), S. 217—236

*Comanor,* William S.: Research and Competetive Product Differentiation in the Pharmaceutical Industry; in: Economica, N.S., Vol. 30 (1964), S. 372-384

— Market Structure, Product Differentiation, and Industrial Research; in: QJ, Vol. 81 (1967), S. 639—657

*Cooper,* M. H.:Profits in the Pharmaceutical Industry, Oxford 1966

*Cournot,* A.: Untersuchungen über die mathematischen Grundlagen der Theorie des Reichtums, Jena 1924

*Dale,* Robert F. und James K. *Huntoon:* A Cost-Benefit Study of the Domestic and International Patent Systems; in: PTC Journal, Vol. 11, Washington 1967, S. 351—406

*Damme,* S.: Der Schutz technischer Erfindungen als Erscheinungsform moderner Volkswirtschaft, Berlin 1910

*Davis,* W. H.: Our National Patent Policy; in: AER, Vol. 38 (1948), S. 215—260

*Deller,* Anthony: Fortschritt durch Forschung, Erfindungen und Patente; in: GRUR, Internationaler Teil, Jg. 1967, S. 217—229

*Dirlam,* Joel B.: Patents and Progress: Is our Patent Law Obsolet? in: Dun's Review, 1957, S. 92 ff.

*Dirlam,* Joel B. und Alfred E. *Kahn:* Fair Competition. The Law and Economics of Antitrust Policy, Ithaca (N.Y.) 1954

*Dobrinski,* Werner: Kartelle und Wachstum; in: JbfSw., Bd. 13 (1962) S. 313 bis 332

*Dorner,* Klaus: Strukturverschiebungen in modernen Industriewirtschaften, Diss., Köln 1964

*Douglas,* P. H.: The Theory of Wages, New York 1934

*Drews,* G.: The Patent Right in the National Economy of the United States, New York 1952

*Duesenberry,* James S.: The Effects of Monopolistic and Quasi-Monopolistic Practices; in: Hearings before the Joint Economic Committee Congress of the United States, 86th Congress, First Session, Part7, Washington 1959, S. 2324—2333

*Echterhoff-Severitt,* H.: Wissenschaftsaufwendungen in der Bundesrepublik Deutschland; in: Wirtschaft und Wissenschaft, Heft 1 (1969), S. 15—20

*Economic* Aspekts of Patents and the American Patent System: A Bibliography, Washington 1958

*Economic* Concentration: Hearings before the Subcommittee on Antitrust and Monopoly of the Committee of the Judiciary, United States Senate, 90th Congress, 1st Session, pursuant to S. Res. 26, Vol. 3, U.S. Government Printing Office, Washington 1964

*Eder,* Rudolf: Volkswirtschaftliche Theorie des technischen Fortschritts, Berlin 1967

*Edwards,* C. D.: Maintaining Competition — Requisites of a Government Policy, New York—Toronto—London 1949

*Eisner,* R.: Expectations, Plans and Capital Expenditures, A Synthesis of Ex Post and Ex Ante Data; in: Bowmann, M. J. (Hrsg.), Expectations, Uncertainty, and Business Behavior, Social Science Research Council, New York 1958

*Eltis,* W. A.: Investment, Technical Progress and Economic Growth; in: Oxford Economic Papers, N.S., Vol. 15 (1963), S. 32—52

*Engelmann,* Fritz: Der Kampf gegen die Monopole in den USA, Berlin und Tübingen 1951

*Eucken,* Walter: Die Grundlagen der Nationalökonomie, 7. Auflage, Berlin—Göttingen—Heidelberg 1959

— Die Grundlagen der Nationalökonomie, 2. Aufl., Tübingen und Zürich 1955, 3. Aufl., Tübingen und Zürich 1960

*Federal Communications Commission:* Investigation of the Telephone Industry in the United States, Washington D.C. 1939

*Federal Trade Commission:* Industrial Concentration and Product Diversification in the 1000 largest Manufacturing Companies: 1950, Washington 1957

*Fellner,* William: Competition among the Few, Oligopoly and Similar Market Structures, New York 1949

— The Influence of Market Structure on Technological Progress; in: QJ, Vol. 65 (1951), S. 557—577

— Arbeitssparende und kapitalsparende Erfindungen im Westen und in den Entwicklungsländern; in: WA, Bd. 88 I (1962), S. 34—51

*Fleck,* Florian H.: Untersuchungen zur ökonomischen Theorie vom technischen Fortschritt (Veröffentlichungen des Wirtschafts- und Sozialwissenschaftlichen Instituts der Universität Freiburg, Schweiz), Freiburg (Fribourg) 1957

— Die Messung des technischen Fortschritts im Rahmen des gesamtwirtschaftlichen Wachstumsprozesses, Wien und New York 1966

*Folk,* G. E.: Patents and Industrial Progress. A Summary, Analysis and Evaluation of the Record on Patents of the T.N.E.C., New York 1942

*Forstmann,* Albrecht: Zur Frage der Kausalität wirtschaftlicher Veränderungen; in: SchmJb, 72. Jg. (1952), S. 549—584 und S. 669—702

*Fortune Directory:* The 500 Largest U.S. Industrial Corporations, Chicago 1960

*Fourastié,* Jean: Die große Hoffnung des 20. Jahrhunderts, Köln-Deutz 1954

*Fox,* H. G.: Patents in Relation to Monopoly; in: CanJ, Vol. 12 (1946), S. 328 bis 342

— Monopolies and Patents, A Study of the History and the Future of the Patent Monopoly, Toronto 1947

*Frederico,* P. J.: Distribution of Patents Issued to Corporations (1939—1955), Study Nr. 3 des Subcommittee on Patents, Trademarks, and Copyrights des amerikanischen Senats, Washington 1957

— Renewal Fees and Other Patent Fees in Foreign Countries, Study Nr. 17 des Subcommittee of Patents, Trademarks, and Copyrights des amerikanischen Senats, Washington 1958

*Fricke,* Rolf: Die geistigen Voraussetzungen der Industrialisierung im 19. und 20. Jahrhundert; in: SchmJb, 85. Jg. (1965), S. 257—272

*Fricke,* Werner: Kollektivmonopole, Heidelberg 1956

*Frost,* George E.: Patent Rights and the Stimulation of Technical Progress; in: Alderson, W. und Terpstra, V. (Hrsg.), Patents and Progress. The Sources and Impact of Advancing Technology. Homewood (Ill.) 1965, S. 61—84

*Fugate,* Wilburn: Foreign Commerce and the Antitrust Laws, Boston und Toronto 1958

*Galbraith,* John K.: American Capitalism, The Concept of Countervailing Power, 2. Aufl., Cambridge (Mass.) 1956 (dt. Übersetzung der ersten Auflage: Der amerikanische Kapitalismus im Gleichgewicht der Wirtschaftskräfte, Stuttgart—Wien—Zürich 1952)

*Gansser,* Georges: Internationale Patentabmachungen und das Antitrustproblem; in: WuW, 1. u. 2. Jg. (1951/52), S. 683—694 und S. 765—780

*Gather,* Gernot: Patente — Monopole — Machtpositionen, Diss., Masch.schr., Freiburg i. Br. 1943

— Reform der Patentgesetzgebung; in: ORDO, Bd. II (1949), S. 270—307

*Gharrity,* Norman J.: The Significance of Use-Rates of Patented Inventions; in: PTC Journal, Vol. 10, Washington 1966, S. 207—212

*Giersch,* Herbert: Stufen und Fortschrittperioden der wirtschaftlichen Entwicklung; in: ZfN, Bd. 15 (1955), S. 61—72

*Gilfillan,* S. C.: The Sociology of Invention, Chicago 1935

— The Prediction of Technical Chance; in: RESt, Vol. 34 (1952), S. 368—385

— Invention and the Patent System; in: Hearings before the Joint Economic Congress of the United States, 88 th Congress, 2nd Session, Washington 1964

*Gleiss,* A.: Patentmonopol und Wettbewerbsfreiheit; in: WuW, 1. u. 2. Jg. (1951/52), S. 346—352

*Gleiss,* A. und A. *Deringer:* Patentpools nach geltendem und kommendem Kartellrecht; in: WuW, 1. u. 2. Jg. (1951/52), S. 612—623

*Gordon,* Robert A.: Business Leadership in the Large Corporation, Washington 1945

*Gordon,* Robert A.: Short Period Price Determination in Theory and Practice, in: AER, Vol. 38 (1948), S. 265—288

*Gorn,* Elmer J.: Economic Value of Patents; in: The Encyclopaedia of Patent Practice and Invention Management, New York 1964, S. 221—227

*Griliches,* Zvi: Research Costs and Social Returns: Hybrid Corn and Related Innovations; in: JP, Bd. 66 (1958), S. 419—431

*Gunzert:* Rudolf: Was ist Konzentration; Wirtschaftssoziologische Studien, Heft 1, hrsg. v. R. Gunzert, Frankfurt a.M. 1960

— Konzentration, Markt und Marktbeherrschung; Wirtschaftssoziologische Studien, Heft 2/3, hrsg. v. R. Gunzert, Frankfurt a.M. 1961

*Gustafson,* W. E.: Research and Development, New Products, and Productivity Chance; in: AER, Papers and Proceedings, Vol. 52 (1962), S. 177—135

*Gutenberg,* Erich: Untersuchungen über die Investitionsentscheidungen industrieller Unternehmen, Köln und Opladen 1959

— Grundlagen der Betriebswirtschaftslehre, erster Band: Die Produktion, 8./9. Aufl., Berlin—Göttingen—Heidelberg 1963

— Grundlagen der Betriebswirtschaftslehre, zweiter Band: Der Absatz, 7. Auflage, Berlin—Göttingen—Heidelberg 1964

*Haertel,* K. und A. *Krieger:* Gewerblicher Rechtsschutz, Textausgabe mit Anmerkungen und Verweisungen, 2. Aufl., Köln—Berlin—Bonn—München 1968

*Hamberg,* D.: The Effects of Monopolistic and Quasi-Monopolistic Practices; in: Hearings before the Joint Economic Congress of the United States, 86th Congress, First Session, Part 7, Washington 1959, S. 2337—2366

— Production Functions, Innovations, and Economic Growth; in: JP, Vol. 67 (1959), S. 238—245

— Invention in the Industrial Research Laboratory; in: JP, Vol. 71 (1963), S. 95—115

— Size of Firm, Oligopoly, and Research: The Evidence; in CanJ, Vol. 30 (1964), S. 62—75

*Hamann,* C. A: Über den sogenannten „sklavischen Nachbau“ technischer Konstruktionen; in: GRUR, 63. Jg. (1961), S. 171—173

*Hansen,* Alvin H.: Business Cycles and National Income, New York 1951

— A Guide to Keynes, New York—Toronto—London 1953 (deutsche Übersetzung: Keynes ökonomische Lehren, Stuttgart und Düsseldorf 1959)

*Harrod,* Roy F.: Towards a Dynamic Economics. Some Recent Development of Economic Theory and their Application to Policy, London und New York 1948, 2. Aufl., 1956 (deutsche Übersetzung: Dynamische Wirtschaft, Stuttgart und Wien 1949)

*Haussmann,* Frederick: Der Wandel des internationalen Kartellbegriffs. Amerikanische Kartelldoktrin und World Trade Charter, Bern 1947

*Hawtrey,* R. G.: Capital and Employment, 2. Aufl. London—New York—Toronto 1952

*Hax,* Karl: Betriebsgröße und Unternehmenskonzentration; in: Nürnberger Abhandlungen zu den Wirtschafts- und Sozialwissenschaften, Heft 10, Berlin 1959, S. 45—71

— Unternehmenswachstum und Unternehmenskonzentration in der Industrie; in: ZfhF, N. F., 13. Jg. (1961), S. 1—26

*Hax,* Karl: Industrielle Entwicklung, gesamtwirtschaftliches Wachstum und Unternehmenswachstum; in ZfbF, N. F., 16. Jg. (1964), S. 202—209

*Heine,* G. H.: Monopolistischer Patentmißbrauch; in: GRUR, 50. Jg. (1948), S. 170—175

— Vorzüge und Grenzen des Patentmonopols; in ZfhF, N. F., 2. Jg. (1950), S. 105—113

*Heinen,* Edmund: Die Zielfunktion der Unternehmung; in: Koch, Helmut (Hrsg.), Zur Theorie der Unternehmung. Festschrift zum 65. Geburtstag von Erich Gutenberg, Wiesbaden 1962, S. 9—71

*Helmstädter,* Ernst: Produktionsstruktur und Wachstum; in: JbfNuSt, Bd. 10 (1958), S. 247—257

— Harrod und die neoklassische Wachstumstheorie; in: ZfdgStw, Bd. 121 (1965), S. 433—451

*Hennipman,* P.: Monopoly: Impediment or Stimulus to Economic Progress? in: Chamberlin, Edward H. (Hrsg.), Monopoly and Competition and their Regulation, London 1954, S. 421—456

*Henzler,* Reinhold: Konzentrationsprobleme in der Unternehmensphäre; in: Arndt, H. (Hrsg.), Die Konzentration in der Wirtschaft, SchrdVfS, N. F., Bd. 20/III, S. 1545—1558

*Hexner,* E.: International Cartels, 2. Aufl., Chapel Hill 1945

*Hildiger:* Bruno: Neuere Anschauungen im Patentrecht, Berlin 1933

*Hitch,* Charles J.: The Character of Research and Development in a Competive Economy: in: National Science Foundation (Hrsg.), Research and Development and Its Impact on the Economy, Washington 1958, S. 129 bis 139

*Hoffmann,* Walter: Stadien und Typen der Industrialisierung, Jena 1931

— Wachstum und Wachstumsformen der englischen Industriewirtschaft von 1700 bis zur Gegenwart, Jena 1950

— Vollbeschäftigung als Problem der wachsenden Wirtschaft; in: SchrdVfS, N.F., Bd. 3, Berlin 1951, S. 33—49

— Wirtschaftliche und soziologische Probleme des technischen Fortschrittes, Arbeitsgemeinschaft für Forschung des Landes Nordrhein-Westfalen, Heft 8, Köln und Opladen 1964

— The Growth of Industrial Economies, Manchester 1958

— Das Wachstum der deutschen Wirtschaft seit der Mitte des 19. Jahrhunderts, Enzyklopädie der Rechts- und Staatswissenschaft. Hrsg. v. Kunkel, W., Peters, H. und Preiser, E., Berlin—Heidelberg—New York 1965

*Hoselitz,* Bert F. und Wilbert E. *Moore* (Hrsg.): Industrialization and Society. Proceedings of the Chicago Conference on Social Implications of Industrialization and Technical Change, Mouton 1966

*Huppert,* Walter: Monopol und Konzentration, in: JbfSw, Bd. 1 (1950), S. 245—292

*Inlow,* E. Burke: The Patent Grant, Baltimore 1950

*Internationale* Patent-, Muster- und Warenzeichentafel, hrsg. v. Ing. Scheer, 55. Aufl., Köln—Braunsfeld, II. Ausgabe 1958

*Investigation* of Concentration of Economic Power, Hearings before the Temporary National Economic Committee, Part 3, Washington 1939

*Isay*, Hermann: Die Patentgemeinschaft im Dienste des Kartellgedankens, Mannheim—Berlin—Leipzig 1923

— Die Funktion der Patente im Wirtschaftskampf, Berlin 1927

*Ismar*, H., G. *Lange* und Hildur v. *Schweinitz:* Die Konsum- und Investitionsfunktion. Untersuchung für die BRD. Forschungsberichte d. Landes Nordrhein-Westfalen, hrsg. v. F. Brandt, Köln u. Opladen 1962

*Jaksch*, Hans-Jürgen: Zur Verteilung der Nettoinvestitionen auf die Wirtschaftszweige; in: ZfdgStw, Bd. 114 (1958), S. 406—433

*Jewkes*, John, David *Sawers* und Richard *Stillerman:* The Sources of Invention, 3. Aufl., London und New York 1960

*Jochimsen*, Reimut: Marktform und wirtschaftliche Entwicklung; in: ZfdgStw, Bd. 122 (1966), S. 29—43

*Jones*, E.: The Trust Problem in the USA, New York 1922

*Jungel*, Albrecht: Der Lizenzvertrag, Betriebs- und verkehrswirtschaftliche Forschungen, Heft 23, Leipzig 1937

*Kändler*, Hermann: Der staatliche Erfindungsschutz im Lichte moderner Nationalökonomie, Berlin 1914

*Kahn*, Alfred E.: Fundamental Deficiencies of the American Patent Law; in: AER, Vol. 30 (1940), S. 475—491

— The Patent System; in: Law and Contemporary Problems, Vol. 12 (1947), S. 645—809 und Vol. 13 (1948), S. 245—367

— The Role of Patents; in: Miller, John Perry (Hrsg.), Competition, Cartels and their Regulation, Amsterdam 1962, S. 308—346

*Kamerschen*, David R.: Marktzugangsbeschränkungen in der amerikanischen Fertigungsindustrie; in: ZfB, 36. Jg. (1966), S. 289—304

*Kaplan*, A. D. H.: Big Enterprise in a Competitive System, Washington 1954

*Kaplan*, A. D. H., Joel B. *Dirlam* und R. F. *Lanzilotti:* Pricing in Big Business, Washington 1958

*Katona*, George: Das Verhalten der Verbraucher und Unternehmer, Tübingen 1960

*Kaufer*, Erich: Die Ökonomie von Forschung und Entwicklung; in: Wettbewerb als Aufgabe — Nach zehn Jahren Gesetz gegen Wettbewerbsbeschränkungen; hrsg. von E. J. Mestmäcker, Zürich—Bad Homburg v. d. H. 1968, S. 399—488

*Keirstead*, B. S.: The Theory of Economic Change, Toronto 1948

*Kendrick*, J. W.: Productivity Trend: Capital and Labour; in: REStat, Vol. 38 (1956), S. 248—257

*Kennedy*, Charles: Technical Progress and Investment; in: EJ, Vol. 71 (1961), S. 292—299

*Keynes*, John M.: Allgemeine Theorie der Beschäftigung des Zinses und des Geldes, 2. Aufl., Berlin 1955

*Kilger*, Wolfgang: Industrie und Konzentration; in: Arndt, H. (Hrsg.), Die Konzentration in der Wirtschaft, SchrdVfS, N.F., Bd. 20/I, Berlin 1960, S. 277—301

*Kirchhoff*, Heinrich: Das deutsche Patentwesen. Rückschau und Ausblick. 2. Aufl., Berlin 1949

*Kirsh*, B. S. und H. R. *Shapiro:* The National Industry Recovery Act. An Analysis, New York 1934

*Kisch*, W.: Bemerkungen zu einem Urteil des RG vom 26. 10. 1930 (Aktz. 128/30 I.-RPat A); in: Juristische Wochenschrift, 60. Jg. (1931), S. 1881 bis S. 1884

*Klatt*, Sigurd: Zur Theorie der Industrialisierung, Bd. 1 der Untersuchungen zur Volkswirtschaftspolitik, Abt. A der Reihe „Industrielle Entwicklung", hrsg. v. Fritz Voigt, Köln und Opladen 1959

*Klein*, L. R. und A. S. *Goldberger:* An Econometric Modell of the United States 1929—1955, Amsterdam 1955

*Knöpfle*, Robert: Die Bestimmungen des Schutzumfanges der Patente, München 1959

*König*, Heinz: Konzentration und Wachstum; in: ZfdgStw, Bd. 115 (1959), S. 229—253

— Kartelle und Konzentration; in: Arndt, H. (Hrsg.), Die Konzentration in der Wirtschaft, SchrdVfS, N.F., Bd. 20/I, Berlin 1960

*Kohler:* Handbuch des Deutschen Patentrechts in rechtsvergleichender Darstellung, Mannheim—Berlin—Leipzig 1900

*Krelle*, Wilhelm: Theorie wirtschaftlicher Verhaltensweisen, Meisenheim und Wien 1953

— Preistheorie, Tübingen und Zürich 1959

— Die Investitionsfunktion; in: JbfNuSt, Bd. 172 (1960), S. 345—391

— Investition und Wachstum; in: JbfNuSt, Bd. 176 (1964), S. 1—22

— Präferenz- und Entscheidungstheorie, Tübingen 1968

— Produktionstheorie, Tübingen 1969

*Krengel*, R.: Die Entwicklung des Anlagevermögens der westdeutschen Industrie von 1924—1955; in: Deutsches Institut für Wirtschaftsforschung und Wirtschaftsführung (Hrsg.), Festgabe für Ferdinand Friedensburg, Berlin 1956, S. 95—150

— Produktionsvolumen und Produktionsfaktoren der Industrie im Gebiet der BRD, Statistische Kennziffern 1950—1960 (Neuberechnung auf der Basis 1958), hrsg. v. Deutschen Institut für Wirtschaftsforschung, Berlin 1964

— Produktionsvolumen und Produktionsfaktoren der Industrie in der BRD, Statistische Kennziffern, 6. Folge, 1958—1965 (Neuberechnung auf der Basis 1958), hrsg. v. Deutschen Institut für Wirtschaftsforschung, Berlin 1966

*Krieghoff*, Hans: Technischer Fortschritt und Produktivitätssteigerung. Frankfurter wirtschafts- und sozialwissenschaftliche Studien, Heft 4, Berlin 1958

*Kühl*, Hugo: Patentrecht und chemische Industrie, Straßburg und Leipzig 1914

*Kumm*, Alfred W.: Die Erfindungen und ihre Kriterien; in: GRUR, Auslands- und Internationaler Teil, Jg. 1963, S. 289—297

— Zur Beurteilung der erfinderischen Leistung; in: GRUR, 67. Jg. (1965), S. 1—7

*Kuznets*, Simon: Long-Term Changes in the National Income of the United States of America; in: Income and Wealth of the United States, Cambridge (Mass.) 1952

— Bevölkerung, Einkommen und Kapital; in: ZfN, Bd. 15 (1956), S. 12—20

— Inventive Activity: Problems of Definition and Measurement; in: National Bureau of Economic Research, The Rate and Direction of Inventive Activity: Economic and Social Factors, Princeton (N.J.) 1964, S. 19—43

*Lammers*, C.: Internationale Industriekartelle, Berlin 1930

*Langen*, E. (Hrsg.): Internationale Lizenzverträge: Bericht aus 38 Ländern, 2. Aufl., Weinheim/Bergstr. 1958

*Lenel*, Hans-Otto: Ursachen der Konzentration unter besonderer Berücksichtigung der dt. Verhältnisse, 1. Aufl., Tübingen 1962, 2. Aufl., Tübingen 1968

— Vom Stand der Konzentrationsdebatte in der BRD nach der Kissinger Tagung des Vereins für Socialpolitik; in: Ordo, Bd. XIII (1962), S. 281 bis 303

— Wachstum der Wirtschaft und Wachstum der Unternehmungen; in: ORDO, Doppelbd. XXV/XXVI (1965), S. 141—165

*Lenher*, Samuel: Patents and Progress, Wilmington 1961

*Leontief*, Wassily: The Structure of American Economy 1919—1929, New York 1941

— Das wirtschaftliche Problem der organisierten Forschung; in: Hamburger Jahrbuch für Wirtschafts- und Gesellschaftspolitik, 6. Jg. (1961), S. 74—78

*Lewis*, W. Arthur: Die Theorie des wirtschaftlichen Wachstums. Hand- und Lehrbücher aus dem Gebiet der Sozialwissenschaften, hrsg. v. E. Salin und A. Spiethoff, Tübingen und Zürich 1956

*Lieberknecht*, Otfried: Preisvereinbarungen in Patentverwertungsverträgen; in: WuW, 1. u. 2. Jg. (1951/52), S. 271—279

— Vereinbarungen über den Schutzumfang von Patenten; in: WuW, 1. u. 2. Jg. (1951/52), S. 425—428

— Patente, Lizenzverträge und Verbot von Wettbewerbsbeschränkungen, Frankfurt/Main 1953

— Patentverträge im deutschen Kartellgesetzentwurf; in: WuW, 3. Jg. (1953), S. 142—151

*Liefmann*, Robert: Kartelle, Konzerne und Trusts, 8. Aufl., Stuttgart 1930

*Lilienthal*, David: Big Business — A New Era, New York 1952

*Linhardt*, Hanns: Konzentration und Marktfinanzierung; in: Arndt, H. (Hrsg.), Die Konzentration in der Wirtschaft, SchrdVfS, N.F., Bd. 20/III, S. 1559—1580

*Linneborn*, Hans: Die wirtschaftlichen Ursachen der industriellen Konzentration und deren Bedeutung für eine marktwirtschaftliche Wirtschaftspolitik, Wien 1963

*Lipsey*, Richard G. und Peter O. *Steiner:* Economics, New York 1966

*Lohmann*, Martin: Zur gegenwärtigen Situation des industriellen Mittelbetriebes; in: Nürnberger Abhandlungen zu den Wirtschafts- und Sozialwissenschaften, Heft 10, Berlin 1957, S. 27—44

*Lüdecke,* Wolfgang: Lizenzgebühren für Erfindungen, Darmstadt—Nürnberg—Düsseldorf—Berlin 1955

— Erfindungsgemeinschaften, Berlin 1962

*Lüdecke,* Wolfgang und E. *Fischer:* Lizenzverträge, Weinheim/Bergstr. 1957

*Lutz,* Friedrich A.: Zinstheorie, Zürich und Tübingen 1956

— Die Bedeutung der Investitionen für das Wachstum der Wirtschaft, Sonderschrift des Ifo-Instituts für Wirtschaftsforschung, Nr. 21, Berlin und München 1957

*Lutz,* F. A. und V. *Lutz:* The Theory of Investment of the Firm, Princeton (N.J.) 1951

*Lynch,* D.: The Concentration of Economic Power, New York 1949

*McAdams,* Walter: Big Steel, Invention and Innovation; in: QJ, Vol. 81 (1967), S. 457 ff.

*Machlup,* Fritz: The Political Economy of Monopoly, Baltimore 1952

— The Optimum Lag of Imitation behind Innovation, Sonderdruck aus Festskrift til Frederik Zeuthen, Kopenhagen 1958

— An Economic Review of the Patent System, U.S. Senate, Committee on the Judiciary, Subcommittee on Patents, Trademarks and Copyrights, 85th Congress, 2nd Session, Study Nr. 15, Washington 1958 (deutsch: Die wirtschaftlichen Grundlagen des Patentrechts, Weinheim 1962)

— Die Finanzierung des technischen Fortschritts; in: ORDO, Bd. XI (1959), S. 117—131

— The Supply of Inventors and Inventions; in: WA, Bd. 85 (1960 II), S. 210 bis 254

— Erfindung und technische Forschung; in: HdSW, Bd. 2, Stuttgart—Tübingen—Göttingen 1961, S. 280—291

— Die Produktivität der naturwissenschaftlichen und technischen Forschung und Entwicklung. Sonderdruck aus Arbeitsgemeinschaft für Forschung des Landes Nordrhein-Westfalen, Heft 122, Köln und Opladen o. J.

— The Production and Distribution of Knowledge in the United States, Princeton (N.J.) 1962

— Patentwesen; in: HdSw, Bd. 8, Stuttgart - Tübingen - Göttingen 1964, S. 231 bis 252

— Wettbewerb im Verkauf. Modellanalyse des Anbieterverhaltens, Göttingen 1966

*Machlup,* Fritz und Edith T. *Penrose:* The Patent Controversy in the Nineteenth Century; in: Journal of Economic History, Vol. 10 (1950), S. 1—29

*Maclaurin,* Walter R.: Invention and Innovation in the Radio Industry, New York 1949

— Patents and Technical Progress — A Study of Television; in: JP, Vol. 58 (1950), S. 142—157

— The Process of Technological Innovation: The Launching of a New Scientific Industry; in: AER, Vol. 40 (1950), S. 90—112

— The Sequence from Invention to Innovation and Its Relation to Economic Growth; in: QJ, Vol. 67 (1953), S. 97—111

— Technological Progress in Some American Industries; in: AER, Papers and Proceedings, Vol. 44 (1954), S. 178—189

*Mansfield*, Charles S.: The Riskiness of Research and Development Performed by Large Firms; in: PTC Journal, Vol. 7, Washington 1963, S. 461—473

*Mansfield*, Edwin: Technical Change and the Rate of Imitiation; in: Econometrica, Vol. 29 (1961), S. 741—766

— Entry, Gibrat's Law, Innovation and the Growth of Firms; in: AER, Vol. 52 (1962), S. 1023—1051

— Size of Firm, Market Structure, and Innovation; in: JP, Vol. 71 (1963), S. 556—576

— The Speed of Response of Firms to New Techniques; in: QJ, Vol. 77 (1963), S. 290—311

— Rates of Return from Industrial Research and Development; in: AER, Vol. 55 (1965), S. 310 ff.

— Industrial Research and Technological Innovation: An Econometric Analysis, New York 1968

*Marburg*, Theodore F.: Antitrustpolitik in den USA. Die Fälle Schwerausrüstung der Elektrizitätsindustrie; in: ORDO, Bd. XIV (1963), S. 109—137

*Markham*, Jesse W.: Competition in the Rayon Industry, Cambridge (Mass.) 1952

— Inventive Activity: Government Controls and the Legal Environment; in: National Bureau of Economic Research, The Rate and Direction of Inventive Activity: Economic and Social Factors, Princeton (N.J.) 1962, S. 567 bis 608

— Economic Analysis and the Research and Development Decision; in: Tybout, Richard A. (Hrsg.), Economics and Development, Ohio State University 1965, S. 67—80

*Markham*, Jesse W., James S. *Worley* und Dwight S. *Brothers:* The Value of the American Patent System: An Inquiry into Possible Approaches to Its Measurement; in: PTC Journal, Vol. 1, Washington 1957, S. 20—56

*Mason*, E. S.: Controlling World Trade, Cartels and Commodity Agreements, New York und London 1946

*Massel*, B. F.: Capital Formation and Technological Change in the United States; in: REStat, Vol. 42 (1960), S. 182—188

— Investment, Innovation and Growth; in: Econometrica, Vol. 30 (1962), S. 239—252

*Meade*, J. E.: A Neo-Classical Theory of Economic Growth, London 1962

*Meier*, G. M. und R. E. *Baldwien:* Economic Development, Theory, History, Policy, 2. Aufl., New York und London 1959

*Melman*, Seymore: The Impact of the Patent System on Research, Study Nr. 11 des Subcommittee on Patents, Trademarks, and Copyrights des amerikanischen Senats, Washington 1968

*Meyer*, R. J. und E. *Kuh:* The Investment Decision, Cambridge (Mass.) 1957

*Meinhardt*, Peter: Inventions, Patents and Monopoly, London 1946, 2. Aufl., London 1950

*Meinhold*, Helmut: Investitionen; in: HdSw, Bd. 5, Stuttgart—Tübingen—Göttingen 1956, S. 333—346

*Meyers*, H. R.: The United States Patent System in Historical Perspective; in: PTC Journal, Vol. 3, Washington 1959, S. 33—52

*Michaelis,* R.: Praktisches Handbuch des amerikanischen Patentrechts, Berlin 1932

*Minasian,* J. R.: The Economics of Research and Development; in: National Bureau of Economic Research, The Rate and Direction of Inventive Activity: Economic and Social Factors, Princeton (N.J.) 1962, S. 93—141

— Technical Change and Production Functions, Vortrag auf dem Treffen der Econometric Society, Stillwater (Oklahoma) 1961, zitiert bei *Horowitz,* I.: Evaluation of the Results of Research and Development: Where we stand; in: IEEE-Trans. Eng. Managm., Vol. EM-10 (1963), S. 42—51

*Möllering,* Karl F.: Die Alterserwartungen deutscher Patente; in: ZfdgStw, Bd. 106 (1950), S. 719—749

*Molsberger,* Josef: Patentschutz und Konzentration (vervielfältigtes Manuskript), Institut für Mittelstandsforschung, Bonn 1960

*Mueller,* D. C.: The Firm Decision Process: An Econometric Investigation; in: QJ, Vol. 81 (1967), S. 58—87

*Müller,* Emil: Chemie und Patentrecht, 3. neu bearb. Aufl., Weinheim/Bergstr. 1951

*Myrdal,* Gunnar: Ökonomische Theorie und unterentwickelte Regionen, Stuttgart 1959

*National Science Foundation:* Science and Engineering in American Industry, Final Report on a 1953—1954 Survey, Washington 1956

— Proceedings of a Conference on Research and Development and Its Impact on the Economy, Washington 1958

— Science and Engineering in American Industry, Report on a 1956 Survey, Washington 1959

— Basic Research, Applied Research, and Development in Industry, 1965. A Final Report on a Survey of R & D Funds, 1965, and R & D Scientists and Engineers, Jan. 1966, Washington 1967

— Funds for Research and Development in Industry 1959, Washington 1962

*Nelson,* R.: The Economics of Invention: A Survey of the Literature; in: JB, Vol. 32 (1959), S. 101—127

— The Simple Economics of Basic Scientific Research; in: JP, Vol. 67 (1959), S. 297—306

*Neuberg,* Ernst: Der Lizenzvertrag und die internationale Patentverwertung, Weinheim/Bergstr. 1956

*Neumeyer,* Frederik: Patentgemeinschaften und deren Aufbau bei amerikanischen Industrieverbänden, Diss. Dresden, Marburg 1932

— Patentkarteller, Stockholm 1947

— Amerikanische Antitrustgesetze und Patente; in: WuR, 3. Jg. (1951), S. 1-18

— Monopolkontrolle in USA, Berlin 1953

— Die Rolle von Patenten in internationalen Kartellen; in: WuR, 5. Jg. (1953), S. 220—237

— Patent und Beschränkung des Wettbewerbs; in: WuR, 12. Jg, (1960), S. 240 bis 251

— Krisen und Umbruchzeiten in der Entwicklung des europäischen Patentwesens; in: WuR, 12. Jg. (1960), S. 252—266

*Niehans*, Jürg: Das ökonomische Problem des technischen Fortschritts; in: SchwZfVuSt, 90. Jg. (1954), S. 145—156

*Noll*, Werner: Volkswirtschaftliche Auswirkungen eines kostensparenden technischen Fortschritts, Berlin 1967

*OECD:* International Statistical Year for Research and Development. A Study of Resources Devoted to R & D in OECD Member Countries in 1963/64. Statistical Tables and Notes, Paris 1968

— Reviews of National Science Policy: United Kingdom — Germany, Paris 1967

— Reviews of Science Policy: United States, Paris 1968

*Oppenländer*, Karl-Heinrich: Residualmessungen des technischen Fortschritts und sein Zusammenhang mit Investitionsanlässen. Berechnungen für 27 Industriebereiche im Zeitraum 1950—1965; in: IFO-Studien, 13. Jg. (1967), S. 103

*Osterrieth*, A.: Gewerblicher Rechtsschutz, Leipzig 1908

*Papandreou*, Andreas G.: Some Basic Problems in the Theory of the Firm; in: Healy, Bernhard F. (Hrsg.), A Survey of Contemporary Economics, Vol. II, Homewood (Ill.) 1952, S. 183—222

*Penrose*, Edith T.: The Economic of the International Patent System, Baltimore 1951

— The Theory of the Growth of the Firm, Oxford 1959

*Phelps*, Edmund S.: The Golden Rule of Accumulation. A Table for Growthmen; in: AER, Vol. 51 (1961), S. 638—643

*Pietsch*, Max: Die industrielle Revolution, Freiburg—Basel—Wien 1961

*Phillips*, A.: Patents, Potential Competition and Technical Progress; in: AER, Papers and Proceedings, Vol. 56 (1966), S. 301—304

*Plant*, A.: The Economic Theory Concerning Patents for Inventions; in: Economica, N.S., Vol. 1 (1934), S. 30—51

*Polany*, M.: Patent Reform; in: The Review of Economic Studies, Vol. 11 (1944), S. 58 ff.

*v. Pollzien*, Goetz M. und George B. *Bronfen* (Hrsg.): International Licensing Agreements, Indianapolis und New York 1965

*Preiser*, Erich: Multiplikatorprozeß und dynamischer Unternehmergewinn; in: JbfNuSt, Bd. 167 (1955), S. 89—126

— Investition und Zins; in: JfNuSt, Bd. 170 (1958), S. 100—135

*Ravenshear*, A. F.: The Industrial and Commercial Influence of the English Patent System, London 1908

*Reik*, Richard: Compulsory Licensing of Patents; in: AER, Vol. 36 (1946), S. 813—832

*Reimer*, Eduard: Kommentar zum Patentgesetz und Gebrauchsmustergesetz, 2. Aufl., München—Köln—Berlin 1958

*Ritschl*, H.: Wirksame und unwirksame Monopole; in: Gewerkschaftliche Monatshefte, 5. Jg. (1954), S. 577—582

*Ritter*, Peter: Die Rolle des Staates in den Frühstadien der Industrialisierung, Volkswirtschaftliche Schriften, Bd. 60, Berlin 1961

*Rittner*, Fritz: Besprechung der 1. Aufl. des Buches von Lenel, Hans-Otto, Die Ursachen der Konzentration, Tübingen 1962; in: ZfdgHuW, Bd. 127 (1964), S. 80—91

*Robinson*, Joan: The Economics of Imperfect Competition, 10. Aufl., London 1954

*Röper*, Burkhard: Die Konkurrenz und ihre Fehlentwicklungen, Volkswirtschaftliche Schriften, Bd. 6, Berlin 1952

*Roth*, Winfried: Das Erfindermonopolrecht und das Verbot von Wettbewerbsbeschränkungen. Ein Beitrag zur Diskussion um die grundsätzlichen Fragen der Stellung der Erfindermonopolrechte in der vollkommenen Wettbewerbswirtschaft, Diss., Freiburg i. Breisgau 1956

*Ruttan*, V.: Usher and Schumpeter on Invention, Innovation and Technological Change: Reply; in: QJ, Vol. 75 (1961), S. 154—156

*Salzer*, H.: Austausch von technischen Erfahrungen und Erfindungen im Rahmen von Unternehmensverbänden, Diss., Darmstadt, Berlin 1927

*Sanders*, Barkev S.: Speedy Entry of Patented Inventions into Commercial Use; in: PTC Journal, Vol. 6, Washington 1962, S. 87—116

— Longevity of Patented Inventions Put to Commercial Use; in: PTC Journal, Vol. 8, Washington 1964, S. 337—359

— Patterns of Commercial Exploitation of Patented Inventions by Large and Small Corporations; in: PTC Journal, Vol. 8, Washington 1964, S. 51—92

*Sanders*, Barkev S. und James L. *Harris:* The Growing Importance of Chemical in Comparison with Mechanical Patents; in: PTC Journal, Vol. 4, Washington 1960, S. 84—91

*Sanders*, Barkev S. und Joseph *Rossman:* Variations in Patent Utilization by Different Types of Companies; in: PTC Journal, Vol. 3, Conference Nr., Washington 1959, S. 58 und S. 110 ff.

*Sanders*, Barkev S., Joseph *Rossman* und James L.*Harris:* Attitudes of Assignees Towards Patented Inventions; in: PTC Journal, Vol. 2, Washington 1958, S. 463—504

— Patent Acquisition by Corporations; in: PTC Journal, Vol. 3, Washington 1959

*Salin*, Edgar: Wirtschaft und Technik als politische Realität, Köln 1954

*Sanmann*, Horst: Marktform, Verhalten, Preisbildung bei heterogener Konkurrenz; in: JbfSw, Bd. 14 (1963), S. 56—99

*Sauermann*, H.: Kapitalbildung und Kapitalverwendung im volkswirtschaftlichen Wachstumsprozeß; in: Albrecht, G. und Arndt, H. (Hrsg.), Kapitalbildung und Kapitalverwendung, SchrdVfS, N.F., Bd. 5, Berlin 1953, S. 25—43

*Schätzle*, Gerhard: Die wirtschaftlichen Grundlagen des Patentrechts; in: ZfhF, N.F., Bd. 15 (1963), S. 22—32

— Forschung und Entwicklung als unternehmerische Aufgabe, Beiträge zur betriebswirtschaftlichen Forschung, hrsg. von E. Gutenberg, W. Hasenack, K. Hax und E. Schäfer, Bd. 22, Köln und Opladen 1965

*Scherer*, F. M.: Firm Size, Market Structure, Opportunity and the Output of Inventions; in: AER, Vol. 55 (1965), S. 1097—1123

— Corporate Output, Profits, and Growth; in: JP, Vol. 73 (1965), S. 290—297

*Scherer,* F. M.: Size of Firm, Oligopoly, and Research: Comment; in: CanJ, Vol. 31 (1965), S. 256—266

— Market Structure and the Employment of Scientists and Engineers; in: AER, Vol. 57 (1967), S. 524—531

— The Economics of the Patent System, unveröffentlichtes Manuskript, o.O. 1968

*Scherer,* F. M., Otto J. *Bachmann* und S. E. *Herzstein* u.a.: Patents and the Corporation. A Report on Industrial Technology under Changing Public Policy, 2. Aufl., Boston 1959

*Scheuchzer,* R.: Der Faktor Mensch in der Betriebswirtschaftslehre, Bern 1957

*Schlaifer,* Robert: Development of Aircraft Engines, Boston 1950

*Schlegel,* J.: Technischer Fortschritt und „weites“ Oligopol; in: SchmJb, Bd. 87 (1967), S. 45—54

*Schmidt,* Hans: Technischer Fortschritt und Unternehmerrisiko, Diss., Hamburg 1965

*Schmookler,* Jacob: Patent Application Statistics as an Index of Inventive Activity; in: Journal of the Patent Office Society, Vol. 35 (1935), S. 539 ff.

— The Level of Inventive Activity; in: RESt, Vol. 36 (1954), S. 183—190

— Bigness, Fewness and Research; in: JP, Vol. 67 (1959), S. 628—632

— Technological Change and the Law of Industrial Growth; in: Alderson, W. und Terpstra, V. (Hrsg.), Patents and Progress. The Sources and Impact of Advancing Technology, Homewood (Ill.), 1965, S. 3—16

— Invention and Economic Growth, Princeton (N.J.) 1966

*Schmooker,* J. und Oswald *Brownlee:* Determinants of Inventive Activity; in: AER, Papers and Proceedings, Vol. 52 (1962), S. 165—176

*Schneider,* Erich: Einführung in die Wirtschaftstheorie, II. Teil: Wirtschaftspläne und wirtschaftliches Gleichgewicht in der Verkehrswirtschaft

— Einführung in die Wirtschaftstheorie, III. Teil: Geld, Kredit, Volkseinkommen und Beschäftigung, 6. verb. u. erw. Aufl., Tübingen 1961

*Schumpeter,* Joseph, A.: Unternehmer; in: HdStw, 4. Aufl., Bd. 8, Jena 1928, S. 476—487

— Theorie der wirtschaftlichen Entwicklung; eine Untersuchung über Unternehmergewinn, Kapital, Kredit, Zins und den Konjunkturzyklus, 5. Aufl., Berlin 1952

— Business Cycles. A Theoretical, Historical, and Statistical Analysis of the Capitalistic Process, New York und London 1939 (dt. Übersetzung: Konjunkturzyklen, Bd. I und II. Grundriß der Sozialwissenschaft, begr. von R. Schaeder, Göttingen 1961)

— Kapitalismus, Sozialismus und Demokratie, 2. erw. Aufl., München 1950

*Schwartz,* Ivo E.: Internationales Deutsches Kartellrecht, Köln—Berlin—Bonn—München 1962

*Schwarzenberger,* Franz: Fortschritt und Patentschutz. Eine volkswirtschaftliche Betrachtung, Wien 1937

*Scitovsky,* Tibor: A Note on Profit Maximation and its Implications; in: The Review of Economic Studies, Vol. 11 (1943), S. 57—60; wieder abgedruckt in: American Economic Association (Hrsg.), Readings in Price Theory, London 1953, S. 352—358

*Shubik,* Martin: Strategy and Market Structure, New York 1959

*Silberstein,* Marcel: Erfindungsschutz und merkantilistische Gewerbeprivilegien. Staatswissenschaftliche Studien, N.F., Bd. 43, hrsg. v. Edgar Salin und Gottfried Bombach, Zürich 1961

*Silcher,* F.: Kooperation und Konzentration im Gemeinsamen Markt. Referate und Diskussionen, hrsg. von der Studienvereinigung Kartellrecht e.V., Köln 1968

*Simon,* Herbert A.: Theories of Decision-Making in Economics and Behavioral Science; in: AER, Vol. 49 (1959), S. 253—283

*Sölter,* Arno: Technischer Fortschritt und Unternehmensgröße, Nr. 6 der Berichte des Deutschen Industrieinstituts, 3. Jg., Köln 1969

*Sohn,* Karl-Heinz: Zur Phänomenologie der wirtschaftlichen Konzentration; in: Hamburger Jahrbuch f. Wirtschafts- und Gesellschaftspolitik, 5. Jg. (1960), S. 99—124

*Solo,* Carolyn: Innovation in the Capitalist Process: A Critique of the Schumpeterian Theory; in: QJ, Vol. 65 (1951), S. 417—428

*Solow,* Robert M.: Technical Progress, Capital Formation, and Economic Growth; in: AER, Papers and Proceedings, Vol. 52 (1962), S. 76—86

*v. Stackelberg,* H.: Grundlagen der theoretischen Volkswirtschaftslehre; hrsg. von V. F. Wagner, 2. fotomech. gedr. Aufl., Tübingen—Zürich 1951

*Stafford,* Alfred B.: Trends of Invention in Material Culture, Diss., Chicago 1950

— Is the Rate of Invention Declining? in: American Journal of Sociology, Vol. 57 (1952), S. 539—545

*Stedman,* J. C.: Invention and Public Policy; in: Law and Contemporary Problems, Vol. 12 (1947), S. 669 ff.

*Steinbrück,* K.: Vom unvollkommenen Markt zur heterogenen Konkurrenz. Eine Dogmengeschichte der preistheoretischen Umwälzungen der Gegenwart; Mannheimer Schriftenreihe „Angewandte Wirtschaftswissenschaft", Heft 2, hrsg. v. H. Rittershausen, Frankfurt/M. 1951

*Stelzer,* Irvin M.: Technological Progress and Market Structure; in: SEJ, Vol. 23 (1956—1957), S. 63—73

Stifterverband für die Deutsche Wissenschaft: Wissenschaftsausgaben der Wirtschaft, Ergebnisse der Registrierungen des Stifterverbandes 1948—1963 (Arbeitsschrift B 1966), Essen—Bredeney 1966

*Stocking,* George W. und Myron W. *Watkins:* Cartels in Action, Case Studies in International Business Diplomacy, New York 1945

*Störener,* Otto: Patentwesen und Sozialismus, Stuttgart 1947

*Strebel,* Heinz: Die Bedeutung von Forschung und Entwicklung für das Wachstum industrieller Unternehmungen, Betriebswirtschaftliche Studien, Bd. 13, Berlin 1968

*Sweezy,* Paul W.: Zur Theorie der kapitalistischen Entwicklung, Köln-Deutz 1959

*Sylos-Labini,* Paolo: Oligopoly and Technical Progress, Cambridge (Mass.) 1962

*Taussig,* F. W.: Inventors and Moneymakers, New York 1915

*Terborgh,* George W.: Capitalism and Innovation; in: AER, Papers and Proceedings, Vol. 40 (1950), S. 118—123

*Tetzner,* Heinrich: Patent- und Gebrauchsmusterrecht; in: HdSW, 8. Bd., Stuttgart—Tübingen—Göttingen 1962, S. 223—231

*Tinbergen,* J.: Business Cycles in the United States of America 1919—1932, Genf 1939

*Triffin,* Robert: Monopolistic Competition and General Equilibrium Theory, 4. Aufl., Cambridge (Mass.) 1949

*Trüstedt,* W.: Zum Thema „Erfindungshöhe" bei Patent und Gebrauchsmuster; in: GRUR, 60. Jg. (1958), S. 309—313

— Der Patentschutz für chemische Erfindungen; in: GRUR, 62. Jg. (1960), S. 55—68

*Turin,* G.: Der Begriff des Unternehmers, Zürich 1947

*Tuska,* C. D.: Independent Inventors and the Patent System. Study No. 28 des Subcommittee on Patents, Trademarks, and Copyrights, 86th Congress, 2nd Session, Washington D. C. 1961

*Tybout,* Richard A. (Hrsg.): Economics and Development, Ohio State University 1965

*Ulmer,* M. J.: Autonomous and Induced Investment; in: AER, Vol. 42 (1952), S. 587—589

*United Nations* (Hrsg.): The Role of Patents in the Transfer of Technology to Developing Countries. Report of the Secretary General. Department of Economic and Social Affairs, U.N., New York 1964, U.N. Publications 65. II. B. 1

*Usher,* Abbot Payson: Technical Change and Capital Formation; in: Capital Formation and Economic Growth. A Conference of the Universities-National Bureau Committee for Economic Research. Princeton 1955, S. 523 bis 550

*U.S. Bureau of Census:* Historical Statistics of the United States, Colonial Times to 1957, Washington, D.C., 1960

*U.S. Congress,* Joint Economic Committee: Invention and the Patent System, Washington, D.C., 1964

*U.S. Senate* (Subcommittee on Patents, Trademarks, and Copyright), Hearings on the American Patent System, Okt. 1955, Washington, D.C., 1956

— Distribution of Patents Issued to Corporations, Study Nr. 3, Washington, D.C., 1957

— The Examination System in the Patent Office, Study Nr. 29, Washington, D.C., 1962

*Vaughan,* Floyd L.: Economics of Our Patent System, New York 1925

— Patent Policy; in: AER, Vol. 38 (1948), S. 215—260

— Important Differences in the U.S. and U.K. Patent Systems; in: Journal of the Patent Office Society, Vol. 33 (1951), S. 764—793

— The United States Patent System. Legal and Economic Conflicts in American Patent History, Oklahoma 1956

*Vernon,* Raymond: The International Patent System and Foreign Policy — Study Nr. 5 des Subcommittee on Patents, Trademarks, and Copyrights des amerikanischen Senats, Washington, D.C., 1957

*Villard,* Henry H.: Competition, Oligopoly and Research; in: JP, Vol. 66 (1958), S. 483—497

— Entgegnung auf Schmooklers „Bigness, Fewness and Research (JP, Vol. 67 [1959] S. 628—632); in: JP, Vol. 67 (1959), S. 633—635

*Voigt,* Fritz: Verkehr und Industrialisierung; in: ZfdgStw, Bd. 109 (1953), S. 139—193

— Wirtschaftsverfassung und Wirtschaftsentwicklung der Bundesrepublik Deutschland; in: Staat und Bürger. Festschrift für Willibald Apelt, hrsg. von Theodor Maunz, Hans Nawiasky und Johannes Hickel. München—Berlin 1958, S. 73—111

— Aussagefähigkeit und Erkenntnisgrenzen der modernen Wirtschaftstheorie; in: Beiträge zur Theorie des Sparens und der wirtschaftlichen Entwicklung. Untersuchungen über das Spar-, Giro- und Kreditwesen, Bd. 1, Berlin 1958, S. 7—83

— Unternehmenszusammenschlüsse, (III) Staatliche Politik; in: HdSw, 9. Aufl., Bd. 10, Stuttgart—Tübingen—Göttingen 1959, S. 565—583

— Die Formung der staatlichen Wirtschaftspolitik; Sonderdruck aus Studium Sociale, Köln und Opladen o.J.

— Die volkswirtschaftliche Bedeutung des Verkehrssystems, Verkehrswissenschaftliche Forschungen, Bd. 1, Berlin 1960

— German Experience with Cartels and their Control during Pre-War and Post-War Periods; in: John Perry Miller (Hrsg.), Competition, Cartels and their Regulation, Amsterdam 1962, S. 169—213

— Verkehr, Bd. 2: Die Entwicklung des Verkehrssystems, Berlin 1965

— Industrie- und Gewerbepolitik, noch nicht veröffentlichtes Manuskript

*Waffenschmidt,* Walter: Technik und Konzentration; in: Arndt, H. (Hrsg.), Die Konzentration in der Wirtschaft, SchrdVfS, N.F., Bd. 20/II, Berlin 1960, S. 789—814

*Wallace,* Donald H.: Market Control in the Aluminium Industry, Cambridge (Mass.) 1937

*Wehr,* Johann: Die Anfänge des Patentwesens in Deutschland, Diss. Erlangen und München 1936

*Weidlich,* H. A. und A. *Spengler:* Patentschutz in der Wettbewerbswirtschaft, Köln—Berlin—Bonn—München 1967

*Weisse,* Ernst: Erfindungen, Patente, Lizenzen, Düsseldorf 1950

*Weissig,* Günther: Erfordernisse der Offenbarung der Erfindung, Bedeutung der Erfindungsaufgabe sowie ihre Änderung und die Änderung des Patentbegehrens im Verfahren vor der Bekanntmachung der Patentanmeldung; in: GRUR, 67. Jg. (1965), S. 396—404

*v. Weizsäcker,* C. Chr.: Zur ökonomischen Theorie des technischen Fortschritts, Göttingen 1965

*White,* C. M.: Multiple Goals in the Theory of the Firm; in: Boulding, K. E. und Spirey, W. A. (Hrsg.), Linear Programming and the Theory of the Firm, New York 1960, S. 181—201

*Whittlesey,* Ch. R.: National Interest and International Cartels, New York 1946

*Whitney,* S. N.: Trade Associations and Industrial Control. A Critique of the NRA, New York 1934

*Wilcox*, Clair: Public Policies toward Business, 3. Aufl., Homewood (Ill.) 1966

— Competition and Monopoly in American Industry, T.N.E.C. Monograph Nr. 21, Washington, D.C., 1940

*Williamson*, Oliver E.: Innovation and Market Structure; in: JP, Vol. 73 (1965), S. 67—73

*Winkler*, Heinz: Zur Definition der Erfindungshöhe; in: GRUR, 60. Jg. (1958), S. 153—155

*Winnacker*, Karl: Forschungsaufgaben und Forschungsaufwand; in: Der Volkswirt, Beilage zu Nr. 14 vom 3. April 1954, S. 8 f.

*Witt*, Otto N.: Die deutsche chemische Industrie in ihren Beziehungen zum Patentwesen, Berlin 1893

*Wolfe*, M.: The Concept of Economic Sectors; in: QJ, Vol. 69 (1955), S. 402 bis 420

*Worley*, James S.: The Changing Direction of Research and Development Employment among Firms; in: National Bureau of Economic Research, The Rate and Direction of Inventive Activity: Economic and Social Factors, Princeton (N.J.) 1962, S. 233—251

— Industrial Research and the New Competition; in: JP, Vol. 69 (1961), S. 183—186

*Zinnemann*, Paul A.: Patentwesen in der Chemie. Ursprünge, Anfänge, Entwicklung. Badische Anilin- und Soda-Fabrik, Ludwigshafen/Rhein 1964

### *B. Sonstige Periodika*

Blatt für Patent-, Muster- und Zeichenwesen, hrsg. v. Reichspatentamt bzw. Bundespatentamt Berlin bzw. München

# Sachwortverzeichnis